PROFESSORES DE HISTÓRIA
Entre saberes e práticas

PROFESSORES DE HISTÓRIA
Entre saberes e práticas

Ana Maria Monteiro

*m*auad X

Copyright © by Ana Maria Ferreira da Costa Monteiro, 2007
2ª edição: 2010

Direitos desta edição reservados à
MAUAD Editora Ltda.
Rua Joaquim Silva, 98, 5º andar
Lapa — Rio de Janeiro — RJ — CEP: 20241-110
Tel.: (21) 3479.7422 — Fax: (21) 3479.7400
www.mauad.com.br

Projeto Gráfico:
Núcleo de Arte/Mauad Editora

CIP-BRASIL. CATALOGAÇÃO-NA-FONTE
SINDICATO NACIONAL DOS EDITORES DE LIVROS, RJ.

M774p

Monteiro, Ana Maria F. C. (Ana Maria Ferreira da Costa)

Professores de história: entre saberes e práticas / Ana Maria Ferreira da Costa Monteiro. - Rio de Janeiro: Mauad X, 2007.

Inclui bibliografia

ISBN 978-85-7478-233-1

1. História - Estudo e ensino. 2. História - Metodologia. 3. Prática de ensino. 4. Professores - Formação. I. Título.

07-3366. CDD: 907
          CDU: 930

Aos professores, em especial aos professores de História, militantes anônimos que, ao ensinar, mantêm viva a possibilidade de um mundo melhor, mais justo, mais humano e solidário.

Ao meu pai, Alberto Ferreira da Costa, que me ensinou a grandeza de ser professor.

SUMÁRIO

AGRADECIMENTOS   9
INTRODUÇÃO   11

CAPÍTULO 1
OS PROFESSORES E OS SABERES   19
- Por que pesquisar os saberes?   19
- A pesquisa sobre os saberes na área da educação   22
- A pesquisa sobre os saberes no ensino de História   27

CAPÍTULO 2
PROFESSORES PENSAM E FALAM SOBRE FORMAÇÃO E PROFISSÃO   33
- Procuras: a pesquisa sobre os saberes dos docentes   33
- Encontros e reconhecimentos:
  os professores pensam e falam sobre a sua formação e experiência profissional   40
- Profissão e vida:
  os professores pensam e falam sobre a opção de ser professor   59
- Profissão e vida:
  os professores pensam e falam sobre o significado do seu trabalho   64
- Profissão e vida:
  os professores pensam e falam sobre os seus alunos   69
- Profissão e vida:
  os professores pensam e falam sobre a instituição onde trabalham   72

CAPÍTULO 3
OS SABERES QUE ENSINAM: O SABER ESCOLAR   81
- Saber escolar e transposição didática   83
- Conhecimento historiográfico e saber escolar   93
- A História como saber escolar   102

À Alice Ribeiro Casimiro Lopes, colega de trabalho e amiga, autora de produção intelectual que me instigou para realizar a pesquisa sobre os saberes escolares e docentes. A Antônio Flávio Barbosa Moreira, que sempre me estimulou com seu apoio e sua obra, pelo exemplo de intelectual competente e comprometido com a educação.

À Carmen Teresa Gabriel, amiga e interlocutora crítica e competente, sintonizada com as questões presentes no campo comum que escolhemos para investigar, sempre solidária e disponível. À Cecília Maria Ferreira Borges, Célia Maria Fernandes Nunes, Maria Masello Leta e Erineu Foerste, com quem compartilhei questões de pesquisa sobre formação de professores e os saberes docentes, amigos e profissionais comprometidos com a educação.

À Ana Maria Cavaliere, Marcia Serra, Zuleika de Abreu, Eliane Figueira e Lucia Velloso Maurício, amigas que sempre me instigaram como companheiras de trabalho, reforçando continuamente a crença na importância e urgência do trabalho com a educação pública.

À Heloísa Menandro, mestra e amiga, que me ajudou a entrar no mundo da formação de professores de História e a descobrir seus desafios e gratificações. À Maria Goreti Cunha, pelo exemplo de garra e força na conquista de seus projetos.

À Regina Célia de Moraes, ex-aluna e, atualmente, colega de profissão, que se desdobrou no trabalho de transcrição das gravações, oferecendo uma inestimável colaboração.

Aos meus alunos que me renovam, cotidianamente, a esperança.

À Professora Iris Rodrigues de Oliveira, chefe do Departamento de Didática da Faculdade de Educação da UFRJ, que me apoiou ao longo desta trajetória com seu estímulo intelectual e contribuindo para torná-la menos pesada – uma vez que realizada sem apoio de bolsa ou licença –, com a redução da carga horária de aulas.

À Pontifícia Universidade Católica do Rio de Janeiro, pelo apoio que representou a bolsa que me dispensou do pagamento das mensalidades durante a realização do curso.

Aos meus familiares, agradeço a paciência, apoio e estímulo recebidos apesar das horas roubadas do convívio. Agradeço à Laura e Joana, minhas filhas, que me inspiram cotidianamente ao revelar, com sua alegria, sensibilidade e inteligência, que o futuro é possível, e assim me ajudam a celebrar a vida.

À Floripes, minha mãe, pelo seu amor e confiança inabaláveis.

Ao Ascânio, marido, companheiro e cúmplice de todas as horas, que me ensinou que a arte e a vida se fazem com paixão e conhecimento.

Introdução

Por que estudar História?
Por que estudar o passado, se o importante é o presente?

Essas perguntas, frequentemente ouvidas pelos professores de História, revelam inquietações e questionamentos. Feitas pelos alunos, expressam de alguma forma a falta de sentido por eles percebida no que é ali ensinado. Os professores se esforçam para dar uma resposta convincente, explicando a importância do conhecimento da dinâmica das sociedades e de suas transformações ao longo do tempo, mas fica a sensação de que a compreensão do significado desse estudo não se realiza.

Algumas vezes, os alunos se apaixonam pelo estudo e se envolvem na aventura da história humana. Muito frequentemente, no entanto, as aulas se arrastam, em meio ao tédio ou indisciplina.

Perguntadas sobre as aulas de História, as pessoas geralmente se lembram de um/uma professor/a que os fez gostar de História, tendo, em alguns casos, os encaminhado para a profissionalização como historiadores. Certamente este(a) professor(a) os ajudou a dar sentido às situações estudadas e nas quais, provavelmente, a relação passado/presente foi estabelecida de forma significativa.

Num mundo onde os meios de comunicação acentuam a presentificação do tempo, no qual o "aqui" e o "agora" parecem ocupar todas as atenções e esforços, e onde o antigo é qualificado como velho, obsoleto e, portanto, descartável, o estudo da História torna-se uma tarefa difícil e desafiadora, para muitos, desnecessária.

Outros, entre os quais me incluo, contrariamente a essas concepções, e por esses mesmos motivos, acreditam que o ensino desta disciplina, mais do que necessário, torna-se cada vez mais essencial, por contribuir para auxiliar os alunos a compreender a historicidade da vida social, superando visões imediatistas, fatalistas, que naturalizam o social. Certos da relevância e urgência desta tarefa, aceitam o desafio da busca de alternativas para o seu enfrentamento.

Como ensinar História de forma a envolver os alunos no seu estudo? Como tornar seu estudo significativo?

As respostas para essas questões foram buscadas, durante muito tempo, em recursos e técnicas que pudessem tornar as aulas mais interessantes e dinâmicas. Atualizadas, as alternativas – que, muitas vezes, fetichizam as tecnologias – indicam o uso de vídeos e computadores para o acesso a informações, arquivos e sites nos quais os alunos, "maravilhados", encontrarão as respostas para o que procuram.

Mas o que procuram? Para que servem tecnologias sofisticadas sem sentido humano?

Programas curriculares, considerados ultrapassados, foram atualizados para abordar conteúdos relevantes que pudessem compatibilizar a demanda social com o interesse dos alunos. Essas reformas, no entanto, não foram capazes de efetivar mudanças substanciais neste quadro.

Outros diagnósticos responsabilizam os professores pela situação de crise e dificuldades, desqualificando-os como incompetentes, despreparados, desmotivados. Seria preciso reformular a formação profissional. Mudanças realizadas, o problema se mantém.

Certamente essas dificuldades no ensino de uma disciplina escolar estão relacionadas a uma crise social e cultural mais ampla que se manifesta no cotidiano e no currículo da escola como um todo, revelando um desencontro entre expectativas e intenções de professores e alunos.

No caso da História, essa questão fica exacerbada, na medida em que seu estudo contribui de forma significativa, e explicitamente assumida pelos seus professores, para o desenvolvimento da leitura do mundo, para a formação de valores e da cidadania.

Por outro lado, essa contradição é um desafio sempre presente na dinâmica do desenvolvimento curricular. As alternativas e opções encontradas variam, mas podemos perceber que, na maioria delas, a atuação dos professores é estratégica (nem que seja por omissão), embora não exclusiva.

Inicialmente vistas como expressão de um dom natural, de uma vocação inata, as formas de atuação dos professores para lidar com essas questões foram objeto de treinamentos com o objetivo de aperfeiçoá-las através do domínio de melhores técnicas, numa perspectiva que objetivava processos que envolvem relações complexas entre pessoas e saberes.

Atualmente, estudos e pesquisas no campo da educação têm contribuído para confirmar que a atuação dos professores implica mobilização de saberes, habilidades e competências, envolvendo subjetividades e apropriações. Ao se voltar para o ensino de saberes de campos disciplinares específicos, inclui novos elementos nessa trama de grande complexidade.

Assim, com base nessas considerações, a questão pode ser melhor formulada.

Como professores de História mobilizam os saberes que dominam para ensiná-los?

Para responder a essa questão, de forma a avançar em relação a análises que se restringiam a identificar vocações ou a discutir e qualificar técnicas e recursos de incentivação, realizei uma investigação que, focalizando a mobilização dos saberes pelos professores, foi capaz de oferecer contribuições que iluminam aspectos ainda obscuros e desconhecidos das formas de sua atuação no ensino, essência de sua prática profissional.

A problemática que foi objeto de minha atenção nesta pesquisa teve como eixo estruturante a relação de professores de História com os saberes que ensinam.[1]

Essa relação foi compreendida, por longo tempo, dentro do paradigma da racionalidade técnica que, buscando a eficácia através do controle científico da prática educacional, considerava o professor um instrumento de transmissão de saberes produzidos por outros.

Ainda presente no imaginário e prática social de muitos educadores, essa concepção tem sido questionada e criticada por aqueles que apontam a simplificação operada por este raciocínio que nega a subjetividade do professor como agente no processo educativo, ignora os estudos culturais e sociológicos que veem o currículo como terreno de criação simbólica e cultural, e que ignora, também, todo o questionamento a que tem sido submetido o conhecimento científico nas últimas décadas.

Assim, nesta pesquisa, as questões que surgiram da problematização das relações dos professores de História com os saberes que ensinam foram abordadas a partir do pressuposto de que os professores dominam e produzem saberes, num contexto de autonomia relativa, numa construção que apresenta uma especificidade decorrente do fato de ser integrante da cultura escolar.[2]

Nesse sentido, para esta investigação foram importantes as contribuições de autores que utilizam as categorias 'saber escolar' e 'saber docente', categorias de análise que, em meu entender, abrem perspectivas bastante promissoras para a melhor compreensão dos processos envolvidos.

A categoria "saber escolar" foi utilizada aqui como aquela que designa um conhecimento com configuração cognitiva própria, relacionado mas diferente do saber científico de referência, e que é criado a partir das necessidades e injunções do processo educativo, envolvendo questões relativas à transposição didática e às mediações entre conhecimento científico e conhecimento cotidiano, bem como às dimensões histórica e sociocultural numa perspectiva pluralista.[3]

A abordagem com base nessa categoria permitiu avançar em relação às análises que, tendo o conhecimento científico como padrão de referência de qualidade, induziram a uma acirrada e perversa desqualificação do trabalho dos professores e da educação escolar, ignorando sua especificidade do ponto de vista cultural.

A categoria "saber docente" é utilizada por pesquisadores que buscam investigar e compreender a ação docente, tendo por foco as suas relações com os saberes que dominam para poder ensinar e aqueles que ensinam, expressos muitas vezes como saberes práticos e que são considerados fundamentais para a configuração de uma identidade e de competências profissionais, implicando reconhecimento de subjetividades e apropriações (Shulman, 1986, 1987; Tardif, Lessard e Lahaye, 1991; Tardif, 1999; Tardif e Lessard, 1999).

Além disso, como afirma Develay, tanto numa pedagogia que valoriza a ação docente de ensino do professor, como naquela em que o professor é visto como um mediador da aprendizagem dos alunos, sempre existem conteúdos a serem apropriados. Esse domínio pelo professor dos conteúdos a ensinar implica ir além do seu conhecimento, tornando necessário o desenvolvimento do que ele chama "competência de natureza epistemológica" – domínio da matriz disciplinar, (Develay, 1995:12) ou de procedimentos de transposição didática (Chevallard, 1991).

Assim, relacionando as categorias "saber escolar" e "saber docente", realizei uma investigação que focalizou as formas como professores de História mobilizam os saberes que dominam para lidar com os saberes que ensinam, formas essas nas quais são articulados saberes disciplinares, saberes curriculares, saberes pedagógicos e saberes da experiência, numa criação própria e significativa para seus alunos.

O foco da pesquisa, portanto, concentrou-se nos saberes ensinados, buscando compreender a síntese elaborada com subsídios dos saberes disciplinares estruturados a partir da dimensão educativa, que articula escolhas axiológicas e processos de didatização.

Como os professores de História lidam com os paradigmas, conceitos, fatos e questões que estruturam os saberes dessa disciplina escolar?

Como selecionam os conteúdos, organizam seus discursos, desenvolvem suas explicações, lidam com a noção de tempo, selecionam exemplos, ensinam os conceitos, utilizam as fontes documentais na criação e desenvolvimento de situações de aprendizagem significativas?

Nesse sentido, as formas de lidar com os saberes, que tanto podem ser verificadas em documentos curriculares, como em planejamentos e situações de sala de aula, foram por nós abordadas na perspectiva do que se convencionou chamar de "currículo em ação".[4]

Nesse contexto, foi possível verificar que a "aula magistral", a "exposição oral", tem sido a forma predominante, e mais comum, utilizada por professores de História que dificilmente dela conseguem escapar. Pode-se perguntar, até, se faz parte do *habitus* dos professores de História, de sua cultura profissional.

Por que isso ocorre?

Com raízes no método socrático e na tradição eclesiástica, através dos sermões e preleções de padres católicos e pastores protestantes, esse tipo de aula tem sido alvo de intensas e variadas críticas que denunciam seu caráter reprodutivista, opressivo e indutor da submissão, forma exemplar da "educação bancária", do ensino tradicional, tão questionados pelas pedagogias emancipatórias pautadas no construtivismo. Mesmo assim, percebemos uma grande dificuldade por parte dos professores de História em abandonar essa prática, apesar de toda a ênfase posta na necessidade de ensinar História "para desenvolver nos alunos uma cidadania crítica e transformadora do mundo".

Percebemos que a postura crítica é buscada por muitos professores através de exposições, debates e discussões nos quais eles, os professores, exercem um papel fundamental na pontuação dos aspectos a serem revistos e reconceitualizados – o papel de um narrador?

"Assim se imprime na narrativa a marca do narrador, como a mão do oleiro na argila do vaso" (Benjamin, 1987:205).

Essas constatações, efetuadas a partir da utilização das categorias de saber escolar e saber docente, nos permitiram formular novas questões para precisar melhor o objeto de pesquisa:

> O que induz os professores de História a utilizar a exposição oral como prática recorrente, apesar de todas as críticas a ela feitas?
>
> A exposição oral permite tornar o ensino significativo para os alunos?
>
> O uso da exposição oral expressa uma característica do estatuto do saber de referência que se potencializa no saber escolar?

Como os professores lidam com essa questão?

Como são construídas essas aulas?

Como são relacionados conceitos, personagens, fatos e questões para torná-los significativos?

Resumindo, o objetivo da pesquisa foi investigar como professores de História experientes e bem-sucedidos mobilizam, justificam e avaliam os saberes que dominam para ensinar o que ensinam, em experiências significativas para os alunos, nas quais conteúdos relevantes são articulados por lógicas explicativas em que as marcas da racionalidade do campo disciplinar estão mediadas pela dimensão educativa e, portanto, considerando a especificidade da cultura escolar. Esse objetivo esclarece o significado do título da pesquisa: **Professores de História: entre saberes e práticas**, entendendo que é nesta mediação que se localiza o cerne de sua atividade.

A opção por pesquisar o trabalho de professores bem-sucedidos resultou da compreensão de que, assim, abrimos a possibilidade para esclarecer processos complexos de elaboração de sínteses criativas por profissionais que fazem o que, potencialmente, pode ser realizado pelos demais.

Nessa pesquisa, foram interlocutores importantes, também, autores que, no campo historiográfico, discutem as possibilidades do uso da narrativa para a escrita da História, oferecendo subsídios para a análise que, voltada para a mobilização de saberes, se defrontou com o desafio de caracterizar as construções discursivas elaboradas.

Este livro, que apresenta essa pesquisa e seus resultados, está organizado em seis capítulos. Neles, as contribuições relevantes dos autores, as decisões metodológicas e procedimentos de análise são apresentados e discutidos articulados à análise dos dados empíricos.

No primeiro capítulo, **" Os professores e os saberes"**, realizo uma discussão sobre a emergência do interesse a respeito dos saberes nos estudos e pesquisas educacionais e analiso alguns trabalhos que focalizam os saberes escolares e os saberes docentes na área da educação e na área do ensino de História.

No segundo capítulo, **"Professores pensam e falam sobre formação e profissão"**, discuto, inicialmente, alguns programas de pesquisa que focalizaram o trabalho docente, verificando o deslocamento do foco sobre as características de personalidade e comportamento para os saberes. Neste capítulo apresento, também, os critérios que nortearam a identificação de quatro professores "bem--sucedidos", com os quais trabalhei. Nesse primeiro momento, procurei compreender as implicações da formação e da experiência profissional para a sua prática pedagógica. Nesse sentido, trechos de seus depoimentos, que expressam suas visões sobre a formação, seu trabalho (sob o ponto de vista da opção e significado), seus alunos e sobre a instituição onde trabalham, foram selecionados e analisados, buscando identificar, além de potencialidades, constrangimentos vivenciados em sua formação e atividade profissional. Aspectos relacionados a características pessoais e profissionais foram identificados de forma a compor um quadro de referências para contextualizar as análises posteriores, que levam em conta subjetividades e apropriações.

No terceiro capítulo, **"Os saberes que ensinam: o saber escolar"**, discuto as contribuições de diferentes autores que trabalham com os conceitos de saber escolar e de transposição didática para avaliar potencialidades e limites de sua utilização. Discuto, também, as relações que podem ser estabelecidas entre conhecimento historiográfico e saber escolar, o que envolve questões de natureza epistemológica relativas ao conhecimento histórico e à História escolar. Finalizo este capítulo com uma discussão sobre questões inerentes à criação e ensino da História escolar numa interlocução com autores franceses que têm se voltado para o trabalho com este instrumental teórico.

No quarto capítulo, **"A História escolar: algumas configurações possíveis"**, é realizada a análise de situações de ensino/aprendizagem criadas e desenvolvidas nas aulas por mim observadas e registradas. Para essa análise, utilizo como referencial básico o instrumental teórico relacionado ao saber escolar como saber ensinado. As explicações, o uso das analogias, as alternativas encontradas para o ensino de conceitos, o trabalho com a dimensão temporal são alguns dos aspectos analisados nas aulas dos quatro professores.

No quinto capítulo, **"Os saberes docentes"**, discuto, inicialmente, programas de pesquisa que focalizam os saberes dos professores para identificar aqueles que oferecem instrumentos para a análise dos saberes ensinados, considerando a dimensão da prática, e que permitem o enfoque dos saberes disciplinares. Para esse objetivo, foi possível reconhecer limites nas contribuições de autores canadenses que trabalham numa perspectiva de caráter sociológico. As categorias de análise de Shulman revelaram-se mais férteis por oferecerem instrumentos que me permitiram identificar os diferentes momentos da mobilização dos saberes, considerando a subjetividade, a apropriação e atuação dos professores. Para esta análise, articulei depoimentos dos professores, nos quais eles explicam o trabalho que realizaram nas aulas por mim observadas, com as situações já analisadas no capítulo 3.

No sexto capítulo, **"Narrativas e narradores"**, as aulas desses professores são discutidas, utilizando como referência o conceito de narrativa conforme tem sido compreendido no campo historiográfico. O objetivo é analisar se as construções discursivas elaboradas para que os alunos possam atribuir sentido às experiências históricas em estudo podem ser consideradas narrativas e, no caso afirmativo, quais narrativas. É analisado, também, se estas narrativas buscam impor uma ortodoxia ou se reconhecem a liberdade de apropriação dos alunos em sua interlocução com os diferentes sujeitos históricos.

A descrição do caminho percorrido revela também o processo de sua construção, em que o diálogo com os autores em interlocução e com os professores pesquisados foi alimentado e renovado pelas reflexões sobre a minha prática como formadora de professores de História. Desenvolvida cotidianamente, e paralelamente ao desenvolvimento desta pequisa, foi transformada e ofereceu contribuições ricas para as reflexões que vim a desenvolver.

Finalizando, acredito que esta investigação sobre os modos como professores de História mobilizam os saberes que dominam para ensinar o que ensinam pode ser uma contribuição para iluminar zonas de sombra de uma profissão atualmente tão desqualificada, mas que representa potencial "prática de liberdade" que não podemos dispensar.

CAPÍTULO 1

OS PROFESSORES E OS SABERES

Por que pesquisar os saberes?

No momento atual, a questão do saber tem se tornando central nos debates e pesquisas educacionais, sejam aqueles relacionados com a formação e profissionalização dos professores, sejam os que têm relação com os estudos sobre o currículo e a didática, ou aqueles voltados para o entendimento das origens do fracasso escolar.

Essa preocupação com o saber ressurge em nova perspectiva que rompe radicalmente com as concepções pautadas no modelo da racionalidade técnica. Nesse sentido, o professor, por exemplo, era considerado um técnico cuja atividade profissional consistiria na aplicação rigorosa de teorias e técnicas científicas. Para serem eficazes, deveriam enfrentar os problemas da prática aplicando princípios gerais e conhecimentos científicos derivados da pesquisa.

Nesse modelo, o saber é hierarquizado, desdobrando-se em três níveis a partir de um processo lógico de derivação entre eles: de uma ciência básica ou disciplina deriva uma ciência aplicada ou engenharia, da qual derivam conhecimentos procedimentais e um conjunto de competências e atitudes que utilizam o conhecimento básico e aplicado que lhe está subjacente (Schein, 1980, citado por Gómez, 1995:96-97).

Assim, o saber é o conhecimento científico por excelência e os níveis de conhecimento mais próximos da prática são vistos como subordinados, inferiores, assistemáticos, necessitando da "luz" da ciência para que seus "vícios, erros, desvios" sejam corrigidos ou superados.

Ao professor cabia, de acordo com essa concepção, adquirir o instrumental de saberes e instrumentos de ação, oriundos da investigação científica realizada por outros profissionais e que seriam utilizados no momento oportuno. Sua ação se resumiria, basicamente, a analisar as situações para identificar quais os melhores recursos e conhecimentos de acordo com os fins que deveria atingir, e que já estavam previamente determinados por outros.

A redução da racionalidade prática a uma mera racionalidade instrumental obrigava o professor a aceitar a definição externa das metas de sua intervenção.

A formação de professores concentrava-se em capacitá-los, ou seja, dotá--los de recursos oriundos de um componente científico-cultural, para assegurar o conhecimento do conteúdo a ensinar, e de um componente psicopedagógico, para aprender a atuar eficazmente na sala de aula. Nas práticas assim orientadas, eram comumente utilizadas as expressões eficiência e eficácia para qualificar os desempenhos dos professores, e também de seus alunos, em face dos critérios de racionalidade previamente definidos.

No que diz respeito aos currículos, o modelo da racionalidade técnica também informou a elaboração de propostas sobre o que deveria ser ensinado às crianças e jovens. Tendo por base a crença na existência de conteúdos universais, inquestionáveis, oriundos da ciência, as questões que se apresentavam referiam-se a problemas de organização – dos mais simples aos mais complexos –, níveis crescentes de abstração etc. Coerentemente para aqueles que adotavam esse modelo, a questão do currículo como resultante de um processo de seleção cultural, envolvendo questões de poder, não era posta. No que se refere à didática, predominaram as preocupações com o "como ensinar", de forma cientificamente embasada, que buscava identificar procedimentos e recursos didáticos com eficiência máxima no controle da atenção e aprendizagem dos alunos.

Quanto à questão do fracasso escolar, a lógica da racionalidade técnica levava os professores a responsabilizar os alunos e famílias pelo seu fracasso. Diante de tanta competência técnica, pautada em conhecimentos científicos, os problemas de aprendizagem seriam dos alunos e suas soluções seriam buscadas com a ajuda da psicologia, ciência que teria o instrumental teórico para compreendê-los, explicar e resolvê-los.

Essas questões, apresentadas de forma resumida, envolvem problemáticas complexas cuja análise não cabe aqui aprofundar. No entanto, e apesar de todas as críticas, concordo com Gómez quando afirma que "não é difícil reconhecer o progresso que a racionalidade técnica representa relativamente ao empirismo voluntarista e ao obscurantismo teórico das teses vulgarmente denominadas 'tradicionalistas', em que a formação de professores é entendida fundamentalmente como um processo de socialização e indução profissional na prática quotidiana da escola, não se recorrendo ao apoio conceitual e teórico da investigação científica, o que conduz facilmente a reprodução de vícios, preconceitos, mitos e obstáculos epistemológicos acumulados na prática empírica" (Gómez, 1995:99).

A discussão sobre a racionalidade técnica contribui para que possamos entender os motivos que levaram a questão do saber a adquirir importância central nos debates e pesquisas educacionais e o significado das mudanças operadas.

Situações de fracasso escolar, verificadas principalmente nas escolas dos grandes centros urbanos – em sociedades vivendo num contexto em que a globalização econômica, a mundialização da cultura e o esgotamento de utopias instalaram uma crise que, mais do que econômica, política e social, é ética e cultural –, começaram a demonstrar que o paradigma da racionalidade técnica não oferecia instrumentos teóricos necessários para responder às questões emergentes.

Assim, por exemplo, é cada vez mais evidente que os processos de escolarização, que avançaram muito no que diz respeito ao acesso, ainda se mostram insatisfatórios no que diz respeito aos resultados obtidos, apesar da preparação científico-técnica oferecida aos professores e dos programas de formação compensatória oferecidos aos alunos.

Buscando investigar as origens desses problemas, as atenções se voltaram para os professores, responsabilizados pela natureza e qualidade do cotidiano educativo na sala de aula e na escola. Sua atuação e formação começaram a ser investigados em diferentes programas de pesquisa. A insuficiência das alternativas propostas pelo modelo da racionalidade técnica levou, então, alguns pesquisadores a dirigir sua atenção para os saberes, centrais em qualquer atividade profissional e, principalmente, na profissão de professor.

Tanto no modelo diretivo "tradicional", que privilegia a relação professor--saber, como naquele não-diretivo, que privilegia a relação aluno-saber, o saber não é questionado. É, geralmente, um conhecimento universal que está posto, nos currículos ou livros didáticos, para ser ensinado. Discutem-se muito os aspectos relacionais, importantes no processo, mas, em relação aos saberes ensinados, as preocupações ainda permanecem sendo de ordem de organização e didatização.

Por outro lado, as pedagogias não-diretivas, "libertadoras", que radicalmente assumiam o questionamento dos saberes dominantes e valorizavam os saberes populares em nome da libertação ou emancipação dos grupos dominados, levaram, em alguns casos, a um esvaziamento da dimensão cognitiva do ensino que, muitas vezes, se restringiu a reproduzir o senso comum, com consequências perversas para os grupos subalternos que pretendiam libertar.

A concepção implícita no modelo da racionalidade técnica, de que o professor é apenas um canal de transmissão de saberes produzidos por outros, é muito simplista, negando a subjetividade e saberes dos professores e dos alunos como agentes no processo educativo, e parecendo desconhecer a crise de paradigmas no campo do conhecimento científico nas últimas décadas. A provisoriedade, o questionamento das verdades, o pluralismo metodológico, os critérios de validação do conhecimento científico revelam que, no mínimo, é preciso perguntar que conhecimento estamos ensinando ou queremos ensinar.

Essa questão se torna ainda mais complexa no contexto atual, no qual as concepções totalizantes e homogeneizadoras têm revelado sua insuficiência, abrindo espaço para a discussão de alternativas baseadas no multiculturalismo e em concepções descontinuístas da cultura (Lopes, 1999). Assim, cabe investigar não mais 'que saber', mas 'quais saberes'?

Tendo por base essas considerações, podemos compreender melhor os motivos que põem a questão dos saberes como objeto de pesquisas no campo da educação, o que vem ao encontro de minhas preocupações e interesses. Acredito que muito pouco sabemos ainda a respeito das relações entre os professores e os saberes que ensinam.

A pesquisa sobre os saberes na área da educação

No campo educacional, os estudos que focalizam o saber como objeto de investigação têm se realizado, em grande parte, em relação às questões de currículo, ou seja, "tudo aquilo que se poderia chamar de dimensão cognitiva ou cultural do ensino, o fato de que a escola transmite aquilo que chamamos de conteúdos, saberes, competências, símbolos, valores" (Forquin, 1996:188).

Tributários de trabalhos iniciados, na década de sessenta e setenta do século XX, por autores ingleses da chamada Nova Sociologia da Educação e que realizaram a crítica das teorias tradicionais, esses estudos deram origem a pesquisas que buscavam analisar os contextos políticos e ideológicos. Essas pesquisas também procuravam detectar as relações de força, conflitos simbólicos e formas de dominação que se estabelecem entre os grupos que desejam garantir o controle dos dispositivos educacionais, no contexto do que se convencionou chamar teorias críticas e, posteriormente, as pesquisas fundamentadas na análise fenomenológica das experiências pedagógicas e curriculares, na busca da identificação dos significados subjetivos a elas atribuídos pelas pessoas, entendendo o currículo como texto, criador de realidades e identidades (Silva, 1994, 1995, 1999; Moreira, 1997, 1999; Moreira e Silva, 1994).

No contexto dos estudos decorrentes da teoria crítica surgiram trabalhos que utilizam a categoria "conhecimento escolar" referindo-se a um conhecimento com configuração cognitiva própria, recontextualizado a partir de necessidades e injunções da ação educativa e que buscam investigar o processo de sua constituição do ponto de vista epistemológico e em perspectiva sócio-histórica ou histórica (Isambert-Jamati, 1990; Chevallard, 1991; Develay, 1992, 1995; Forquin, 1993; Moreira, 1997, 1999; Lopes, 1999; Goodson, 1990, 1998; Chervel, 1990; Gabriel, 2006).

Esses estudos contribuíram, de alguma forma, para a renovação no campo da didática que, de uma perspectiva referenciada à racionalidade técnica dominante em meados do século XX, tem avançado no sentido de dar conta da complexidade das mediações envolvidas nos processos de ensino-aprendizagem, procurando novas alternativas que superem perspectivas de análise que se mantiveram demasiado presas aos enfoques psicologizantes. Atualmente, verifica-se a busca de instrumentos de análise que possibilitem compreender os processos de ensino, considerando sua especificidade, que não se confunde com aquela envolvida nos processos de aprendizagem, embora a eles relacionadas.

Assim, a utilização dos conceitos de cultura escolar e conhecimento escolar veio atender às demandas de investigação, possibilitando considerar a didática em suas articulações com o contexto sociocultural e com os saberes de referência, o que implica considerar aspectos de ordem epistemológica, para avançar no sentido de conferir um estatuto de cientificidade ao campo e ampliar o seu potencial gnosiológico (Chevallard, 1991; Forquin, 1992, 1993, 1996; Develay, 1995; Candau, 1996, 1997, 2000, 2001; Lopes, 1997, 1999).

Uma outra linha de pesquisa volta-se para a atividade docente, buscando investigar os saberes envolvidos e mobilizados em sua realização e que, melhor conhecidos, podem contribuir para a sua qualificação através da formação e do fortalecimento da identidade profissional. No bojo desses estudos foi criada a categoria "saber docente", que procura dar conta da complexidade e especificidade do saber constituído no (e para o) exercício da profissão (Tardif, Lessard e Lahaye, 1991; Shulman, 1986, 1987; Tardif, 1999; Tardif e Lessard, 1999; Lelis, 1996, 1997).

Os trabalhos produzidos têm se voltado, preferencialmente, para as questões de cunho pedagógico mais geral, ou seja, abordam aspectos da profissão docente, da formação e das relações entre ensino e aprendizagem, da seletividade cultural, a partir de uma lógica que leva em conta e busca articular as necessidades e características de alunos e professores e o contexto sociocultural mais amplo.

Os estudos sobre profissionalização, por exemplo, têm apresentado contribuições importantes para a melhor compreensão da especificidade do trabalho docente que, ao se realizar através de relações interpessoais, adquire um grau de complexidade que extrapola a questão técnica, criando um desafio que precisa ser enfrentado. Aspectos relacionados à prática de sua realização também representam um desafio que exige instrumental teórico renovado para considerar a questão da mobilização dos saberes.

Nesse contexto, a pesquisa de Lüdke (1995-1998) representa, no Brasil, uma contribuição significativa ao investigar o processo de construção da identidade profissional de professores.[5] No entanto, voltada para a investigação dos processos e momentos da socialização profissional, não dispôs de instrumentos de análise para investigar os saberes envolvidos. Essa demanda emerge e é registrada por seus autores nas conclusões da pesquisa: "Argumentamos, com muito medo e timidez, que esses estudantes estão dizendo à Faculdade de Educação (e à universidade em geral) que existe, na atividade do professor, algo mais do que conhecimento; do que reflexão cognitiva sobre a prática, ainda que coletiva; do que saber fazer; do que saber fazer 'passar conteúdo'. O nosso desafio é entender o que é esse algo mais que, ao nosso ver, foi traduzido como vocação, como amor ao outro/aluno" (Lüdke e Moreira, 1998:51-52).

As conclusões dessa pesquisa, que possibilitaram um avanço significativo na busca da melhor compreensão da atividade docente, reafirmam, em meu entender, a necessidade de outros estudos que investiguem esse trabalho quando de sua realização, buscando compreender esse "algo mais" presente quando esse profissional age, mobilizando saberes, em situações em que a complexidade, a instabilidade e o inusitado são a regra e não a exceção.

Como afirma Perrenoud (1996), ensinar é "agir na urgência, decidir na incerteza", o que "aparentemente" contradiz tudo o que a racionalidade técnica nos ensinou. No entanto, mais do que jogar fora todo o instrumental já construído, cabe aprofundar e tornar complexos nossos instrumentos de análise para avançar na busca da compreensão da especificidade do trabalho docente, considerando que a mobilização de saberes implica uma síntese criativa, na qual saberes da formação se mesclam com os saberes a ensinar, recontextualizados pela dimensão educativa, processo este que envolve o antes, o durante e o pós ação.

Avançando nessa perspectiva, pesquisas e estudos têm sido realizados: aqueles que utilizam a categoria saber docente (Tardif, Lessard e Lahaye, 1991; Tardif, 1999, Tardif e Lessard, 1999); aqueles que utilizam a categoria conhecimento--na-ação e professor-reflexivo (Schon, 1995); saberes práticos e competências (Perrenoud, 1993, 1996, 1999); práxis reflexiva (Nóvoa, 1995).

Todos, de certa maneira, identificam a centralidade da questão da relação com os saberes, a importância dos saberes da experiência e do desenvolvimento de competências, o papel da formação para a apropriação e mobilização desses saberes na prática docente. Mas ainda há muito a ser investigado para que se possam compreender melhor as ações desenvolvidas, para o que essas novas categorias de análise abrem novas perspectivas.

No que se refere aos saberes ensinados, a falta de estudos e pesquisas ainda é maior. Shulman (1986) afirma que a ausência de perspectivas de abordagem nas pesquisas educacionais sobre o que o professor sabe do ponto de vista dos conteúdos ensinados constitui o "*missing paradigm*" (1986:6). As pesquisas voltadas para os conteúdos se preocuparam com a "eficiência e a eficácia" dos professores – métodos e técnicas – para lidar com os conteúdos, ainda muito frequentemente considerados "inquestionáveis, porque científicos, hierarquicamente os melhores que a sociedade produziu" – ação, portanto, em que só cabia facilitar ou diluir. Mas questões sobre como os professores mobilizam os saberes que dominam para explicar os diferentes temas dos conteúdos, estabelecer relações de causalidade, esclarecer dúvidas, selecionar exemplos, analogias, realizar demonstrações têm ficado ausentes das pesquisas.

Por outro lado, os novos estudos sobre currículo, que se enriqueceram sobremaneira a partir da atenção que passaram a dar às relações entre escola, sociedade e cultura, têm se voltado preferencialmente para questões relacionadas ao processo de seleção e de configuração cultural de representações e práticas sociais, e de afirmação, resistência ou negação de relações de poder. Ainda são poucos aqueles que utilizam as categorias de conhecimento escolar e que buscam analisar a construção específica realizada nas escolas.

No que se refere à didática, o trabalho de Chevallard (1991) aborda o conhecimento matemático, com a atenção voltada para o estudo da relação entre o saber sábio e o saber ensinado. Embora reconhecidamente uma proposta original que abre perspectivas muito promissoras, seu trabalho suscitou questionamentos que se referem a um excessivo viés cientificista, que deixou de lado aspectos socioculturais e políticos, e a um certo esquematismo na análise. Autores como Lopes (1999), por exemplo, propõem o uso da categoria "mediação didática" para dar conta da complexidade do processo.

A proposta de Chevallard precisa ainda ser testada em outras áreas do conhecimento, para se avaliar o seu potencial interpretativo. Iniciativas nesse sentido são, por exemplo, os trabalhos de Moniot (1993) sobre a didática da História e o de Develay (1995), que apresenta estudos em que a categoria conhecimento escolar é utilizada na abordagem das diferentes disciplinas escolares. O papel desempenhado pela matriz epistemológica da disciplina de referência no processo de mediação didática/configuração do conhecimento escolar, bem como as formas como os professores participam/realizam (n)esse processo só muito recentemente começaram a ser alvos de atenção.

Que os professores realizam diferentes leituras dos mesmos textos curriculares oficiais já é sabido por todos. Mas pesquisas sobre como essas leituras são feitas e quais suas repercussões no trabalho escolar cotidiano, tanto do ponto de vista das aulas realizadas e da aprendizagem dos alunos quanto do ponto de vista das relações interdisciplinares, são muito poucas ou estão ainda por ser desenvolvidas.

Allieu chama a atenção para essa lacuna nos estudos sobre o conhecimento escolar:

> "As reflexões sobre as disciplinas escolares têm explorado sobretudo as instruções oficiais, os manuais, e os efeitos do ensino sobre os alunos. Para nós, uma disciplina escolar é um '*object en actes*' onde o mestre-de-obras é o professor. As entrevistas com professores de História têm revelado uma grande disparidade entre as finalidades que cada um atribui ao seu próprio ensino e, portanto, à História 'manipulada' em aula" (Allieu, 1995:145).

Acredito que fica assim evidenciado que, não apenas a questão dos saberes precisa ser melhor investigada, mas os saberes na sua construção escolar, a partir de finalidade educativa e na dimensão da prática. Para a abordagem, que se remete à construção epistemológica, considero que a articulação das categorias de análise conhecimento escolar e saber docente pode oferecer uma perspectiva inovadora e fértil, pois permite utilizar ferramentas teóricas que procuram dar conta de dois aspectos fundamentais nesse processo. Um deles é o reconhecimento da especificidade do campo educacional, que produz saberes próprios embora mantendo um diálogo ativo com o conhecimento científico e com outros saberes presentes na sociedade; e o outro, a focalização desses saberes considerando a atuação e os saberes dos professores em sua mediação. Assim, a relação dos professores com os saberes no campo educacional é o eixo estruturante que articula os dois enfoques.

Desconheço estudos que articulem estas categorias. No Brasil, Lelis (1996) utilizou a categoria de saber docente conjugada com a de capital pedagógico, empregada por ela a partir do referencial de Bourdieu. Seu estudo, pioneiro, voltou-se para professoras das séries iniciais do ensino fundamental e não aprofundou a análise das relações dos professores com os saberes que ensinam.

Como afirma Develay, "se ontem o professor devia antes de tudo ensinar e se, hoje em dia, ele deve antes de tudo ajudar os alunos a aprender, não existe centração sobre o ensino ou sobre a aprendizagem sem conteúdos a serem apropriados pelos alunos" (1995:13). A relação com os saberes é, sem dúvida, uma questão central.

A pesquisa sobre os saberes no ensino de História

A História é uma disciplina escolar que tem (ou deveria ter) profunda relação com a prática sociopolítica e cultural, mas que muitas vezes se torna um conhecimento esotérico e enigmático para os alunos, fenômeno este que acreditamos estar de alguma forma relacionado com a ação dos professores.

Além disso, a História é uma disciplina que, como outras, passou por mudanças de paradigmas ao longo do século XX, com profundas repercussões nos processos de pesquisa e elaboração científica.

Como disciplina escolar foi (e de certa forma ainda é) profundamente marcada pela versão construída ao longo do século XIX, legitimadora de uma nova ordem política e social em constituição, tendo sido objeto, no final do século XX, de vários esforços no sentido de que as transformações paradigmáticas fossem apropriadas pelo campo educacional.

Essas iniciativas encontraram nos professores, com a formação realizada em instituições de organização e qualidades variadas, interlocutores com diferentes recursos teóricos e práticos, e interesse, para viabilizá-las.

Reconhecemos, também, em grande número de professores de História, um compromisso afirmado e vivenciado com o desenvolvimento de um ensino para formar cidadãos críticos, mas são professores frustrados com a falta de adesão dos alunos à militância proposta. Esse desencontro, paralelamente à verificação de situações nas quais o diálogo se estabelece de forma criativa e emancipadora, cria um paradoxo que me instiga para a realização da pesquisa e no qual identifico a relação com os saberes como um aspecto central.

Ao focalizar nosso estudo no ensino de História, verificamos que a área tem merecido, ao longo dos anos noventa, a atenção de um crescente número de pesquisadores. O intenso e rico movimento de elaboração curricular que ocorreu na década de oitenta do século XX, e no qual o ensino de História foi uma das áreas mais efervescentes e polêmicas[6], despertou um grande interesse por parte dos estudiosos. Em trabalhos realizados nos anos noventa, eles têm procurado investigar os contextos de sua elaboração e apropriação, focalizando objetivos, características e saberes dos autores e/ou dos grupos mais amplos aos quais se destinavam, concepções de história e educação implícitas nos documentos, e os diferentes significados atribuídos pelos seus interlocutores, buscando compreender os motivos das dificuldades para a sua implantação e implementação, principalmente nos estados de São Paulo, do Rio de Janeiro e de Minas Gerais (Cruz, 1988; Ricci, 1992; Fonseca, 1993; Mello, 1993; Cordeiro, 1994; Alcântara, 1995; Siman, 1996; Martins, 1996).

Esses trabalhos avançam, tanto quantitativa quanto qualitativamente, em relação a abordagens anteriores que, focalizando principalmente o livro didático, se preocupavam em identificar mecanismos de manipulação e inculcação ideológica ou 'erros' e imprecisões teóricas dos autores, utilizando o conceito de ideologia, no sentido de falsa consciência, muitas vezes numa leitura simplificada da matriz marxista.

Essa constatação, feita por Munakata (1998:271), é confirmada por Villalta (1998) que, ao realizar um balanço crítico das perspectivas de abordagem dos estudos sobre livros didáticos, chama a atenção para a necessidade de se avançar em relação aos trabalhos que priorizam a "imposição da ortodoxia do texto" (Chartier,1990) para pesquisas que busquem trabalhar buscando compreender as diferentes formas de apropriação dos livros didáticos por seus leitores primordiais, alunos e professores.

Villalta revela que os estudos sobre livros didáticos têm se detido, principalmente, sobre os conteúdos, ou seja, sobre a "imposição da ortodoxia do texto", assumindo a crítica historiográfica, resvalando para a crítica ideológica, focalizando diversos temas: periodização e recorte espaço-temporal, conceitos empregados, sujeitos priorizados ou excluídos. "O caráter "denuncista" desses estudos negligencia o caráter contraditório da linguagem e, portanto, a possibilidade de leituras distintas e a capacidade analítica dos alunos" (Galzerani, 1988:109, apud Villalta, 1998).

Alguns trabalhos recentes oferecem contribuição significativa ao buscar dar conta da complexidade das relações entre os livros didáticos de história, os saberes e seus leitores. Bittencourt (1996), por exemplo, investiga as práticas de leitura do livro didático. Procura identificar as normas de leitura, as transgressões e resistências dos leitores, mostrando domínio da historiografia sobre livro e leitura ao analisar obras do final do século XIX e início do XX.

O trabalho de Costa (1997) também tem como objeto de análise o livro didático e suas formas de utilização pelos professores para o ensino de História. Usando como referencial teórico as proposições de autores que analisam o ensino dessa disciplina, ela acompanhou aulas em turmas de 5ª. e 8ª. séries, em 1996, na cidade de São Paulo, e verificou como o livro ganha a condição de guia do professor, dirigindo e controlando sua prática pedagógica.

Munakata (1997) volta-se para obras didáticas em geral, abordando aspectos relacionados à indústria editorial que, praticamente cartelizada, aperfeiçoou seus instrumentos e mecanismos de produção, distribuição e divulgação de materiais educacionais, gerando obras de variados tipos, para públicos diferenciados e tendo, muitas delas, como gerentes e autores, profissionais pós-graduados, atualizados com as questões e produção científica. Fica evidente, após sua análise, que a pesquisa sobre livros didáticos exige um instrumental teórico que dê conta da complexidade das questões atualmente envolvidas em sua elaboração.

Uma outra vertente reúne os estudos que procuram investigar a relação entre o ensino de História e a imposição de uma determinada visão de mundo ou concepção de sociedade (Abud, 1998; Almeida, 1998; Cerri, 1998). Referenciados na historiografia, procuram analisar a lógica da construção ideológica realizada, tendo como pano de fundo o contexto histórico e os interesses em jogo.

Na Europa, um estudo paradigmático nesse campo é o trabalho de Furet, *O nascimento da História*, em que o autor analisa a constituição da disciplina História e da História como disciplina escolar, revelando, através de análise primorosa, como as formas pertinentes ao processo de cientificização se articularam às necessidades de legitimação dos regimes políticos do século XIX, na França. Assim, de acordo com este autor, foram criadas, ao mesmo tempo, a disciplina científica e a versão escolar que veio atender, de forma eficaz, às necessidades criadas pelo novo contexto sociopolítico e cultural, dando origem à matriz do que podemos chamar de História = "pedagogia do cidadão".

Esses trabalhos, ao investigar as relações entre educação, sociedade e cultura mediadas pelo ensino da História, representam contribuições significativas de pesquisas realizadas no campo da História para a área da Educação.

No entanto, percebemos que seus autores (com exceção de Bittencourt e Munakata, já citados) ainda estão muito presos a abordagens que privilegiam uma perspectiva unilateral, que não leva em conta as múltiplas leituras possíveis, os espaços de resistência e transgressão, nem tão pouco utilizam as contribuições de autores do campo educacional que trabalham com a categoria de conhecimento escolar, na acepção mencionada na introdução deste livro. Embora o trabalho de Abud (1998) mencione o saber escolar, parece-nos que a apropriação feita ainda está muito presa a referenciais estritamente historiográficos e empregada como saber ensinado na escola, sem considerar a sua construção peculiar.

Acreditamos que as contribuições de autores como Goodson e Chervel aumentam a complexidade da problemática a partir de questões oriundas do campo educacional, o que permite ampliar o espectro da análise. O fato de Goodson (1998) utilizar a categoria "tradição inventada" (Hobsbawn, 1990), oriunda do campo historiográfico, revela como é possível avançar quando são pertinentemente articuladas questões e conceitos dos dois campos.

Com base nessas considerações, identificamos nos trabalhos de Fonseca (1997); Araújo (1998); Gabriel (1999, 2003); e Santos (1999) contribuições que mais se aproximam de nossas preocupações.

O trabalho de Fonseca apresenta os resultados de uma investigação realizada a partir do relato reflexivo de professores de História sobre sua atividade profissional. Buscando compreender como a experiência de ensino se articula com a formação acadêmica e os quadros institucionais, a autora tem por base a ideia de que "lecionar é inventar saberes próprios à sua situação de trabalho; ser professor de história é também ser educador e historiador" (1997:10).

Esse estudo apresenta proximidade com nossas preocupações. "Investiga experiências pessoais e educacionais de professores que atuam em vários níveis de ensino, sobretudo nas escolas fundamental e média, no sistema educacional brasileiro desde meados do século XX..." (1997:14) O trabalho situa-se no campo da história oral de vida, articulando vida pessoal e profissional. Como a autora afirma, "não é um estudo sobre como se ensina história, ou sobre o professor de história em si, mas sobre como é ser professor na história do Brasil" (p.15).

No entanto, ao valorizar e explorar a experiência dos profissionais entrevistados, detém-se muito superficialmente nos aspectos mais específicos do ensino que não é, como ela mesma afirma, o objeto principal de seu interesse.

Araújo investiga a construção da noção de tempo por alunos de 5ª. série do ensino fundamental em escolas municipais do Rio de Janeiro. A autora preocupa-se com a questão do conhecimento, na perspectiva do que foi aprendido pelos alunos, perspectiva esta muito raramente investigada.[7] Utilizando uma pesquisa tipo *survey* familiar, realiza um levantamento que mereceria um maior aprofundamento em etapa posterior de trabalho, no sentido de esclarecer as possibilidades e limites no uso desta noção pelos alunos na contextualização e análise históricas. Araújo também não utiliza a categoria de conhecimento escolar no sentido de nossa opção, apoiando-se em Piaget e autores da historiografia contemporânea que têm discutido a questão do tempo.

Nos trabalhos de Gabriel, a dissertação de Mestrado, intitulada "O saber histórico escolar: entre o universal e o particular" (1999), e a sua tese de doutoramento, "Um objeto de ensino chamado História: a disciplina de História nas tramas da didatização", defendida em 2003, ambas na PUC-Rio, encontramos grande proximidade com nossas preocupações e perspectivas de abordagem.

A autora utiliza a categoria saber histórico escolar, situa a sua formulação teórica e realiza as investigações com base na questão que atinge o cerne da problemática que esta categoria se propõe a enfrentar: a tensão entre a razão histórica e a razão pedagógica. Na dissertação, analisa o ensino desta disciplina realizada sob o enfoque universalista e os desafios postos quando da abordagem preocupada com a diversidade cultural, considerando aspectos próprios da cultura escolar.

Em sua tese, a autora realiza análise teórica do processo de transposição didática, tomando por base o ensino da disciplina História nos diferentes momentos deste processo, conforme proposta de Chevallard, oferecendo contribuição fundamental para o avanço dos estudos nesta área de conhecimento.*

O trabalho de Santos (1999), que realizou uma investigação sobre o processo de construção do currículo em uma escola em Belo Horizonte, representa uma outra contribuição importante. Através de um estudo de caso etnográfico, a autora realizou um "acompanhamento sistemático da experiência desenvolvida por professores de História empenhados em promover uma mudança curricular no microespaço da escola de forma a tornar possível perceber as reinterpretações e recriações operadas nos ideais de mudança gestados em diferentes espaços sociais" (1999: 4-5).

Articulando os níveis macro e micro, a autora acompanhou as reuniões dos professores para a elaboração dos novos programas de História, em processo de reformulação curricular. Assim, foi possível verificar como lidavam com os saberes, as expectativas suas e de seus alunos e, também, avaliar as dificuldades decorrentes do esforço para assumir um trabalho mais autônomo dentro da escola.

Esse trabalho também se aproxima bastante de nossas preocupações, procurando analisar o processo de construção do currículo na escola. No entanto, nem no texto nem na bibliografia citada aparecem indicações de utilização das categorias que pretendemos empregar em nosso estudo. É, sem dúvida, uma grande contribuição nesse campo de pesquisas.

O trabalho de Costa (1997), citado anteriormente, de certa forma também se aproxima de nossas preocupações. Ao evidenciar a importância que o livro didático ganha nas salas de aula, a autora investiga como os professores estão lidando com os saberes que ensinam, certamente no exemplo por ela acompanhado, de forma muito precária e incipiente. Mas a autora concentrou o foco da análise na quantificação do tempo utilizado com o livro, o que, ao mesmo tempo que revelou a dimensão da importância do seu uso, reduziu o alcance da investigação.

Concluindo, o estudo sobre a relação dos professores de História com os saberes que ensinam é ainda área pouco investigada, tornando-se a contribuição que esta pesquisa oferece aos professores e demais interessados uma forma de fortalecer sua luta pela afirmação da docência como ação reflexiva e transformadora.[8]

---

* A tese de Gabriel, defendida em 2003 e, portanto, posterior ao término da pesquisa que serviu de base a este livro, foi incluída aqui por representar contribuição significativa a esta área de estudo.

CAPÍTULO 2

PROFESSORES PENSAM E FALAM SOBRE FORMAÇÃO E PROFISSÃO

> "O professor é a pessoa; e uma parte importante da pessoa é o professor." [9]

Procuras: a pesquisa sobre os saberes dos docentes

Professores de História são muitos, centenas, alguns milhares de profissionais que trabalham, militam no cotidiano, anônimos, juntamente com outros tantos professores, de tantos outros saberes, portadores de sonhos, crenças, descrenças, desilusões... esperanças... mas que, postos diante de crianças e jovens inquietos, curiosos, agressivos, carentes, carinhosos, se veem desafiados a recomeçar, a iniciar as conversas, as trocas, os ensinamentos, a desvelar os segredos deste mundo tão complexo, tão intrigante, tão chocante, tão surpreendente...

"Professor, vai cair na prova?" e um banho de água fria leva grande parte do entusiasmo que trazia feliz um professor que ia dar aula sobre a escravidão no Brasil. "Eu não quero que ninguém decore as datas, eu quero que vocês entendam o processo, por que é que se desenvolveu a escravidão no Brasil. História é para a gente compreender, não é para decorar..."

E lá vai o professor de História insistindo com seus alunos, numa militância diária e anônima, para formar cidadãos críticos e conscientes de suas escolhas e posições. Será que isso é possível? Utopia sempre renovada...

Como já foi discutido anteriormente, minha perspectiva de pesquisa tem como premissa o reconhecimento dos professores como profissionais, sujeitos de uma prática docente que implica um domínio de saberes que são resultado de elaboração pessoal, mas de autonomia relativa, resultantes de um quadro de referências social e culturalmente construídas, a cultura profissional, geradora de disposições e predisposições, constrangimentos e orientações. Essa perspectiva levou-me a buscar, para a investigação, professores experientes e bem-sucedidos, ou seja, que já tivessem acumulado uma experiência rica o bastante para possibilitar um estudo significativo.

Mas a minha busca por professores de História experientes e bem-sucedidos me colocou diante de desafios, dúvidas e questionamentos.

O que é ser bem-sucedido? O que é ser um bom professor? O que é ser um bom professor de História? São tantos, existem tantos bons professores. São aqueles mais comprometidos? São aqueles que sabem transmitir seus conhecimentos? São aqueles muito queridos por seus alunos? Ou é tudo isso junto ao mesmo tempo?

Buscando na literatura uma resposta para minhas questões, pude perceber que as diferentes alternativas encontradas para respondê-las serviram, antes de mais nada, para confirmar que o fenômeno educativo e o ato de ensinar implicam enorme complexidade. E foi preciso reconhecê-la para fosse possível superar visões simplistas que, em muitos casos, deram origem a estudos e pesquisas com o objetivo de encontrar soluções mágicas para obter sucesso e qualidade nas atividades escolares e que, de maneira geral, desconsideravam ou desqualificavam o papel do professor no ensino.

Entre os diversos programas de pesquisas sobre o ensino[10], encontramos, ainda no final do século XIX, aquele que atribuía grande importância aos traços de personalidade dos professores, associando-os à sua eficiência. Buscava identificar atributos característicos de personalidade ou de comportamento – interesse, entusiasmo, imparcialidade, capacidade para acolher os alunos etc. – através da visão de alunos, colegas professores ou de especialistas de educação, o que o tornava muito limitado, pois ficava restrito ao campo das opiniões (Kratz, 1896, apud Gauthier, 1998:43-44).

Outras pesquisas, que se voltaram para a avaliação do rendimento dos métodos utilizados, apresentaram falhas metodológicas importantes, pois, ao trabalhar com diferentes professores em diferentes turmas, confundiram os efeitos do método com as diferenças existentes entre os professores, revelando-se "inoperantes porque não conseguiram relacionar, de maneira inequívoca, um comportamento específico do professor ao desempenho escolar" (Medley, 1979 apud Gauthier, 1998:47).

Na década de sessenta do século XX, estudos de natureza sociológica enfatizaram a ideia de que o ensino não era uma variável importante para explicar o desempenho dos alunos e sim a influência do meio social. Nesse mesmo período, outra linha de pesquisa voltou suas atenções para a investigação sobre a aprendizagem, sob a influência de Piaget e do behaviorismo, ressentindo-se, ambas as perspectivas de abordagem, de uma atenção maior sobre o papel do professor no sentido de propiciar a aprendizagem.*

A desqualificação dos professores, que teve seu auge nos anos sessenta/setenta, foi paralela ao desenvolvimento de pesquisas sobre os programas de ensino, em detrimento de pesquisas sobre o ensino. Buscou-se, inclusive, elaborar um *teacher-proof curriculum* em que o papel dos professores fosse minimizado, pois eram considerados meros transmissores de conteúdos produzidos por outros, simples administradores de material didático, aplicadores de exercícios, testes e provas (Gauthier, 1998:52).

Essa perspectiva fez surgir uma outra questão: o professor faz realmente alguma diferença? A sua maneira de agir altera os resultados? Como melhorar sua maneira de agir e ensinar?

Nesse sentido, uma outra linha de pesquisa começou a se desenvolver, a partir da década de setenta, buscando investigar a eficiência do ensino na perspectiva processo-produto, ou seja, era estabelecida uma relação entre os comportamentos do professor (processo) e a aprendizagem do aluno (produto), para identificar comportamentos estáveis do professor que pudessem melhorar o rendimento dos alunos. Essas pesquisas, que visavam identificar o efeito docente (Gauthier, 1998:53), não conseguiram evitar o agravamento dos problemas educacionais, seu principal objetivo.

A partir da década de oitenta, a crise educacional revelou-se com mais clareza. O relatório *A nation at risk*, além de alertar para o risco de os EUA serem superados por outras nações, deixava transparecer que a complexidade da questão educacional começava a ser percebida, embora muitos ainda atribuíssem sua responsabilidade aos professores, considerados "incompetentes", numa avaliação que ignorava, entre outros aspectos, o papel das condições de trabalho nesse processo.

> "Se a educação vai mal, dizem eles, isso, de uma certa maneira, está relacionado com aqueles que ensinam e que carecem de saberes profissionais fundamentais; é preciso, portanto, melhorar a formação dos futuros professores e profissionalizar muito mais o magistério" *(*Grupo Holmes, 1986, apud Gauthier et alii, 1998:58).

---

* A atuação do professor não era o objetivo nem o foco dessas pesquisas, voltadas para a busca de compreensão dos processos de aprendizagem.

A crise gerou uma preocupação maior com os professores que, considerados vitais e estratégicos no processo educacional escolar, e responsáveis pela crise educacional, precisariam ter sua formação melhorada, de forma a dominar um corpo de saberes profissionais fundamentais que pudesse resultar numa educação de melhor qualidade.

Revelando uma mudança de perspectiva, associava-se a questão da formação com a da profissionalização.

> "Se o professor é um agente de primeira importância na busca da excelência educacional, e se o desenvolvimento dos saberes que ele utiliza é uma condição para a profissionalização, quais são então as práticas, os saberes, as competências que aumentam a eficácia do ensino?" (Gauthier et alii, 1998:61)

Iniciaram-se, então (final dos anos oitenta e década de noventa), pesquisas voltadas para determinar um "repertório de conhecimentos", específico ao ofício do professor, que atendesse às necessidades tanto dos processos de formação quanto de profissionalização. No campo do ensino, o

> "repertório de conhecimentos é o conjunto de saberes, de conhecimentos, de habilidades e atitudes de que um professor necessita para realizar seu trabalho de modo eficaz num determinado contexto de ensino" (Wilson et alii, 1987:105, apud Gauthier, 1998:59-60)[11]

Esse programa de pesquisas passou a focalizar, então, o "conhecimento dos professores" e não mais "o que fazem os professores" ou "como aprendem os alunos". As pesquisas se desenvolveram de acordo com diferentes abordagens. Uma delas, a cognitivista, busca investigar o pensamento dos professores, o *teachers' thinking* em estudos próximos da fenomenologia, admitindo que o professor utiliza conhecimentos contextualizados, interativos e especulativos. No entanto, essa abordagem, voltada para o processamento da informação e para os processos de construção do conhecimento no processo ensino-aprendizagem, revelou-se clivada de reducionismos por tratar aspectos humanos e simbólicos como fenômenos naturais e, sobretudo, por operar com uma forma de compreender os fenômenos da cognição próxima dos campos da administração e da informática (Borges, 2001:71).

Um outro programa de pesquisas se desenvolveu a partir do enfoque interacionista-subjetivista que reúne estudos referenciados na fenomenologia, ou seja, dão ênfase ao indivíduo compreendido como um sujeito portador de 'histórias', e pelo qual o ensino é concebido como uma forma de interação simbólica, um processo em que os sujeitos agem em função daquilo que os conhecimentos significam para eles" (Borges, 2001:71). Gauthier identifica, dentro da abordagem do interacionismo-subjetivista, 5 (cinco) orientações: a fenomenológica, a etnometodológica, a etnográfica, a ecológica e a sociolinguística.

A fenomenológica enfatiza a análise das experiências individuais e o conhecimento adquirido por meio delas; a etnometodológica busca investigar como os indivíduos dão sentido ao mundo e como realizam ações cotidianas; na etnográfica, focalizam-se a dinâmica da sala de aula e as representações de alunos e professores nas interações cotidianas; na ecológica, investiga-se a dinâmica da sala de aula para compreender a eficiência dos professores e seus saberes; a sociolinguística volta-se para a linguagem e para os aspectos relativos à verbalização dos professores sobre seus saberes (Borges, 2001:71-72).

Essas diferentes orientações, que expressam diferentes investidas em busca da compreensão de um fenômeno de tal complexidade, oferecem elementos para que eu volte à minha questão: como identificar professores experientes e bem-sucedidos? A resposta a essa questão tem relação direta com a minha perspectiva de abordagem que, de forma um pouco mais desenvolvida, permite que se possam identificar alguns pressupostos assumidos:

- o reconhecimento da complexidade da ação docente, que se desenvolve mobilizando inúmeros saberes, competências, procedimentos e atitudes, ação muitas vezes tácita, sobre a qual o professor encontra dificuldades para apresentar explicações;
- a importância de se investigar o ensino considerando os saberes mobilizados para, na e pós ação, e não apenas as diferentes ações, modos de agir, práticas do professor;
- o reconhecimento da existência de saberes mobilizados implica posicionamento distinto tanto da tradição disciplinar, do especialista da matéria, como do conceito de "prático reflexivo", um prático que reflete na e sobre a ação, conforme proposto por Schön (1992);
- a premissa anterior implica considerar o ensino enquanto práxis, expressão de uma racionalidade que implica um domínio de saberes e sua transformação para e no ensino, num processo em que o professor é sujeito e autor, e em que é articulado o pensamento dos professores com "dimensões contextualizadas da ação" (Tardif, 1999:25);
- para a realização do ensino, os professores mobilizam um conjunto de saberes que inclui os saberes disciplinares, curriculares, pedagógicos e da experiência, que se articulam numa teia complexa na qual os saberes da

experiência desempenham um papel estratégico na identificação do que é válido para a ação (Tardif, Lessard e Lahaye, 1991);
- no conjunto de saberes aprendidos durante a formação, o conhecimento dos aspectos estruturais, dos princípios da organização conceitual e de investigação dos saberes disciplinares, que permitem identificar as principais ideias, habilidades e paradigmas que orientam a produção de conhecimento no campo, é importante para a realização da prática pedagógica com autonomia, embora os saberes escolares não sejam os saberes disciplinares de referência (Shulman, 1987:9);
- o reconhecimento de que o ensino não se reduz à sala de aula, embora tenha aí uma dimensão estratégica e fundamental, pois é um trabalho coletivo, socialmente partilhado e negociado com seus pares, outros profissionais, familiares e membros da comunidade envolvida de modo geral (Tardif e Lessard, 1999:361);
- o fato de que os professores valorizam o saber da experiência como fundamento de sua competência profissional, servindo este de referência para avaliar os outros saberes e definir sua pertinência (Tardif e Lessard, 1999:362).

Tendo por base esses pressupostos, não me cabia identificar os melhores ou os mais bem-sucedidos de acordo com este ou aquele critério de comparação num enfoque que faz lembrar os programas de busca da "qualidade total" e pelo qual, na verdade, se acaba por realizar um movimento de exclusão e desqualificação de muitos em favor de poucos, através de processos nos quais as condições e características dos diferentes contextos não são consideradas.

Meu objetivo não era a busca da eficiência, mas, sim, registrar formas "como os professores de História mobilizam os saberes que dominam para ensinar os saberes que ensinam". Portanto, cabia-me identificar alguns professores experientes e bem-sucedidos, cujos saberes e práticas seriam objeto de investigação numa perspectiva interacionista-subjetivista.

Como encontrar esses profissionais? Com base nos pressupostos citados, defini o saber da experiência como critério para o reconhecimento do trabalho de seus pares. Ou seja, eu solicitaria a alguns professores que me indicassem colegas que eles considerassem bons professores.

Essa indicação me pareceu mais pertinente do que aquela que pudesse ser feita por alunos, embora muito relevante também. Assim, o reconhecimento de colegas experientes seria o critério de maior relevância, de acordo com minha perspectiva de abordagem.

Comecei por mim mesma, professora de História que sou, e entrei em contato com um colega que considero realizar um trabalho de grande qualidade e politicamente comprometido.[12] Ele prontamente aceitou participar da pesquisa. E me indicou duas colegas que estavam desenvolvendo um trabalho experimental muito bom no colégio onde ele trabalha. Inicialmente eu não havia pensado em trabalhar com professores de uma mesma instituição. Mas, ao entrar em contato com as colegas, considerei muito rica a experiência que desenvolviam e as convidei, tendo o convite sido aceito.

Contactei, então, uma outra colega que possui grande experiência em atividades de formação continuada de professores e de coordenação pedagógica em escolas. Ela me indicou um professor que ela considerava muito bom. Ao convidá-lo, soube que um dos colégios onde trabalha era o mesmo dos demais. Aceito o convite, reuni um grupo de quatro professores que trabalham numa mesma instituição, em diferentes unidades.

Esses quatro profissionais que se dispuseram a colaborar com essa pesquisa permitiram que suas aulas fossem por mim observadas, algumas gravadas, além de participar de entrevistas, longas, que deram origem a depoimentos em que aspectos de sua formação, profissão e atuação foram objeto de relato, análise e reflexão.

Acredito que essa colaboração foi favorecida pelo fato de o principal objetivo da pesquisa ter sido explicitado logo no início dos trabalhos: conhecer e compreender como os professores mobilizam os saberes que dominam para ensinar os saberes que ensinam. Investigar o que sabem, e não buscar provas de sua incompetência, como já tantas vezes feito em estudos baseados em outros paradigmas.

Foi esclarecido que não era uma pesquisa-ação, com o objetivo de mudar as práticas realizadas, e sim uma pesquisa em perspectiva interacionista subjetivista para reunir subsídios a partir de suas falas, representações e atividades realizadas que possibilitassem a caracterização dessas relações e do que sabem sobre elas.

A pesquisa foi desenvolvida em três etapas: na primeira, fiz entrevistas que me permitiram conhecer os professores no que diz respeito à vida escolar, formação e experiência profissional, visão sobre o trabalho, os colegas, a instituição onde trabalham e seus alunos. Foram entrevistas semiestruturadas que abriam espaço para atender à diversidade de personalidades e experiências; na segunda etapa, observei aulas, numa média de seis aulas duplas de cada professor, aulas essas que anotava ou gravava; na terceira etapa, voltei a entrevistar os professores, para que eles me explicassem o que desenvolveram nas suas aulas e por quê.

A seguir apresento os professores que participaram da pesquisa, utilizando como subsídios os depoimentos obtidos nas entrevistas realizadas na primeira etapa.

Encontros e reconhecimentos:
os professores pensam e falam sobre a sua formação
e experiência profissional

A pesquisa foi realizada no primeiro semestre de 2001, com professores de uma mesma instituição escolar do Rio de Janeiro, mas que trabalhavam em diferentes unidades de ensino. Os professores selecionados eram profissionais que tinham entre 13 e 25 anos de experiência, "encontrando-se na fase do "meio da carreira", do "pôr-se em questão", fase da vida durante a qual as pessoas examinam o que terão feito de suas vidas face aos ideais e objetivos dos primeiros tempos" (Huberman, 1995:43). Certamente, esse momento da vida profissional também colaborou para a anuência em participar da pesquisa.

O mais jovem dos professores, embora com menos tempo de atuação, cumpre uma carga horária de aulas muito grande, o que contribui para enriquecer sua experiência.

Alice e Lucia lecionavam em turmas da 6ª. série do Ensino Fundamental, Roberto trabalhava com turmas da 1ª. série do Ensino Médio e Marcos dava aulas, neste colégio, para turmas da 3ª. série do Ensino Médio.[13]

Alice

Alice, como os demais, foi estudante de escola pública, mas se diferencia por ter sido aluna do Instituto de Educação, onde concluiu o curso normal em 1967. Fez o curso de História no Instituto de Filosofia e Ciências Sociais da UFRJ, onde entrou em 1967. Precisou interromper o curso, que só foi concluído em 1978. Trabalhou como "professora primária" em escolas do município do Rio de Janeiro, trabalho este que abandonou quando foi morar no sul do país e que retomou em 1984, quando voltou para o Rio. Ela se aposentou em 1997 como professora de séries iniciais. Em Santa Catarina, onde viveu por um período de tempo na década de oitenta, trabalhou em escolas particulares e em um curso pré-vestibular.

Com 34 anos de profissão, Alice possui, portanto, uma larga experiência como professora de turma e também no ensino de História, preferindo trabalhar com as séries mais baixas:

"E a minha opção inclusive com História é trabalhar sempre com as séries mais baixas... Eu estou há cinco anos trabalhando com 5ª série e esse ano, por conta do projeto que a gente está desenvolvendo, eu passei para a 6ª. As minhas experiências no Ensino Médio estão ligadas à Escola Nacional de Ciências Estatísticas... foi o tempo que eu fiquei trabalhando com o Ensino Médio..."[14]

No campo da Educação, além das experiências na docência, foi diretora de escola de ensino das séries iniciais do fundamental e, atualmente, trabalha participando de projetos de capacitação de professores de História de 5ª. a 8ª. séries e do Ensino Médio da Secretaria Estadual de Educação do Rio de Janeiro.

Outras iniciativas profissionais foram desenvolvidas em áreas de trabalho no campo da História, como a participação num projeto de microfilmagem de documentos em Santa Catarina, onde também fez um curso de pós-graduação em História, que não concluiu:

"Em 1980 eu fui para a Universidade Federal de Santa Catarina e fiz pós-graduação em História... não defendi a tese... tenho um projeto de pesquisa que era uma pretensão de fazer uma análise do processo de emancipação dos escravos, numa área de economia periférica que era o sul... tive o projeto aprovado mas... não defendi a tese... não tenho a tese defendida, quer dizer, só tenho a especialização em História..."

As memórias sobre sua formação em História parecem difíceis de lembrar. A impressão que fica é de um grande questionamento sobre uma formação que chegou a ser interrompida. Problemas decorrentes do fato de serem tempos de ditadura militar, cujo peso se fazia sentir fortemente sobre os cursos da área das Ciências Sociais, mas também problemas de ordem metodológica que ela consegue perceber agora a partir de sua experiência profissional:

"Em 1968 prestei vestibular para a Universidade Federal do Rio de Janeiro, para o Instituto de Filosofia e Ciências Sociais e fiz História, é... não consegui concluir o curso em quatro anos... eram anos muitos agitados... e eu saí do Rio... eu parei de estudar... e depois retornei e concluí o curso de graduação em 1978... é... uma época! Era uma época ruim, era uma época muito ruim, de maus professores... concluí o curso... A pós-graduação, também, eu peguei um pessoal também ruim na Universidade de Santa Catarina, eram estrangeiros... que dirigiam o curso... Eu estava ligada a um grupo de pessoas que fazia um jornal alternativo... Então, embora já fosse a época... não da ditadura braba,

mas... a gente teve problemas... Eu acho que a minha passagem pela universidade, tanto na graduação quanto na pós... eu acho que... eu não lembro assim de uma produção acadêmica que fosse de produção de conhecimento. Acho que essa questão que hoje eu revejo como educadora... eu acho que não dava pra fazer uma pós-graduação e uma graduação sendo apenas reprodutora de conhecimento. Eu acho isso, analiso isso..."

Sobre a formação pedagógica, ela faz um esforço, mas não consegue se lembrar de muita coisa:

"...é, não, não lembro, eu não tenho, apaguei isso aí, assisti aulas, como na época de Normal, a gente tinha que fazer os estágios mesmo, mas eu não lembro da minha relação com o pessoal de educação. O que eu me lembro de..."

Entrevistadora: Nem da Praia Vermelha?[15]

Alice: "É, não lembro disso. E o que eu lembro, por exemplo, da minha relação com as pessoas que davam a parte de didática, de metodologia... sempre me pareceu que eram duas coisas que caminhavam caminhos diferentes... que tinha alguém que passava o conteúdo específico de História e outra pessoa que tratava de metodologia, mas a junção dessas duas coisas não ficou clara..."

Ela procura justificar essa falta de memórias explicando que abandonou o curso no meio e, quando voltou, o terminou numa universidade particular...

"Eu fui concluir o curso numa universidade particular, então eu não tenho realmente que ter lembrança, porque eu não tinha associação, porque me parece que essa questão da passagem da parte prática, ela acontece só no final do curso..."

De qualquer forma, fica evidente que a formação pedagógica foi bastante incipiente, precária, como foi também para os demais professores entrevistados, como veremos a seguir. Ao ser perguntada sobre a importância da formação inicial, Alice acaba por fazer uma avaliação de sua relação com a universidade:

"...quer dizer... eu também não queria colocar assim o papel da universidade como zero, eu acho que não é. A universidade me fornecia uma bibliografia... que do lado de fora dela... eu acho que não teria acesso, e que me possibilitava estudar e ter o conhecimento daquilo

que eu queria fazer... Eu também não quero reduzir a zero, sabe assim, mas eu acho que foi pouco em relação ao que eu me tornei hoje enquanto profissional, eu acho que eu estabeleço poucos elos com a academia... com a universidade..."

É na sua prática, no seu trabalho como professora, e como professora primária, que Alice localiza o momento estratégico de sua formação, quando aprendeu o fundamental do jeito que trabalha hoje:

"... é, olha só, eu acho que essa questão ali, eu aprendi numa coisa que a academia normalmente vê com maus olhos, que é a questão da formação do primário, do primeiro segmento do ensino fundamental. Então esse, quando eu fui professora de primeira à quarta, e que eu tive que dar conta de... não só da área de conhecimento ligada à História, mas de português, matemática, de ciências... que eu trabalhava isso tudo, ali, naquele momento eu fui obrigada a descobrir formas de fazer isso, então aí eu fui procurar... Porque eu trabalhava dando Língua Portuguesa e Estudos Sociais na 4ª. série e fiquei meio de saco cheio daquele trabalho com Língua Portuguesa, que elas não sabem interpretar... Deve ter um jeito de se fazer isso... e daí eu fiz vários cursos com pessoas ligadas à área de Língua Portuguesa, com... contação de história... Como é que se trabalha um texto? Procurar pessoas... e é essa experiência de 1ª. à 4ª. que eu estou jogando... essa questão de conversar com o texto; lê e conversa com ele, agora fecha e diz: como é que você entendeu? Isso aí foi uma coisa que não foi no viés da História da universidade, foi... lá, lá atrás, que também não foi na Escola Normal, na verdade foi na prática, ali quando eu tive que dar aula ali pra meninos de 1ª. à 4ª.(...)"

Lucia

Lucia estudou em escolas públicas e da rede particular de Niterói, cidade onde nasceu. Ela afirma que desejava ter feito o curso Normal, mas a escola não permitiu que ela o fizesse porque saiu para um intercâmbio no exterior, tendo estudado seis meses nos Estados Unidos. Fez um curso profissionalizante de 2º. grau, possuindo a habilitação como técnica em publicidade.

A formação como professora realizou-se na Universidade Federal Fluminense, onde se graduou em História em 1980, na primeira turma do novo currículo que estava sendo implantado.

Trabalha como professora há 23 anos, desde 1978, quando começou a dar aulas em escolas particulares. Ela faz questão de afirmar, em várias oportunidades, que sua opção sempre foi trabalhar em educação e em escolas públicas:

> *"Eu sempre trabalhei em escola pública... então em 1983 eu comecei a trabalhar, eu fiz concurso para o Estado, fiz a minha primeira matrícula, e essa sim foi a minha opção... Eu trabalhava em escola particular, comecei a trabalhar em escola particular em 1978, na faculdade ainda, por questões de eu querer começar a dar aula... Mas eu sempre... o meu objetivo era o primeiro concurso que eu fizesse... eu queria trabalhar com a escola pública... Esse sempre foi o meu objetivo, sempre... Até vir para este colégio, até 1994, eu sempre trabalhei na escola estadual e na escola particular. Na escola estadual eu comecei trabalhando em Campo Grande, no Rio de Janeiro, Acari, São Gonçalo, até chegar onde eu queria, que era Niterói, porque eu considerava que o trabalho na escola estadual, era aquela... pela experiência que eu tinha nessas escolas, tinha um envolvimento que eu gostaria de estar próximo à escola, onde eu estaria trabalhando para poder desenvolver... Aí eu fiquei quatro anos na escola lá em Niterói, e acabei fazendo prova para este colégio, porque o Estado não te dá condições de sobrevivência, é complicado a sobrevivência que você tem com duas matrículas no Estado... e eu tinha a escola particular..."*

Em 1994, fez concurso para o colégio onde está agora, optando pelo regime de dedicação exclusiva e abandonando as três situações que detinha até então. O salário que ganhava era quase o dobro da soma dos anteriores. Atualmente, trabalha com as turmas da 6ª. série e é a coordenadora de História da 5ª. à 8ª. série na Unidade, o que implica uma carga horária menor com turmas, de forma que possa organizar e participar das reuniões de planejamento e avaliação com os colegas de disciplina e com outros colegas em reuniões interdisciplinares.

Embora tendo feito esta opção, Lucia revela, em sua fala, uma grande nostalgia do trabalho que realizava nos colégios do Estado, o que expressa também sua enorme paixão pela profissão, impregnada por uma opção política, um modo de agir no mundo.

> *"Eu gosto de trabalhar como professora daqui, mas eu acho que este colégio é uma escola pública, mas não é uma escola popular... Quem está aqui nessa escola não são as camadas populares... quem está aqui é a classe média e eu me identifico mais com o trabalho do Estado."*

Entrevistadora: É porque aí você lida mesmo com a classe popular?

Lucia: "É, com a classe popular... são desafios, sabe... que você tem que resolver, que eu acho que a escola estadual me deu muito isso... Você tinha uma turma com os problemas mais variados possíveis, e era um desafio você trabalhar com a História. Com essa turma... às vezes, com crianças que mal sabiam ler..."

Lucia sempre trabalhou como professora, tendo participado de atividades no sindicato dos professores em Niterói. Foi coordenadora pedagógica de uma escola particular, coordenação esta que se estendeu às turmas de 1ª. à 4ª. série, em Estudos Sociais e Matemática. Seu engajamento com o trabalho sempre foi muito grande. Essa experiência a levou a fazer um curso de atualização em Matemática, na Universidade Federal Fluminense, para poder melhor realizar o trabalho.

Teve experiências com pesquisa, tendo trabalhado como estagiária no Centro de Pesquisas e Documentação – Cpdoc da Fundação Getúlio Vargas, durante a elaboração do Dicionário Histórico Biográfico Brasileiro, paralelamente ao seu período na faculdade. Ao concluir o curso, foi convidada para trabalhar lá como pesquisadora. Não aceitou porque...

"Era um trabalho que não era uma coisa... legal de fazer. As pessoas ficavam enlouquecidas para fazer aqueles verbetes e, por outro lado, eu tinha a sala de aula que me dava prazer... O salário não era tão diferente... O que eu ia ganhar dando aula, ampliando minha carga horária na escola, e o que eu ia ganhar na Fundação Getúlio Vargas não tinha muita diferença... e aí eu optei pelo magistério..."

A opção pelo magistério se delineava mais claramente já no final do curso de graduação e se reafirmava nos cursos que buscou realizar como atividades de pós-graduação. Fez cursos oferecidos pelo Estado:

"Foi via Estado, era... porque o Estado ofereceu um convênio... da escola estadual com o Fórum de Reitores. Todas as universidades públicas e algumas particulares ofereceram cursos de atualização para os professores estaduais... Era prioritariamente 2º. Grau. Era atualização para o ensino do 2º. Grau. Como eu trabalhava com o 1º. e o 2º., eu fui fazer. Eu inicialmente me matriculei num curso da UFF, mas a UFF... era um horário assim: eram três vezes na semana... eu não consegui compatibilizar porque eu não tinha... a liberação da escola para fazer o curso... O que eu podia fazer era tentar organizar o meu

horário para conseguir compatibilizar... Mas eu não estava liberada de nada... e esse curso na PUC, ele era de 1 `as 7 da noite, um dia só, numa 6ª-feira... Aí eu organizei todo o meu horário de forma que eu pudesse ficar com a tarde livre e fazer um dia na semana, fazia o curso na semana."

Este seu depoimento é revelador de como ainda precisamos avançar no sentido de oferecer condições efetivas que possibilitem a participação dos professores nos cursos de formação continuada. Pelo que se pode perceber, a participação de Lucia nessa atividade dependeu muito de um esforço e engajamento pessoal que o viabilizassem.

Sua avaliação sobre os cursos é muito boa:

"Foi muito bom, até porque eu reencontrei os professores da faculdade, como o Ilmar, conheci outras pessoas que não eram contemporâneas, que não foram contemporâneos meus na UFF, pessoas interessantes como a Margarida, como (...) a Selma que trabalha com Prática... ela fez umas oficinas com a gente... então foi muito legal. Mas o que eu queria não era isso. Em 1992, quando foi oferecido esse curso, foi oferecido o de informática e eu já queria a informática. Mas cada escola só podia mandar um professor. E na escola foram três ou quatro pessoas que se inscreveram para o curso de informática e eu não sei qual foi o critério de escolha mas a pessoa que tinha maior grau de formação é que foi. Então tinha uma professora que tinha Mestrado em Língua Portuguesa e ela é que foi fazer o curso. Esse curso foi em julho, nas férias de julho, e aí eu fui fazer o curso de História, fiz um semestre inteiro o curso de História... Eu comecei, eu queria fazer... tentar... já estava, essa coisa da informática já estava me chamando para a Educação... fazer essa relação, não é?, e aí no ano seguinte eles conseguiram transformar esse curso de atualização num curso de especialização e convidaram essa professora que tinha feito atualização para fazer... Ela não quis porque ela simplesmente odiou o curso... não suportou nada... Aí eu me ofereci para fazer... a UFRJ aceitou... foi na UFRJ... foi de 1992 até 1994."

Dando continuidade à sua formação, Lucia fez o Mestrado em Educação Brasileira na PUC-Rio, que concluiu em 2001, apresentando uma dissertação sobre informática educativa, em que conjuga, de alguma maneira, suas duas paixões: a Educação e a Matemática.

Com relação ao seu curso de graduação em História, Lucia faz algumas críticas:

"O curso básico foi muito legal, não tenho o que falar, o curso básico foi muito bom. Acho que os professores são professores que, para mim, são referência até hoje. O Ilmar, Falcon, sabe, várias pessoas. Aí chegamos ao profissional, e aí ficou um saco de gatos... Porque antes o currículo era assim, você optava, tinham as cadeiras, tinham no profissional as cadeiras obrigatórias, como qualquer curso, mas você tinha as eletivas que (não) eram eletivas. Nosso curso a gente dizia que eram as 'optatórias', porque na verdade você tinha que fazer a cadeira (mas) quem dava a opção do curso era o professor. Então, por exemplo, tinha uma cadeira de História Antiga e Medieval que era dada pela Vânia Fróes. A Vânia foi minha professora no básico de História Antiga, História do Ocidente, ótimo, sensacional... Quando chegou lá, eu não necessariamente queria fazer História Antiga, mas eu tinha que fazer, era uma cadeira obrigatória, quer dizer, era 'optatória'..."

Entrevistadora: Mas como assim que era obrigatória?

Lucia: *"Era obrigatória. Porque..."*

Entrevistadora: Mas por que, as opções eram poucas?

Lucia: *"Não, as opções, a verdade, não eram opções, não eram eletivas, você podia... digamos assim, você tinha que fazer a cadeira, entendeu?..."*

Entrevistadora: E a definição dessas cadeiras era dos professores?

Lucia: *"Era do professor. Então, por exemplo, Vânia uma vez deu Teatro Grego, foi eletiva dela... Foi ótimo, sensacional. Mas não me acrescentou muita coisa para o que eu queria naquele momento. Aí, por exemplo, no ano seguinte ela trabalhou com História Medieval, trabalhou com uma questão que ela adorava, bruxas e essas coisas... Então, na verdade, a gente não tinha essa opção... e isso foi muito traumático porque as cadeiras teoricamente eram optativas mas você tinha que fazê-las, a sua opção era de você não fazer naquele semestre e esperar o próximo semestre para ver quem ia dar a matéria para ver se você..."*

Entrevistadora: Mas com isso você podia prolongar o curso?

Lucia: *"E você poderia prolongar sim... a opção era essa, você compunha o perfil. Quando a gente fez o básico, no primeiro semestre tinha que ter Introdução I, História Antiga I, História do Ocidente*

I, História Antiga do Oriente I, aquelas coisas prontinhas, você não tinha muita opção... As opções eram... fazer as outras matérias dos outros Departamentos... Geografia, Sociologia... História estava ali, você não podia escolher porque era pré-requisito. Quando a gente acabou os pré-requisitos, a gente achou que poderia fazer as opções, mas não. Você não tinha opção. Você tinha um elenco de matérias que você tinha que fazer... Então, se eu não quisesse fazer Antiga na segunda etapa do meu curso, eu não poderia, eu tinha que fazer... passar novamente por História Antiga, História da América, todas as que, digamos assim, estavam no Básico, foram repetidas no profissional. Só que você tinha... a opção do professor..."

Sobre a formação pedagógica, as críticas são mais severas ainda. Perguntada sobre a articulação entre a História e a Educação, Lucia afirma que era...

"...ausente. A minha faculdade de Edu... quando eu fiz Educação, foi ruim "pra caramba", não é, a parte de prática, didática, com exceção dessa professora Heloisa, que eu fiz questão de pegar de novo, mas o resto... era um horror..."

Entrevistadora: Era separado também, você ia lá para a Educação fazer a... formação pedagógica?

Lucia: "É, era separado, fazer lá em outro canto... a gente trabalhar com Estrutura e Funcionamento do Ensino de 1º. e 2º. Graus... Sabe o livrinho vermelho que tem as leis? Um livrinho vermelho que era famoso, porque era um livro vermelho e era escrito em vermelho pra ninguém poder tirar xerox. Então você tinha que comprar o livro, você passava o ano, o semestre inteiro discutindo estrutura e funcionamento de ensino de 1º. e 2º. grau, lei, lei, não é..."

Assim, ela relata uma grande decepção no final do curso:

"... Me desencantei completamente com a faculdade de História, foi uma coisa assim... horrível... No final foi muito ruim, começou bem, mas eu hoje não sei se faria História de novo... Eu gosto do que eu faço, eu gosto de História, mas não sei se isso seria possível, que foi, foi mal..."

Lucia fala, então, do grande esforço para aprender sozinha a construir suas aulas ao começar a trabalhar, do seu "choque de realidade":

"... É, você não trabalha isso aí, os conteúdos que você dá na faculdade... Quando você chega na sala de aula, você estranha aquilo ali... Você não viu isso na faculdade... é um estranhamento muito grande. Então você vai ter que fazer todo um trabalho de pesquisa... Você vai ter que partir para uma outra pesquisa, de coisas que você nunca viu... que você tem que dar ali na matéria... Você tem que trabalhar muita coisa... Não digo tudo não, mas muita coisa que você... nunca ouviu falar naquilo e é o tal negócio... tem gente que faz o seguinte: pega o livro didático, lê, tá satisfeito, dá aquilo e ponto final. Eu nunca fui assim... Então, se tinha alguma coisa, sabe, eu ia catar, ia buscar, ia ver um livro, ia procurar ler além daquilo que estava ali... Então eu acho que isso é uma coisa que é difícil, e eu ainda comecei a trabalhar com Estudos Sociais, dava aula de História e de Geografia... é difícil, acho que essa preparação, essa coisa do professor..."

Marcos

Marcos é o mais jovem dos professores pesquisados. Foi aluno de escola municipal em Vicente de Carvalho e de escola estadual em Coelho Neto – subúrbios do Rio de Janeiro –, onde fez o curso profissionalizante de técnico de eletrônica, com aulas curriculares no colégio pela manhã e formação técnica à noite, na Escola de Comunicação do Exército, em Realengo. Assim, ao concluir o 2°. Grau, começou a trabalhar como técnico na Embratel, aos 17 anos de idade. Ficou três anos sem estudar e, quando decidiu fazer o curso superior, optou por História, na Universidade Federal Fluminense, onde ficou de 1984 até 1988.

Ao concluir o curso, deixou o emprego na Embratel e começou a trabalhar como professor. No último ano do curso já começou a dar aulas numa escola particular e logo fez concurso para ser professor do Município e do Estado. Trabalhou em outras escolas particulares e fez, já na década de noventa, concursos para o colégio onde leciona hoje, com duas matrículas, e em um outro colégio da rede privada. Embora tenha menos tempo de profissão, Marcos se caracteriza por ter tido sempre uma carga horária muito grande: na época, 54 tempos semanais.

Sobre a sua formação na universidade, ele tem uma boa avaliação:

> *"Olha, o que valeu é o seguinte: lá na UFF a gente tinha uma pressão muito grande, em termos assim de leituras... de pesquisa, é... e tinha no geral as aulas que eram de muita qualidade, então isso para nós foi bom, porque eu acho que tivemos excelentes professores... Então eu acho que assim, em termos teóricos, eu tive uma formação assim, que não... Que lógico, tem um caso ou outro, que talvez não tenha sido o que eu esperava, mas no geral acho que foi importante na minha formação, entendeu?"*

Suas críticas recaem sobre o fato de que as atenções do curso eram voltadas para a formação de pesquisadores e não para a de professores:

> *"No meu ponto de vista talvez uma falha que eu via na UFF é esse negócio de, por exemplo... Eles não nos viam, enquanto alunos, como pessoas cuja maioria ia para o magistério, eles nos olhavam como futuros pesquisadores... Então acho que faltava um pouco desse equilíbrio; talvez uma atenção maior na área da Educação, da preparação do magistério, isso acho que foi uma falha muito grande, que eu acho que... Uma lacuna muito grande que eu tive lá. Eu acho assim... O que eu tive que aprender pra trabalhar em sala de aula eu aprendi assim, muito mais por minha conta, do que eu aprendi lá. Lá valeu o quê? Na faculdade de História mesmo pelo... Como é que eu vou dizer?... Pelo arcabouço teórico que eu tive, isso foi fundamental. Agora, na hora de colocar isso em prática, acho que a minha vivência foi muito mais fundamental do que a preparação que eu tive lá."*

Nesse depoimento, Marcos expressa a importância do aprendizado na prática para a sua formação, embora destaque a relevância da formação teórica.

Sobre a formação pedagógica, Marcos aponta grandes problemas:

> *"... Para mim, a formação não foi uma coisa que me atendeu muito bem não, entendeu? Sinceramente... Foi até o que eu comentei há pouco: o que eu tive que aprender para lidar em sala de aula, trabalhar com aluno foi uma coisa que veio da minha prática, entendeu?"*

Marcos questiona a formação que recebeu, mas não nega a sua importância e necessidade, tanto é que destaca as atividades de formação em serviço que desenvolveu numa escola da rede privada onde trabalhou.

> *"... Eu sempre acho que a base teórica é importante, isso aí é fundamental, entendeu? Por exemplo... Eu, quando eu trabalhei na Edem,*

aprendi muito lá... Tinha a Zuleica, entendeu, que era uma pessoa que conhecia muito bem essa área... Aí dava aqueles toques na gente, aí é... eu também, como eu conheci o Ilmar, acabei conhecendo a esposa dele, Selma Rinaldi, que ela trabalha... na PUC, nessa área também... E ela, também, era uma pessoa que... te dá toques, de você bolar atividades, esse tipo de coisas... Essas coisas na prática me ajudaram muito. Eu acho que, por exemplo, eu senti falta desse tipo de apoio na faculdade... Eu acho que lá deveriam ser realizadas oficinas, você fazer uma atividade com aluno, lidar com situações de sala de aula, principalmente em situações do magistério público, quando você lida com uma realidade que, na maioria das vezes, não corresponde à teoria... Isso é uma lacuna muito grande porque a impressão é a seguinte... que, às vezes, quando há uma preparação, a preparação é feita em cima de um modelo ideal e não em cima de um modelo prático..."

Marcos consegue explicitar, com exemplos, o que quer dizer:

"O que eu acho que falta é o seguinte, por exemplo, é... vamos estudar Piaget... tudo bem, vamos lá e tal. Aquelas fases de desenvolvimento, aquela coisa toda, legal... agora então vamos fazer uma oficina, vou lidar com uma situação, eu acho que você partir disso pra prática, isso faltou, esse elo faltou..."

Ele afirma que não teve oportunidades para realizar outros cursos de atualização ou especialização, que nunca lhe foram oferecidos, com exceção dessa escola mencionada acima, e também porque não tem tempo, pois sempre teve que trabalhar muito. No colégio onde leciona, estavam se desenvolvendo atividades com vistas à elaboração do projeto político pedagógico. Mas ele afirma que este processo está sendo um pouco atropelado e pouco trabalhado.

Participação em pesquisas Marcos teve durante o curso de graduação, e ele elogia muito o professor que o orientou. Mas, posteriormente, não teve oportunidade para trabalhar com pesquisa, até porque o magistério com uma carga horária alta foi a opção para um salário melhor.

Roberto

Roberto também foi aluno de escolas públicas, a partir da 5ª. série. Morador em São Gonçalo, estudou no Liceu Nilo Peçanha em Niterói até o segundo ano do 2º. Grau. O terceiro ano estudou num curso pré-vestibular, tendo ingressado num curso de Engenharia que fez por menos de um ano. Num momento de crise existencial, abandonou o curso e resolveu fazer uma viagem ao Uruguai e à Argentina, quando então começou a se dar conta da alienação em que vivia:

> *"Então fui fazer Engenharia na mesma alienação, já trabalhando, porque eu comecei a trabalhar para pagar a faculdade na época e... em 1977, me deu uma loucura assim na cabeça, eu larguei tudo, né... até porque eu fui fazer Engenharia muito naquela... digamos assim... pressão da classe média... Então a minha família me cobrava que eu tivesse uma profissão, que fosse uma profissão de excelência, profissão de excelência era Engenharia, era Medicina, e isso foi trabalhado, né... acho que ficou na minha cabeça... a ideia da ascensão social, a ideia, né... de uma classe média que se sustenta tal, e eu vivi esse conflito imensamente esse conflito, né... na época do vestibular, eu me lembro, eu tinha três opções: uma era Engenharia, outra era Arquitetura, que já descambava para uma área mais humana, talvez a Arquitetura dentro da Engenharia, e a outra eu pensava Psicologia, mas faltou coragem pra enfrentar essa questão, e maturidade mesmo, e orientação, quer dizer, eu não tive a escola que me orientasse, eu não tive a família que me orientasse, eu não tive os amigos que estavam perdidos como eu, e em 1977, depois de um ano de Engenharia, e verificar que não era aquilo absolutamente que eu queria... uma total... em setembro eu cancelei minha matrícula... Foi muito, muito difícil, um sofrimento imenso, um sofrimento imenso pra fazer isso tudo, e aí foi minha emancipação mesmo como pessoa também, eu acho... Aí... eu saí do Brasil... eu fui para a Argentina e fui para o Uruguai assim... de mochileiro..."*

Roberto, dos quatro professores, é o que mais explicita suas preocupações políticas e é aquele que, de forma mais evidente, insere sua história de vida no contexto sociopolítico mais amplo, inclusive sua opção pelo curso de História:

> *"A opção pela História, ela foi um pouco... ocasional... ela foi um pouco pela descoberta de certas coisas... Eu tenho feito, às vezes, uma volta a esse passado aí próximo, e pensado um pouco nessas coisas... Eu, em 1977, quer dizer... eu sou filho da ditadura, fui criado na ditadura. E,*

assim, como que a ditadura brasileira conseguiu esconder da gente as coisas, né? Eu, em 1970... em 1968, eu entrei na escola, onde fiz o ginásio, no Liceu, e durante seis anos de Liceu nunca houve menção à ditadura dentro daquela escola... Nós não tínhamos grêmio, era um... centro cívico, que fazia... tinha... recreação... tinha donativos... recolher donativos, tal... mas não tinha nenhuma discussão política... Os professores, nenhum desses professores que eu me recordo, nunca, nunca mencionaram... 1968. Um ano drástico para a sociedade brasileira... Eu saí de lá, vim para o Bahiense, quer dizer, minha família não é uma família de militância... não era uma família envolvida politicamente... era uma família de classe média. Meu pai era servidor público, essas questões nunca passaram na minha casa, eu não tive nenhum amigo que comentasse sobre o assunto, então assim a sociedade... Eu acho que realmente só tomou ciência e se aproximou do que acontecia nos bastidores da sociedade mesmo aquelas pessoas que estavam mais engajadas mesmo... politicamente... porque as outras ficaram muito à parte... Eu pelo menos vivi à parte disso..."

Ao decidir estudar História, meio que "tateando" como ele mesmo diz, Roberto fez vestibular para a PUC. Corria o ano de 1978, tempos de ditadura, de repressão...

"Aí fiz a escolha para a PUC, e aí eu afirmei História. Comecei com um currículo maluco... que a disciplina começava com História Contemporânea. E tinham uns professores assim, que morriam de medo de dar aula... Eu comecei, eu fui descobrindo que isso tudo fazia parte desse mundo que eu desconhecia, né? Um mundo para mim totalmente novo... Na Engenharia, não tinha nada disso... Na História tinha, tinha lá, teve uma situação de uma aluna estranhíssima, que só andava de preto, uma loira assim e tal, que um belo dia na aula de uma das professoras de História, de História Contemporânea, foi descoberto que ela gravava as aulas da professora, o gravador em baixo da carteira, a professora deu um pitibiri, mandou parar a aula..."

No ano seguinte, fez vestibular para a Universidade Federal Fluminense, onde concluiu sua formação e onde também entrou para o movimento estudantil que ele considera a sua outra formação em História, espaço de muita aprendizagem:

"... Eu participei do movimento estudantil já na época da abertura, né? Foi a época da anistia, né? Eu me engajei na luta pela anistia, a gente trabalhava muito na anistia, e eu fui convidado assim, fui aliciado, fui levado, sei lá o quê, pra Convergência Socialista, e a Convergência,

ela, ela tinha uma militância de formar quadros... A gente estudava muito, eram documentos clandestinos, a gente lia muito, né? Eu fui descobrir ali muita coisa que eu nunca vi na sala de aula da UFF, nunca vi isso. A questão das internacionais... A Convergência era próxima da Quarta Internacional, e aí toda a concepção da Quarta, da Terceira, a história do comunismo, a história do socialismo toda. E assim a conjuntura... a contextualização do momento, as conjunturas, as avaliações de conjuntura, eu fui aprendendo um pouco a fazer isso, quer dizer, esse, eu acho que eu tenho uma formação política que o movimento estudantil me deu, e a prática mesmo, a questão da práxis, discutir e praticar, discutia e praticava, aquela coisa ali..."

A avaliação do curso de graduação é boa porque, em sua opinião, este lhe deu uma base para raciocinar historicamente, o que para ele é fundamental:

"O que o curso de História fez comigo foi me dar condições para poder, é... buscar o conhecimento e um raciocínio histórico. De poder raciocinar historicamente, eu acho que foi isso basicamente porque, por exemplo, ele me deu ferramentas, me instrumentalizou para algumas coisas, né? Tanto no aspecto metodológico quanto no aspecto mesmo de... é... não só da metodologia, mas também na questão do conhecimento da História, um pouco..."

Mas o curso é objeto de ressalvas também:

"Tinha algumas coisas que eu não gostava, né? Tinha umas coisas que eu não gostava, assim... que eu aprendi a deixar de mão. Por exemplo, eu achava que o curso... era um pouco impregnado de um diletantismo, de uma discussão que eu não conseguia acompanhar aquilo de jeito nenhum porque eu achava aquilo tão estratosférico... Eu não sei se é porque eu militava no movimento estudantil nessa época... então tinha coisa que eu achava totalmente desnecessárias de serem discutidas ali... Ficavam elucubrando coisas, uns textos que absolutamente não tinham nada a ver, isso no prático, né? Eu senti muita falta do curso me dar uma formação maior assim na Filosofia, por exemplo, né? Naquilo que não era efetivamente a História, digamos assim, delimitada, né? Mas até hoje eu tenho buracos muito grandes na questão da formação mesmo, em termos de Filosofia, da Sociologia, né? Da coisa que escapou à História, a História ainda era muito... Mesmo esse currículo ainda era muito assim, não fazia muito uma interdisciplinaridade, digamos

assim... com as outras áreas... A gente não falava praticamente... de outros autores que não fossem da História."

Diferentemente dos demais professores, Roberto destaca a formação pedagógica. Descobrir a educação foi uma boa surpresa que o curso lhe ofereceu e seu relato revela a compreensão da especificidade do estudo e da pesquisa na área educacional:

"Não, a parte da Educação foi legal... eu fiz umas descobertas... Foi descobrir o campo da Educação... Que era um campo que eu não conhecia... Como eu acho que as pessoas não conhecem. Acho que as pessoas não conhecem, quer dizer, as pessoas não conseguem ver a Educação... como uma área de pesquisa, uma área de, de metodologia mesmo, científica, de uma coisa séria... Não conseguem ver... A educação, pra muita gente... são técnicas e métodos de aprendizagem, de ensino e aprendizagem... Quando eu entrei ali, não, vi que a Educação é uma área enorme, maravilhosa... de pesquisa... E que é uma área superinterdisciplinar porque ela permite que todas as outras passem por ela... Não é à toa que lá, mesmo os escola-novistas, se eu não me engano, diziam mesmo que era necessário a formação da Educação em todos os cursos..."

Roberto se revela uma pessoa engajada, apaixonado pelo que faz. A sua descoberta da Educação, que confirmou a opção pela licenciatura e não pelo bacharelado, faz com que sinta uma lacuna muito grande em sua formação, no que se refere ao aprender a dar aulas. Não ao planejar em si, mas à construção da abordagem do tema, à transposição didática. Essa percepção o levou então a fazer o Mestrado em Educação, escolhendo como objeto de pesquisa o currículo do curso de graduação em História da UFF, questionando se esse currículo, que vigorou do final dos anos setenta ao início dos noventa, preparava efetivamente os alunos para serem professores.

"... Porque eu tive que estudar muito para dar aula, muito, muito... porque era assim: Olha, o programa é esse aqui, dá conta! Mas eu tinha uma noção da metodologia de construção de aula. Do planejamento, eu tinha pego bem isso, tinha o traquejo legal para trabalhar com os meninos, então era pegar conteúdo, e o conteúdo... Aí eu vi o descolamento. Eu vi o descolamento entre a formação acadêmica e a prática do ensino, efetivamente. E acabou que isso foi o meu objeto de pesquisa no Mestrado. Porque o que eu abordei no meu objeto de

pesquisa do Mestrado foi isso. Se esse currículo de 70... que geração de professores de História foram formados no currículo 70-90, se esses caras estavam preparados pra dar aula no ensino médio."

Nas conclusões, Roberto verifica que

"o distanciamento entre a História e a Educação era imenso. O preconceito de cá e de lá, muito grande. Principalmente da História com a Educação. É... a falta de diálogo mesmo entre essas áreas. E o aluno jogando com isso o tempo todo na sua formação, não é? Ele é jogado pra lá, ele é jogado pra cá... escuta coisas daqui, escuta coisas dali, mas não consegue ver... esse entrosamento..."

Assim, Roberto aprendeu a dar aulas buscando sozinho:

"... Sempre buscando nos livros que eu tinha referência, você constrói aula daqui, você constrói aula dali, e... deu certo... Fui buscando sozinho, fui buscando sozinho, fui buscando sozinho... o que você acha que vale, o que não vale, como que é que deve ser, construção de prova, né? Construir prova, construir avaliação, construir teste, instrumento de avaliação, nunca aprendi a fazer isso, aonde que você aprende?"

Roberto teve oportunidade de participar de pesquisas, tanto na Educação quanto na História. Auxiliou uma professora que fazia o *"follow up"* dos doutores e mestres formados pela UFRJ nos últimos 20 anos. Em História, trabalhou com a professora Nícia Villela Luz, que fazia uma pesquisa sobre a indústria, na Casa de Rui Barbosa.

"Aí trabalhei, aí foi ótimo, aí descobri que existia o IBC, descobri que existia a biblioteca do Itamarati, e descobri as bibliotecas do Rio de Janeiro, foi ótimo pegar aqueles periódicos e fazer consulta... Aquilo era muito legal, aquilo foi uma fase muito legal da minha vida... Foi... foi uma descoberta da possibilidade das fontes, que a faculdade não havia me dado."

Como professor, Roberto trabalhou em várias escolas da rede privada e do estado, para o qual fez concurso e obteve duas matrículas. Entre as várias escolas, duas o marcaram profundamente. Uma delas, pela oportunidade de ter assessoria com profissionais que lhe ensinaram maneiras diferentes e criativas de trabalhar.

> *"... Eu tive uma experiência muito boa porque lá nós tínhamos assessoria de pessoas da área... Que vinham de fora, e eu tive prazer de planejar aulas com a Aracy Antunes, aquela dama maravilhosa... Então Aracy era assim... com aquela tranquilidade, tinha o momento de sentar numa sala e discutir o que estava sendo feito, e Aracy dava ideia, a gente estava com a maior dificuldade... aquela coisa do "reme-reme" da sala de aula... E a Aracy: - Por que vocês não vão ao supermercado com os alunos fazer um levantamento lá, de não sei o que, de não sei o que, das embalagens e tal, e aquilo foi abrindo assim minha cabeça... Porque não faz uma aula de Educação Física lá, para ver a questão de pontos cardeais e colaterais, para discutir um pouco de Oriente, Ocidente..."*

Outra experiência marcante foi vivida numa escola experimental em Niterói que estava implantando uma gestão democrática de ponta. Seu entusiasmo transborda através de suas palavras:

> *"E foi bom demais, bom demais... pegar assim uma gestão democrática e gerir a escola no conselho da escola formada de pais e alunos... Então tive essa experiência efetiva, que hoje eu vejo aqui no colégio... é, eu levo as minhas experiências do Roberto Assis Ribeiro para lá, vivendo nessa escola, uma escola assim em que os alunos arrumavam as salas junto com a gente, pra trabalhar, desarrumavam as salas pra trabalhar... com todo o prazer, né? Colaborava com a merenda... O recreio era uma verdadeira festa, que a gente adorava as merendeiras, as merendeiras adoravam a gente, a comida era deliciosa... Era uma escola que, assim, era uma escola que era... ela era tão feliz, tão feliz, que acabaram com a escola... A Secretaria de Estado acabou com a escola... porque ela era democrática... Então era muito feliz, a gente ia para lá com prazer, a gente tinha festa, a gente saía, a gente tinha uma convivência ótima com os alunos..."*

Esses professores, através de seus depoimentos, nos revelam trajetórias de vida diferenciadas, mas que apresentam como pontos comuns o interesse pela História e o esforço para realizar um curso que não correspondeu às suas expectativas, seja pela sua organização, seja pelo tipo de abordagem realizada, curso de História realizado em tempos de ditadura militar no Brasil.

Ressaltam-se o respeito e a admiração de todos pelos seus professores e, principalmente, pelo professor Ilmar Rollof de Mattos, que é citado em diversos momentos dos depoimentos como aquele professor que realmente tinha a preocupação com a Educação, com o ensino e via seus alunos como professores em formação. Suas aulas serviram e servem como referência para o trabalho que esses seus alunos realizam até hoje. Referências são feitas, também, às professoras Aracy Antunes e Zuleika de Abreu, que desenvolvem, até os dias atuais, atividades de formação continuada de professores com base no construtivismo, a partir de proposta elaborada no Laboratório de Currículos da Secretaria de Educação do Estado do Rio de Janeiro nas décadas de setenta e oitenta.

Alice, dos três a única que não estudou na UFF, realizou seu curso num período muito tumultuado, logo após a decretação do AI-5, que teve como consequências dentro da universidade a cassação de muitos professores, principalmente aqueles do Instituto de Filosofia e Ciências Sociais da UFRJ. Dentro do IFCS, o Departamento de História sofreu um impacto muito pesado, com a perda da maior parte de seus profissionais.

Este fato certamente contribuiu para desorganizar completamente o curso, o que explica, talvez, a dificuldade de Alice para lembrar deste período e o abandono do curso.

Destaca-se nesses depoimentos a crítica à formação pedagógica dos cursos de graduação, que não foram capazes de oferecer a esses professores orientações sobre como ensinar, sobre como abordar os temas nas aulas com os seus alunos. Essa lacuna, objeto de lamento, foi superada por eles na prática, no ensaio e erro. Através dos cursos que realizaram posteriormente desenvolveram um processo de formação continuada intermitente, durante o qual aproveitavam ofertas resultantes de decisões e realizações das instâncias governamentais e das universidades, mas que não eram parte integrante de um projeto mais amplo e sistemático de formação. Essas possibilidades, muitas vezes extintas com as mudanças de governo, têm criado um quadro desestimulante e gerador de insegurança para os docentes, mas que, felizmente, não atingiu esses professores, que afirmam reiteradamente seu desejo de continuar a estudar e a se aperfeiçoar.

Cabe ressaltar, também, o papel que é atribuído por Alice à sua experiência como professora primária e que, no seu ponto de vista, oferece subsídios importantes até hoje para a sua atuação como professora. Que características do modelo de formação realizado nas escolas normais na década de sessenta foram tão favoráveis? Acredito que essa questão mereceria ser melhor investigada, para termos subsídios para os projetos de reforma dos cursos de licenciatura, ainda mais que esse é um depoimento que ouvimos de outros profissionais que viveram essa experiência.

Meu critério para a identificação dos professores experientes, para a pesquisa, revelou-se bem-sucedido. Encontro colegas profundamente comprometidos com os seus alunos e com o seu trabalho. Reconheço experiências, angústias e nostalgias. Reencontro profissionais engajados na conquista da utopia, mas com os pés no chão.

Profissão e vida:
os professores pensam e falam sobre a opção de ser professor

Experiências de vida, experiências profissionais, tudo tão integrado, os professores expressam de maneira bem clara essa característica identificada por Tardif e Lessard: seu trabalho, formação, história de vida integrados e constituintes de uma experiência que, por sua vez, constitui saberes muito próprios, personalizados, que expressam um modo de ser, de ver o mundo e a profissão.

"A história do trabalhador, sua socialização e sua personalidade são, por assim dizer, a face oculta da carreira profissional: elas constituem a proto-história, aquilo que a revela e a torna pensável e possível para o indivíduo" (Tardif e Lessard,1999:376). Essas características podem ser percebidas nas justificativas para a opção pelo trabalho como professores de História, a partir de figuras referenciais na família ou de professores marcantes na vida escolar, mas que revelam já, desde cedo, uma sensibilidade e um interesse pela dimensão política da vida social.

A opção por ser professora é assim explicada por Lucia:

"Eu acho que não tem, tem duas coisas: tem uma influência do meu avô, meu avô era médico, mas era professor de História e Geografia... e tem influência mesmo de alguns professores de História, uma professora especial que foi assim, que na oitava, no antigo quarto ginasial, foi que marcou, marcou muito essa opção... A minha dúvida nunca foi pela opção de ser professora, eu sempre quis ser professora... Eu gostava, eu sempre gostei, desde que eu me entendo de... com 11, 12 anos, ficava nas escolas, ajudando, dando aula pra quem tinha dificuldade, a gente marcava, sempre gostei. A minha dúvida na escolha foi... de que matéria? Eu estava entre História e Matemática. Duas coisas radicalmente opostas, mas eu sempre fui excelente aluna

de Matemática, sempre adorei, sempre não... Gosto de Matemática e estava naquela dúvida, e aí eu optei pela História, pela questão mesmo social, é, acho que aí tem toda uma história... os professores de História, é o momento que eu fiz o ginásio, né, em plena ditadura, então você tinha questões... eu lembro que em Niterói passou um filme... Queimada... Meu professor entrou na sala, no meu primeiro ano científico, e falou assim: – Olha, não sei como esse filme está em cartaz, quem quiser ver, vá vê-lo hoje [risos]. Nós saímos do, da escola e fomos direto pro cinema... No dia seguinte o filme não estava mais em cartaz... Então essa coisa de... eu acho que isso aí me levou pro... me fez ir pra História, mas eu nunca tirei o pé da Matemática..."

Observe-se que, no seu relato, Lucia identifica, de imediato, a influência do avô, dos professores, mas ela ressalta a certeza que teve desde menina quanto à opção pelo magistério.

Uma ambiguidade transparece em sua fala quanto à opção por História ou Matemática. Mas ela afirma:

"A "História", eu acho que tem a influência do meu avô, não é... dele ser professor de História, mas eu acho que foi muito pela... pelo gosto mesmo... porque as pessoas me despertaram o prazer da História... e é isso que eu tento de alguma forma passar pros meus alunos... o prazer da aula de História..."

Marcos se lembra do avô e do pai, de vida simples, mas que fizeram despertar nele o interesse e a curiosidade pelas coisas do mundo:

"Eu sempre gostei de História, meu avô, por exemplo, eu lembro sempre que meu avô era feirante, era imigrante português, é, mas nunca... nem teve o primário completo, mas ele era uma pessoa muito curiosa, entendeu? Então, por exemplo, eu lembro bem disso, quando era criança ele tinha uma coleção lá de Segunda Guerra Mundial, ele depois... ele colecionava aquela revista... é Geografia... esqueci agora qual era a coleção, mas, assim, ele era uma pessoa com curiosidade... É, ele tinha essa curiosidade, então, talvez, isso aí foi passando... Meu pai também, por sua vez, tinha essa curiosidade... e acabou também passando um pouco pra mim... Então, embora nós fôssemos, é... assim... pessoas que... fôssemos criados no subúrbio, essa coisa toda, a gente tinha essa curiosidade um pouco mais intelectual, então isso talvez tenha despertado em mim o interesse pela História. Aliás,

eu resolvi arriscar, eu não sabia o que ia dar. Fui fazer a faculdade, meio pra ver o que ia acontecer depois. E aí, eu tive sorte, quer dizer, eu mal terminei a faculdade, as oportunidades foram aparecendo, eu acabei resolvendo... é... arriscar... e não me arrependo da escolha que fiz, não..."

Roberto, ao explicar por que optou pelo curso de História, relembra um período de dúvidas, incertezas e descobertas:

"... A opção pela História... ela foi um pouco ocasional... ela foi um pouco pela descoberta de certas coisas... Eu tenho feito, às vezes... uma volta a esse passado próximo e pensado um pouco nessas coisas... Eu, em 1977, quer dizer... eu sou filho da ditadura, fui criado na ditadura. E, assim... como é que a ditadura brasileira conseguiu esconder da gente as coisas, né?"

Ao mesmo tempo, ao explicar por que atribui tanta importância à necessidade de realizar excursões com os alunos, lembra-se da avó, figura instigante que marcou sua infância com as visitas aos museus, cidades históricas...

"... Eu devo o Rio de Janeiro, conhecer o Rio de Janeiro, à minha avó, que era uma pessoa superinteressada, inteligente, que chegava aqui... Ela morava em Minas, pegava os netos, férias dos netos, era isso, vinha com cinco, seis netos de Minas, juntava com a gente aqui, vinha pra aqui pro Rio de Janeiro, era Jardim Botânico, era o Corcovado, era Pão de Açúcar, era Museu, era Praça XV, ela conhecia um pouco, ela falava... Minha avó era uma verdadeira cicerone, levava a gente para as cidades históricas mineiras..."

Pessoa inteligente e instigante, referência familiar, assim está presente no seu imaginário:

"Ah, tive, minha avó... é uma pessoa que eu achava ela assim o máximo, morreu com 99 anos... Serviu a Primeira Guerra na Alemanha, como enfermeira voluntária... Vovó contava histórias para mim assim, da Primeira Guerra, a vinda dela pro Brasil, nós temos uma foto dela chegando no Brasil, dentro do navio, que tiraram dela assim, belíssima... Minha avó foi morar numa cidade de Minas Gerais, pequenininha, chamada Aimorés. Ela era uma das pessoas mais importantes, assim... conhecidas da cidade... Primeiro que ela era uma alemã... Então, já era uma referência na cidade... casada

com o dono do armazém da cidade, que ficava na Estrada de Ferro... o único armazém da cidade... Então, vovó era autoridade na cidade, assim, muito respeitada e tal, e com uma visão alemã das coisas... Então ela contava muita coisa pra gente, vovó marcou muito a minha formação..."

Alice relata a influência de uma professora, muito marcante, que fez com que gostasse de História. Tanto para Alice quanto para Lucia, a opção pela Educação, pelo ensino, delineou-se anteriormente à opção por História. Fazer História era para ensinar História. Ao explicar porque decidiu ser professora de História, ela conta:

"Primeiro eu tinha uma relação com uma professora do ginásio, Maria Celeste, que essa pessoa me fez gostar de História... Eu acho que a primeira, o primeiro impulso que me levou à História foi esse... ter uma professora que era muito legal... que me fez ficar apaixonada pelo ensino da História. Eu acho que essas foram as razões, sim. Eu quero fazer isso, quero fazer História... e fazer História sempre numa perspectiva de Educação, que essa era alguma coisa que se definiu antes... Assim, eu já era professora quando eu resolvi, eu já tinha traçado um caminho de ser professora, já era, fazia Normal e tal, e aí acho que juntou as duas coisas, a História, o gosto pela História e o fato de ser professora, que era uma coisa que eu gostava e gosto..."

Entrevistadora: E você tem um aspecto interessante, você trabalhou com o primário e com o ensino da História simultaneamente.

Alice: *"É, simultaneamente, é..."*

Entrevistadora: Quer dizer, você não teve aquela coisa de largar o primário...

Alice: *"Não..."*

Roberto, também, quando concluiu o curso básico, optou pela licenciatura e não pelo bacharelado. Marcos, que começou a trabalhar como técnico, é, dos três, o único que fez a opção mais tarde, já durante o curso.

Esses relatos, que expressam as visões dos professores sobre a opção pelo magistério, e pelo ensino de História, confirmam esse imbricamento da experiência profissional com a vida pessoal de que nos falam Tardif e Lessard (1999): descobertas, curiosidades, sensibilidades que são mobilizadas já muito cedo, na infância ou adolescência, a partir de experiências vividas com familiares e professores marcantes, referenciais. Indicações de uma socialização que teve como ponto nevrálgico a questão da curiosidade (Marcos), da paixão por História (Alice), a questão social e do prazer de conhecer (Lucia), dos porquês (Roberto).

Para todos os quatro, talvez, foram momentos e pessoas que conseguiram, de alguma forma, romper as barreiras da vida cotidiana, abrindo brechas que permitiam perceber que a vida pessoal fazia parte de um mundo mais amplo e desafiador – cheio de segredos –, que era possível conhecer e superar.

Nas entrevistas, a vocação não foi objeto de pergunta mais específica. Numa estratégia de investigação, optei por perguntar sobre a opção pelo ensino de História e analisar a forma como essa explicação era construída. Interessante é, então, observar como a questão da vocação não emergiu de suas falas, o que é coerente, talvez, com o fato de todos serem professores de História. Sabem identificar prontamente as situações que deram origem à opção, relacinando-a à história de suas vidas e à socialização. Não utilizam esse termo para explicar, e também não mencionam aspectos relacionados a uma tendência natural, inata ou a uma arte que dominam. Se uma certa naturalização transparece, é quanto à opção pelo magistério em si. Todos os quatro se revelam muito seguros de sua opção pelo trabalho com Educação, opção que não foi problematizada ou lamentada em nenhum momento.

Lucia explicita de forma mais clara essa visão:

"... A minha dúvida nunca foi pela opção de ser professora, eu sempre quis ser professora... eu gostava, eu sempre gostei, desde que eu me entendo de..."

Alice revela uma opção mais consciente:

"... Assim, eu já era professora quando eu resolvi, eu já tinha traçado um caminho de ser professora, já era, fazia Normal e tal, e aí acho que juntou as duas coisas, a História, o gosto pela História e o fato de ser professora, que era uma coisa que eu gostava e gosto."

Esses relatos vêm ao encontro das conclusões de Tardif e Lessard (1999), quando afirmam que "vários aspectos destacam a importância da história da vida dos professores tanto em relação ao que concerne à escolha da carreira, ao estilo de ensinar, como à relação afetiva e personalizada com o trabalho. Eles mostram que o saber-ensinar, na medida em que ele faz apelo aos conhecimentos de vida, aos saberes personalizados, às competências relevantes da personalidade dos atores, do seu *'savoir-faire'* pessoal, se enraíza na história de vida familiar e escolar dos professores" (1999:383).

Profissão e vida:
os professores pensam e falam sobre o significado do seu trabalho

Esse processo de socialização familiar e escolar não é suficiente, no entanto, para explicar a vida profissional em si mesma, o modo de trabalhar. A carreira profissional é inscrita e construída no tempo durante o qual a experiência vai sendo elaborada e reelaborada, num tempo que é cíclico, no qual situações se repetem permitindo comparações e aprendizagens. Como dizem os professores, "aprende-se a ensinar, ensinando". Não é por acaso que a ideia de experiência, central na competência dos professores e nas suas representações sobre o saber –ensinar, tem no tempo um elemento semântico constitutivo de seu significado.[16]

A síntese pessoal da história da vida profissional de cada um dos professores expressa também um quadro de referências socialmente construídas e partilhadas, construção esta que se deu num processo de socialização profissional, mas que adquire expressão própria, particular, na história da vida de cada um.

O que pensam sobre o seu trabalho, sobre o colégio onde atuam, sobre seus alunos, sobre a disciplina que ensinam? Qual o significado do trabalho para cada um deles?

Seus relatos dizem de si mesmos, dizem de seus pares, dizem do ofício de ensinar, de ensinar História para adolescentes e jovens.

Perguntados sobre o que lhes dava maior prazer e realização no trabalho[17], a dimensão educativa emerge com toda a força dos seus discursos.

Lucia fala do seu trabalho, do prazer de dar aula de História, que oferece aos alunos a oportunidade de viver o prazer de aprender, de conhecer:

> "... É, eu acho que é quando você entra numa aula e que você não... sabe... que aquela aula não é chata, a aula... sabe... é uma aula descontraída... as pessoas, sabe, não é uma coisa rígida de... de todo mundo ter que saber tudo... Há um diálogo entre as pessoas... você pode se expressar... Então, eu acho que essa coisa do prazer de você ver que o aluno está... ele está se colocando, ele está emitindo opinião, que a História não é uma coisa fechada, não é uma coisa, sabe, acabada, que ele vai construir isso aí..."

A maior realização de Roberto como professor,

> "ah!, é ver os meninos... se afirmando um pouco assim como pessoas, andando com as pernas próprias, saindo do senso comum, acho que

é isso... Quando eu vejo que eles estão dando aquele salto, não é? De poder pensar com as cabeças deles mesmos, de trazer questões que eles mesmos estão criando, de estarem se sentido felizes com isso, eu acho que isso é a maior realização que tem..."

Alice, ao falar do trabalho, é a professora que destaca com mais veemência a importância da afetividade, da relação com os alunos, que dá sentido ao seu fazer:

"É a questão da relação com as crianças, com os alunos, é... ali é o momento maior. A minha relação com a estrutura da escola... ela não é prazerosa, eu sou zangada, brigona, assim... não é prazerosa... é de conflito o tempo inteiro, assim... pontuando a coisa... e o momento mágico para mim é o momento do meu envolvimento com eles, então o que me dá prazer é... perceber que eles gostam que a gente tem uma relação que passa pelo afeto, eu acho que isso me gratifica bastante, e quando eu consigo, depois que eu elaboro alguma coisa, bom, vou fazer isso e quando dá certo, não é, eu acho que... aí é bom demais, bom... deu certo, que legal..."

Não é sobre o domínio de conhecimentos que eles falam, mas sobre as transformações vividas pelos alunos oriundas de seu trabalho, seja no sentido de desenvolver uma maior autonomia de pensamento e de possibilidades de leitura do mundo, seja nos aspectos de mudanças percebidas nos processos de inserção social. É ver o resultado de sua atuação na formação da cidadania, na dimensão utópica da escola.

Marcos assim fala da realização que obtém com o seu trabalho:

"Sabe, é gratificante, por exemplo, você... é... você dá um texto pro aluno e você vê que ele tira conclusões daquilo, entendeu? Você vê que ele sabe relacionar uma coisa com a outra, entendeu? Que ele tem uma... uma clareza no que ele está expondo... então, quer dizer... quando você vê o resultado prático do teu trabalho, é que eu acho que é a realização... e lógico, tem outras realizações, quer dizer... pois você às vezes encontra com um aluno aí, que você não vê há algum tempo, e você vê que ele está estudando, ou está trabalhando, está uma pessoa bem, e você vê que aquela pessoa... que de alguma forma você contribuiu para aquela pessoa estar bem, né... Isso é uma coisa pra mim boa..."

Em outro exemplo, ele revela:

> *"Teve uma aluna nossa, há alguns anos atrás aí, numa turma minha que ficou uns três anos aqui, 1º. ,2º. e 3º. ano... aí o conjunto da turma foi bem, passou no vestibular, e uma dessas alunas formou o ano passado na Uerj, em Pedagogia. Aí, ela me ligou, fui na formatura dela. Sabe, ela é extremamente grata aqui ao colégio, e ela é filha de um porteiro de edifício, entendeu? É... certamente é a primeira pessoa na família dela que tem um curso universitário concluído, então esse tipo de coisa eu acho gratificante..."*

A dimensão educativa de seu trabalho torna-se mais clara quando falam dos objetivos do ensino da disciplina. Assim, Alice esclarece:

> *"Eu acho que não é preparar... porque o menino está dentro já do processo, ele não vai ser preparado pra ser agente da História porque ele já é, nesse sentido, mas eu acho que é isso aí, de construir uma sociedade mais justa, mais solidária... Eu acho que a História, nas investigações dos porquês, eu acho que ela ajuda a, eu acho que ela contribui pra isso, ela dá, ela pode trabalhar isso: - Por que é assim? Pois não pode ser de outro jeito? Eu acho que eu acredito na História, acho que a História, melhor que qualquer outra, eu acho que ela se presta a isso, sem corporativismo, assim... como objeto mesmo dela, que é analisar mesmo... Como é que se diz? A travessia do homem nesse tempo todo, como é que ele fez, como ele construiu? Por que construiu?"*

Esses depoimentos expressam, talvez, uma característica da identidade profissional dos professores de História, este compromisso com a dimensão formadora do ensino, formadora do cidadão, na medida em que nessa disciplina são trabalhados referenciais que auxiliam os alunos a superar a visão do senso comum e a realizar uma leitura do mundo com maior potencial crítico. Confirmam, a seu modo, o que diz Chervel quando aborda o papel da instrução na instituição escolar, a formação nos saberes:

> "...essa instrução está inteiramente integrada ao esquema educacional que governa o sistema escolar, ou o ramo estudado. As disciplinas escolares estão no centro desse dispositivo. Sua função consiste, em cada caso, em colocar um conteúdo de instrução a serviço de uma finalidade educativa" (Chervel, 1991:188).

Essa preocupação com os aspectos educacionais de sua ação está impregnada pela dimensão política que se revela nos relatos. É interessante observar que esses professores não utilizam determinados jargões já desgastados pelo uso em discursos vazios. Suas falam trazem exemplos e situações de aulas que mostram como essa construção da cidadania é feita de forma propositiva, que dá voz e vez aos alunos para se expressar e agir, afirmando sua atuação como agentes da História no cotidiano mesmo das aulas.

Como diz Lucia:

> *"Eu acho que o aluno, quando ele sai do ensino fundamental, ele não tem que ter uma opção, ser professor de História ou ser historiador, essas não têm que ser as opções dele, eu não quero que ele saia um historiador, sabe, não é esse o meu objetivo; é, eu quero que ele goste de estudar História pra que, sabe, ele tenha prazer em abrir um jornal, se atualizar, em ler uma revista, tenha preocupação, esteja ligado com as coisas que estão acontecendo, é uma forma que a gente está usando pra fazer essa ligação, é estar presente dentro da sala de aula, com esse trabalho coletivo... Eu queria só acrescentar uma coisa: é fundamental que o professor também esteja gostando daquilo, que ele tenha prazer naquilo que ele faz, se sinta construindo também essa História, uma outra História que ele está construindo, mas esse caminho que o aluno faz é importante... Eu acho que essa coisa do prazer de chegar na sala, sabe, são várias turmas, você vai fazer trabalhos diferentes, às vezes dá tudo errado que você fez, mas faz parte, agora você tem, você tem que estar querendo fazer aquilo, tem que gostar... Que as condições do magistério são todas contra... então, se você na sala de aula, não é, entrar com todos os problemas que o professor carrega, eu acho que você não consegue se soltar... se desprender... Eu gosto do que eu faço..."*

Bittencourt (1997) chama a atenção para uma tendência que ela observa nas propostas curriculares da década de noventa no Brasil e que, de algum modo, expressam concepções presentes no ensino da disciplina. Em sua avaliação, essas orientações que propõem como objetivo do ensino de História formar o cidadão crítico, objetivo este já presente desde há algum tempo nos programas desta disciplina, avançam ao enfatizar a necessidade de que o ensino auxilie os alunos a se sentirem "sujeitos da História". Esta dimensão, essencial para a formação da cidadania, estaria, no entanto, ainda muito referenciada à concepção política da cidadania, sendo que aspectos da cidadania social, ou não são considerados, ou o são de forma muito incipiente (1997:22).

Nos relatos desses professores, podemos perceber a preocupação com a formação dos alunos como cidadãos (embora nos trechos selecionados esse termo não apareça), capazes de realizar uma leitura de mundo mais ampliada, crítica, capazes de pensar por si mesmos. Essa perspectiva, que expressa a compreensão (e afirmação) da construção social de suas identidades, orienta os professores no trabalho de auxiliá-los para que possam "sentir-se sujeitos da História", sujeitos inseridos na História.

Nesse sentido, é marcante a preocupação de Lucia em associar a dimensão de "sujeito da História" ao processo ensino-aprendizagem por ela realizado, e não ao domínio de certos conteúdos que conscientizariam os alunos, tendência muito presente entre os professores de História.

Como diz Lucia:

> *"O que me marcou mais foi que sempre eu achei que o aluno, de alguma forma, você fala que na História ele é sujeito da História... e na aula, ele é absolutamente passivo, você chega ali e fala, fala e acabou... Então, eu sempre procurei buscar alternativas de participação do aluno, que eu acho que aí envolve o aluno na matéria, ele não está só ouvindo, ele está fazendo alguma coisa, então, pôr o aluno para efetivamente participar da aula, em n formas possíveis, seja uma pergunta que eu faça, seja alguma coisa que ele tem que concluir, a partir de um texto, seja fazendo exercício, que a minha participação não seja aquela participação do professor que chega ali e dá a matéria..."*

Podemos perceber aqui a ênfase numa metodologia que procura criar condições e espaços para que os alunos tenham uma participação ativa, com vez e voz. Essa perspectiva, que parece revelar um viés subjetivista na concepção de cidadania desta professora, estará inevitavelmente articulada às opções de abordagem dos conteúdos nas aulas, ou seja, aos aspectos relacionados à seleção e didatização.

É essa realização que possibilitará aos alunos perceberem-se, ou não, como sujeitos no outro significado deste conceito, que é o de sujeito inserido, de alguma forma produto do contexto econômico, político e cultural da sociedade em que vive. Como é trabalhada essa relação? De forma subjetivista, objetivista, dialética?[18]

Quanto à dimensão social da cidadania, que incorpore aspectos ligados às questões relacionadas ao gênero, opção sexual, religiosa, preservação ambiental, elas são tratadas de forma incidental, conforme as oportunidades que surgem durante as aulas. Não foi percebido nos depoimentos dos professores afirmações que expressassem uma compreensão, do ponto de vista teórico, da ampliação da abrangência do conceito de cidadania.[19]

No entanto, e talvez o mais importante, é perceber em suas falas a visão da História como um conhecimento que amplia a leitura do mundo, que permite desvelar a construção humana da vida social. E mais, a satisfação com a possibilidade de fazer os alunos conhecerem o "prazer" da História está profundamente associada à dimensão educativa do seu trabalho, que se realiza quando, por exemplo, eles demonstram que percebem aspectos que não percebiam antes, superando o senso comum, quando desenvolvem com maior autonomia suas tarefas ou quando a finalização do curso lhes permite vencer barreiras e dificuldades econômicas e sociais.

Nesse sentido, esses depoimentos revelam percepções e expressões em que podemos identificar a construção realizada para o ensino, em que um amálgama do conhecimento específico com a dimensão educativa cria o conhecimento escolar, processo no qual o professor tem papel estratégico.

Profissão e vida:
os professores pensam e falam sobre os seus alunos

Sem dúvida nenhuma, os alunos são a referência constante para esses professores. Eles expressam uma visão otimista, diferentemente de muitas observações negativas ouvidas de outros profissionais, inclusive na mesma instituição. Uma grande afetividade transparece de suas falas, mesmo quando não são muito explícitos. Sem pieguices, reconhecem que gostam dos alunos e é em grande parte por isso que gostam do que fazem.

Roberto assim fala dos momentos com os alunos, quando inclusive precisa repreender alguns:

"... Engraçado que, quando a gente veio da excursão agora, a gente estava avaliando, os professores, sobre justamente isso, como é que não foi difícil trabalhar com oitenta adolescentes dois dias e uma noite em Ouro Preto e teve hora que teve que falar grosso com alguns, mas falar grosso... e aí, alguém falou isso: - Falou grosso, mas com afetividade... E essa coisa da afetividade é fundamental... Primeiro, porque eles veem que eu sou feliz ali, eu gosto de estar ali, apesar de todas as contradições, eu gosto de estar ali... gosto de estar na frente deles, conversando com eles, conhecendo eles..."

Entrevistadora: Você está inteiro ali, não é...

> Roberto: "Eu estou inteiro ali, é, realmente eu estou inteiro... eu estou ali... Eu esqueço o resto e eles percebem isso, eles respeitam isso e sabem que a gente está... que eu pelo menos estou ali, gostando deles e querendo gostar... Eles gostam disso, eles gostam dessa coisa... e eles respeitam..."

Essa postura se expressa também no reconhecimento de que se aprende com eles. Ana comenta suas aulas e sua relação com eles:

> "... É, é... eles são muito bons mesmo... Assim tem coisas que tu aprende muito com o menino... com o aluno... se tu deixar ele falar ali, inclusive uma volta pra você, pensou tudo, mas você não contava com essa..."

Marcos, por trabalhar em dois colégios diferentes, faz uma distinção entre os alunos de ambos:

> "Eu lido com duas realidades diferentes... Aqui no colégio talvez até por ele dar até uma prioridade talvez um pouco maior a essa parte de... de Humanidades... Por exemplo, os alunos do primeiro grau têm aula de latim... quer dizer, não sei se isso passou a ser opcional, mas até o ano passado tinha, entendeu? Não me lembro de qual série, se era sexta ou sétima, e o pessoal fazia um trabalho legal, sabe, entendeu? Sabe, trabalho na área cultural, trabalho bem interessante que eles faziam, então talvez por o aluno daqui ter uma base, uma mística mais forte... Então acho que a nossa relação com eles é um pouco melhor, acho que fica um pouco melhor, e o colégio, de certa forma, ele é um pouco do que era a escola pública quando eu estudava. Você tem pessoas diferentes, você tem mesmo uma pessoa que é filho de um médico até um outro que mora lá em Santa Cruz e que vem de ônibus até aqui, e eles se dão bem, um ajuda o outro, sabe, acho que há um... um, como é que eu vou dizer?, um ambiente diferente aqui pra trabalhar, e talvez por... por essa parte de humanidades a nossa relação com eles é um pouco melhor. Coisa que, por exemplo, no outro colégio a gente tem que ser bem mais duro com eles, porque eu trabalho na Barra, entendeu? Aí você enfrenta problemas... porque a base cultural deles é muito fraca, entendeu? Sabe, é... por incrível que pareça, existe uma desestruturação familiar muito grande, entendeu? Então é mais difícil, até se trabalha, mas é mais difícil..."

Marcos em seu depoimento revela um esforço para explicar as diferentes atitudes e as relaciona com os contextos familiar e escolar. Em nenhum momento transparece alguma visão preconceituosa ou depreciativa assumindo a sua fala; como as dos demais, uma postura bastante profissional.

Lucia, mais contida, expressa grande preocupação com a dimensão educativa de seu trabalho, mas acaba por deixar transparecer a afetividade, o carinho que nutre por seus alunos. Mesmo com as turmas mais difíceis, mais rebeldes, ela revela a satisfação que o seu trabalho lhe proporciona:

"... É uma turma muito difícil, e aí como é que foi a aula? Foi boa, todo mundo trabalhou, foi diferente... A gente misturou os grupos porque, quer dizer, eu tenho uma resposta, até porque eles fazem um comentário diário da aula, e da mesma forma que se não foi boa, não foi boa... Eu também expresso isso, ah! Hoje a aula, eu não gostei... foi muito desgastante, tive que chamar muito a atenção dos alunos, e é registrado, então... Agora tem os casos pessoais, lá, que aí é uma questão de, de ficar no pé... Mas agora eu acho que... muitas vezes, o aluno... é engraçado... que às vezes ele passa o ano inteiro em conflito comigo, porque eu pego no pé, porque eu fico em cima, quero que ele faça, ele acha que aquilo ali... que eu sou chata... Quando chega no ano seguinte, ele vai me cobrar por que eu não estou na série seguinte, quer dizer..."

Entrevistadora: Ele precisa daquela pessoa...

Lucia: "São pessoas que precisam de ter alguém, porque são pessoas que estão perdidas no espaço, se não tiver alguém que fique ali em cima... Que às vezes eu mexo com os alunos, então, às vezes, eu digo: Vocês estão querendo colo... Vocês não estão querendo um professor, estão querendo uma babá, que fique aqui... Que hoje eu cheguei pra um aluno e disse: Vem cá, eu tenho que vir na sua carteira para você abrir a sua pasta e pegar a parte de História? Não é possível! Aí ele olhou pra mim e riu, aí pegou a pasta de História..."

Entrevistadora: Aí você...

Lucia: "Ele queria que eu fosse lá e fizesse isso, entendeu?"

Entrevistadora: É a festinha que você faz nele, né?

Lucia: "E eu não sou uma pessoa de muito... muita festa, não sou, não sou mesmo, mas eu acho que tenho uma boa relação com eles, sabe..."

Entrevistadora: Ah, mas isso passa... não precisa ser por um gestual, explícito.

Lucia: "Pois é, então eles sentem que eu gosto, que é uma afetividade, que eu gosto de dar aula na turma, eu acho que tem essa resposta, e quando a gente vai pra sala de História, aí é beleza, aí..."

Essa visão em relação aos alunos é expressa, também, de alguma forma, na opção que Lucia e Alice fizeram ao decidirem reformular completamente a forma de trabalhar tendo como uma das principais justificativas a avaliação dos alunos que pediam "aulas mais dinâmicas, com mais movimento". Ao decidirem considerar as orientações presentes nos Parâmetros Curriculares Nacionais (PCNs), um dos aspectos que mais as atraíram foi a descoberta da possibilidade e instrumentos para trabalhar atitudes e procedimentos coerentemente com os objetivos de auxiliar os alunos a se perceberem efetivamente sujeitos do seu fazer, da História, numa perspectiva de vivência democrática.

Ao mesmo tempo que os quatro profissionais são extremamente sérios, até mesmo um pouco sisudos, transparece em suas falas uma sensibilidade e uma afetividade que chegam a emocionar. Sem pieguices ou atitudes "populistas", com muita severidade até, sem agressões, ironias ou preconceitos, desenvolvem seu trabalho numa relação em que predominam o respeito e a amizade. O seu papel de professores não é deixado de lado. Pelo contrário, seus alunos sabem muito bem quem possui a autoridade naquela situação, mas autoridade sem autoritarismo. Seus alunos os questionam e criticam num espaço em que todos têm sua palavra respeitada.

Reside aqui o segredo de suas práticas bem-sucedidas?

Profissão e vida:
os professores pensam e falam sobre a instituição onde trabalham

A instituição onde trabalham é objeto de considerações bastante diferenciadas, sendo reconhecida como espaço que confere distinção aos que ali trabalham e estudam, como espaço que ainda oferece condições razoáveis de trabalho e, ao mesmo tempo, como fonte de constrangimentos profissionais responsáveis por frustrações que limitam muito o que ali poderia ser realizado. Como diz Roberto:

"A frustração, o que me deixa triste... é quando isso (ele se refere aqui à sua realização quando vê os alunos andando pelas próprias pernas, saindo do senso comum) não se realiza, não é?... Quando a gente não consegue... o problema não é só nosso, não... O problema é institu-

cional e essa, eu acho, é a maior frustração da gente, quando a gente sabe que é possível, mas, como é além da sua possibilidade, você tem que ceder muitas vezes porque não consegue realizar trabalhos que..."

Roberto consegue relativizar sua visão sobre a escola, faz questão de deixar claro que ela é uma instituição com história própria mas que é, para ele, um espaço preferencial, na medida em que é uma escola. Ele procura não monumentalizar a instituição, coisa que os demais colegas, de acordo com o relato dos entrevistados, fazem com muita frequência.

"Eu gosto de trabalhar neste colégio, gosto, gosto... Eu gosto da escola, não é? A escola em geral é o meu ambiente que eu gosto de estar, seja ela qual escola que seja, eu gosto da escola pública, eu fiz uma opção pela escola pública, né? Eu, se for possível, eu não pretendo trabalhar numa escola privada..."

Entrevistadora: Esta é uma escola que se vê diferente, é uma escola pública diferente?

Roberto: "É, ela se vê diferente, eu acho que ela é..."

Entrevistadora: E você gosta disso ou isso te incomoda?

Roberto: "Não, eu acho que este colégio tem até tem algumas coisas diferentes mesmo, não é, das outras escolas, ela tem mais história, ela tem mais tempo de vida, ela tem uma trajetória diferente das demais, até pela história que ela teve até o início desse século, não é, até meados desse século... Ela hoje tem uma característica diferente até pela crise que ela passa, por toda a história que ela teve, ela é a única escola regular de ensino federal no Brasil, então, ela tem uma clientela específica, que é concursada etc. Mas nada que coloque ela num patamar acima ou abaixo, não vejo dessa maneira, das outras escolas... Porque até tem escolas estaduais muito boas, escolas municipais muito boas, eu não concordo com essa ideia de que toda rede municipal e estadual é péssima, não, eu acho que quem faz a escola é a equipe que lá trabalha, tem isso também, apesar de todas as implicações do que vem de fora, de Secretaria e do Governo e tal... Então, eu acho legal trabalhar no colégio, apesar de todas as dificuldades que tem lá, né? Mas eu acho que, em termos de trabalhar com o ensino fundamental e médio, esta é uma escola, é um colégio que te dá possibilidade de ter muitas experiências aqui, com a instituição, com os alunos, de trabalhar e desenvolver os seus projetos ali, tenho desenvolvido projetos bons lá, que eu gosto de desenvolver..."

Alice consegue falar com mais clareza sobre o que a incomoda e que diz respeito ao clima institucional vigente.[20] Perguntada sobre a sua frustração no trabalho, ela diz:

> "... É, eu acho que é com relação à questão da estrutura da escola mesmo, eu acho... É assim... de perceber que a escola muda pouco, sabe, que o melhor lugar na escola ainda continua sendo aquele que é longe, bem afastado do aluno, então... sabe... coisas que é de observar que a gente tem queixa... mas a gente também tem pouca coisa pra apresentar como solução... Sabe... o mal-estar que tem dentro da escola... é uma coisa que me incomoda... está todo mundo sempre muito insatisfeito... Que saco! Puxa, eu tenho que ir... Acho que as relações dentro da escola são muito ruins... não é um lugar bom... E é um lugar horrível de se trabalhar... As salas são calorentas... E não tem retorno para o trabalho que a gente faz... É muito pouco provável que se produza nas condições de uma sala de aula do jeito que é... Você sua... É um calor insuportável... Entendeu, eu acho que às vezes é feito de propósito... Você pensa, a escola é extremamente desconfortável, não é..."

Alice percebe um grande mal-estar nas pessoas ali dentro:

> "... Eu vejo isso, esse mal-estar nas pessoas... Não vejo ninguém feliz, vamos sentar... vamos produzir... vamos juntar... Cada um fazendo o... feijão-com-arroz na sua disciplina e tal..."

Ao mesmo tempo, ela reconhece que ser professor do colégio ainda é um fator de distinção:

> "Agora, eu acho que tem isso de ser professor deste colégio. Eu acho que tem. Vai durar pouco na medida em que o colégio... ele agora se utiliza da questão dos boias-frias. Ele faz os contratos temporários... Eu acho que até isso que é uma coisa meio emblemática do professor do colégio e tal... Eu acho que a tendência é isso desaparecer. Acho que desaparecer pelas condições... de trabalho mesmo do professor do colégio e desse pessoal que está chegando novo, que não cria vínculo nenhum com o colégio. Eles são admitidos em março e mandados embora em dezembro. E podem fazer isso por dois anos que a lei não permite a recontratação... Eu lembro uma vez, eu estava dirigindo o "Pedrinho"... e eu fui à delegacia, não é... e o delegado me pediu pra prestar (depoimento)... E aí, eu disse: Eu sou a diretora do "Pedri-

nho"... Que ele arrebitou os... olhos, não é... Quantas pessoas que você diz que trabalha aqui e arregalam os olhos... Oh!, meu sonho... sempre quis estudar naquela escola... Tem umas coisas assim..."

Lucia tem uma visão muito crítica em relação a esta distinção que ela percebe existir. É como se fossem resquícios de uma outra época, que conferem privilégios aos ocupantes de postos específicos na estrutura do Estado. Ao falar sobre o seu concurso e entrada para a instituição, ela afirma:

"... As pessoas começaram a me tratar de forma diferente... Muitas coisas eu consegui depois simplesmente porque... eu nem estava no colégio ainda... mas eu tinha passado para este colégio, e eu acho que isso aí... é uma coisa que eu fiquei muito mal, porque o trabalho que eu fazia no Estado em nada é diferente do trabalho que eu faço aqui. Eu não sou outra pessoa porque eu estou aqui. Na verdade, eu gostaria de estar lá, com as condições que eu tenho aqui, para mim essa é a minha questão, mas isso até hoje, a questão institucional é um peso. Na minha entrada no Mestrado, pesou eu ser professora do colégio e não do Estado..."

Suas críticas destacam o fato de a tradição da escola pesar e justificar todas as dimensões de ação, impedindo ou dificultando, de certa forma, um maior engajamento dos docentes num projeto construído coletivamente. A distinção social conferida pelo pertencimento ao corpo de professores do colégio satisfaz e acaba por paralisar as iniciativas conjuntas, mesmo aquelas mais simples:

"... Eu acho que eu sinto falta no colégio é desse envolvimento que na escola estadual tem e que aqui não tem... Aqui é cada um por si... Você vai na sala dos professores na hora do recreio, lá na sala dos professores... aí tem lá... A mesa aqui fica o pessoal de Geografia... A mesa de lá... fica o pessoal de História. Teve uma época no sábado... trabalhava História e Geografia... O pessoal de História almoçava numa mesa, o pessoal de Geografia almoçava na outra... e só tínhamos nós, entendeu? Aí agora, no início desse ano, eles reorganizaram a sala de professores... Aí tem um pessoal de Português que sentava num lugar... eles não gostaram da organização e conseguiram e voltaram à organização anterior, aí a Direção falou: Nós vamos mudar a sala..."

Marcos percebe que o colégio tem qualidades que precisam ser valorizadas e reconhece a distinção que o colégio confere aos seus professores:

> "... É evidente que o colégio me abriu muitas portas, entendeu? Quando você bota no currículo que você entrou para cá, e mais interessante ainda é... na época que eu entrei, porque tanto o concurso de 1992 quanto o de 1994 foram concursos considerados muito difíceis, entendeu? E essa, e essa... isso aí vazou, vazou pro mercado... as pessoas sabem mesmo... Eu me lembro que o Clovis Dottori da UFRJ, trabalhei com ele na avaliação de provas de vestibular, ele próprio dizia isso, entendeu? Que esse concurso tinha sido muito rígido, então, de certa forma, isso aí abriu muito espaço para mim, entendeu?"

Portanto, ele afirma:

> "... Nos lugares em que eu trabalhei até hoje... o lugar que eu mais gosto é aqui... tanto que eu optei acumular aqui, até por isso, entendeu? Porque você ainda vê resposta para o teu trabalho, sabe... é gratificante, por exemplo, você... é, você dá um texto pro aluno e você vê que ele tira conclusões daquilo, entendeu? Você vê que ele sabe relacionar uma coisa com a outra, entendeu? Que ele tem uma, uma clareza no que ele está expondo, então, quer dizer, quando você vê o resultado prático do teu trabalho, é que eu acho que é a realização..."

Mesmo assim, ele também reconhece problemas e faz críticas veementes:

> "... Acho que, em comparação com outras situações, ainda há um certo prestígio ainda, não comparado ao que já foi, mas ainda há um certo prestígio, ainda... Eu acho que quem não nos prestigia é a instituição, entendeu? Isso é uma crítica forte que eu faço, entendeu? Eu acho que se o colégio funciona é, 70% pelo menos, porque a maioria dos profissionais mesmo se dedicam, entendeu? Sabe, gostam... mas a instituição em si... Eu não acho que... Uma coisa é o governo federal, entendeu? Dele, eu acho que a gente não pode esperar nada... Mas eu acho que... da instituição, acho que a gente poderia esperar mais, entendeu? Acho que tem coisas que, sabe, que a instituição não pode fazer, mas tem outras que, eu acho, que ela poderia, sabe, e não faz... Eu acho que esse aspecto aí é uma decepção grande que eu tenho aqui..."

As visões sobre a instituição possibilitam algumas reflexões e questionamentos. Não é objeto desta pesquisa a relação do clima institucional com o desempenho de professores e alunos. Mas, na medida em que estamos interessados nos modos de ensinar dos professores, é importante considerar o posicionamento em relação a uma instituição tradicional em nosso país, mas que, mesmo ela, está atravessando um momento de dificuldades com a perda de condições de garantia de um corpo docente estável, certamente a mais grave ameaça, e de ausência de oferta de estímulos ao trabalho comprometido e inovador de seus profissionais.

Certamente o colégio lhes oferece condições de trabalho bastante favoráveis, tanto é que eles o reconhecem, como vimos, em suas falas. O fato de trabalharem em regime de 40 horas, dedicação exclusiva ou não, em três dias semanais, sendo que aos sábados de forma alternada, lhes permite dispor de tempo para prepararem e realizarem um projeto como aquele desenvolvido por Lucia e Alice. Contam com uma sala de História, que, apesar de simples e básica, lhes permite deixar as carteiras arrumadas para trabalho de grupo, dispõem de mural e de uma pequena biblioteca de livros de História. Além disso, contam com um laboratório de informática e uma biblioteca que, apesar das dificuldades do apoio, pode ser utilizada pelos alunos, inclusive fora do horário das aulas.

A distinção que a escola confere aos seus professores é reconhecida como um fato positivo, embora seja vista com restrições por Lucia. A diversidade de origem social e capacidade de participação dos alunos também são percebidas como aspectos que possibilitam uma grande realização no trabalho.

Diante dessas condições, inegavelmente superiores àquelas encontradas na maior parte das escolas públicas, cabe indagar os motivos para tantas críticas. Será que é porque estas condições favoráveis, básicas, criam um patamar de exigências mais elevado?

Por outro lado, emerge de suas falas uma sensação de solidão num ambiente em que o clima é de mal-estar e o principal refúgio é a sala de aula, junto aos alunos. Qual seria a origem dessa sensação? Certamente podemos supor um lamento em face do desinteresse ou pouco entusiasmo dos colegas em apoiar ou se aliar aos seus projetos. Como percebe Lucia, parece haver ainda um grande preconceito com relação às questões da Educação, vista como coisa menor. Assim, ela lamenta:

> "... Eu sempre encontrei, a maioria... geralmente, o pessoal de História era o pessoal que tinha uma perspectiva, uma visão progressista... Eu considero o Departamento de História bastante conservador, nas discussões tanto didáticas quanto de Educação. Quer dizer, você discutir Educação parece que é uma coisa absurda... Quando a gente estava discutindo a reforma, agora, estamos tendo que discutir Educação, porque tem certas conceituações que a gente não sabe exatamente o

que é que é, mas é como se aquilo fosse uma coisa menor... Parece que você faz... você faz uma concessão de discutir Educação, pra mim essa coisa é um nó... Eu acho que uma boa parte dos professores do colégio em História gostariam de estar na Academia... Não estão, estão aqui... mas eles... essa coisa da Educação... de você trabalhar a História no ensino fundamental, médio..."

Maior talvez parece ser o desapontamento com a Direção, que não demonstra muito entusiasmo no apoio às suas iniciativas. De forma um pouco distante, oferecendo apoio material, parece, nas palavras desses docentes, estar mais preocupada com a implementação da reforma do ensino médio, prioridade de ação governamental no momento. O projeto de Alice e Lucia é um projeto alternativo àquele oficial que o colégio deseja implantar?

Lucia afirma:

"É, quando o representante do MEC esteve aqui ano passado, nós demos o maior azar... Porque ele falou que o ensino fundamental ia mudar e a gente estava entrando para o projeto... Nós fizemos questão de falar pra todo mundo que, olha, nós não estamos fazendo isso porque o MEC mandou, nem a Secretaria Geral do MEC, a Semtec, não tem nada a ver uma coisa com a outra... já vínhamos pensando isso desde agosto, fomos estudando, lendo, discutindo e chegou a isso agora... Para não identificar, entendeu? Com a reforma da escola, porque não era, o que está acontecendo é que as pessoas estão utilizando esse material... na 5^a. série, mas não estão utilizando o trabalho que nós fizemos, há uma diferença, estão utilizando o que elas acham... é conteúdo..."

São esses professores profissionais em extinção? São eles demasiadamente críticos e exigentes em relação à instituição em que trabalham? Ou eles são exemplos de como, apesar de condições institucionais adversas, ou pelo menos indiferentes, um trabalho de qualidade e inovador pode ser desenvolvido? Ou esses aspectos são mais uma evidência de que a docência é um trabalho de autoria no qual os professores fazem o que pensam e pensam sobre o que fazem, mesmo quando as condições institucionais são adversas ou, pelo menos, não estimuladoras?

Hutmacher (1995), ao discutir os novos estudos educacionais que buscam compreender a escola como uma organização, com uma cultura própria, comenta que essa perspectiva vem ao encontro de demandas por mudanças nas práticas escolares e superações de limites que as tentativas realizadas através da reformas curriculares e dos programas de treinamento e formação continuada dos professores não foram capazes de realizar. As práticas escolares escapam à lógica do decreto. Os problemas a resolver são cada vez mais identificados com o domínio do funcionamento, da prática pedagógica, da organização do trabalho e do modo de vida escolar (1995:52-53).

Acredito que as observações dos professores caminham nessa direção. Eles sentem a falta de um clima institucional mais favorável e que lhes permita realizar seus projetos com mais plenitude e cumplicidade dos colegas e da Direção. A escola ainda é uma instituição

> "onde cada um ensina a sua especialidade aos alunos e o diálogo restringe-se, muitas vezes, aos professores da mesma área em torno, por exemplo, dos desenvolvimentos recentes do conhecimento. Mas entre especialistas de disciplinas diferentes reina uma grande ignorância e indiferença: um professor de matemática pode ignorar tudo sobre os novos processos de investigação histórica; um professor de francês pode ignorar tudo sobre os recentes desenvolvimentos da física ou da biologia molecular. Este isolamento, que não surpreende na medida em que os professores têm como função ensinar os alunos e não os seus colegas, dá um estatuto paradoxal ao saber escolar: os alunos são chamados a investir em todos os ramos do plano de estudos, enquanto os professores podem ignorar totalmente os saberes exteriores à sua disciplina (fazendo até gala disso...) e, a fortiori, os desafios do conhecimento que mobilizam os seus colegas" (Hutmacher,1995:68).

Essa descrição, que é bastante adequada ao colégio dos nossos professores, contribui para ajudar a entender uma característica das práticas escolares vigentes que são lamentadas por eles. Sinto a nostalgia de uma utopia por eles buscada, e, de certa forma, inatingível por questões que são de uma ordem que escapa ao seu controle.

Essas observações me levam a confirmar o grande desafio que as iniciativas de mudança educacional apresentam: encontrar um caminho que não recaia ou resvale no autoritarismo, que valorize a autonomia e o saber dos professores sem que isso signifique recair em posturas conservadoras, iniciativas que contemplem as visões dos professores sobre o que é relevante, as demandas sociais e as expectativas dos pais e alunos; encontrar profissionais dispostos e mobilizados para neles investir. O colégio onde trabalham esses professores encontra, no peso do seu próprio tamanho e tradição, o maior obstáculo às mudanças. Tem, no entanto, nestes professores, agentes com um grau de qualificação e engajamento preciosos, com coragem de conquistar e demarcar espaços de ação transformadora.

Os depoimentos apresentados oferecem subsídios muito importantes para a pesquisa voltada para a mobilização dos saberes pelos professores no ensino. Como afirma Tardif, "os saberes profissionais são apropriados, incorporados, subjetivados, saberes que é difícil dissociar das pessoas, de sua experiência e situação de trabalho" (Tardif,1999: 23-24). É preciso conhecê-los um pouco melhor como pessoas, para se poder realizar essa pesquisa que busca analisar a relação dos professores com os saberes. Conhecidos os professores, inicio a seguir a discussão sobre os saberes ensinados.

CAPÍTULO 3

OS SABERES QUE ENSINAM: O SABER ESCOLAR

> "Os professores são aqueles que ensinam alguma coisa a alguém."

A relação dos professores com os saberes que ensinam foi pensada e analisada, durante longo tempo, dentro do paradigma da racionalidade técnica que referendava uma concepção na qual o professor era considerado um simples instrumento de transmissão de saberes produzidos por outros. Esse paradigma, que orientou a organização dos sistemas e práticas educacionais voltados para a busca da eficácia através do controle científico do processo educacional escolar, via no professor um profissional habilitado – com sua competência técnica – para adequar, facilitar (diluir, distorcer, deformar?) o conhecimento científico a ser aprendido pelos alunos que, assim, por meio da escola, instituição responsável pela mais ampla divulgação social da ciência, poderiam superar barreiras e ascender socialmente.[21]

De acordo com esse paradigma, os saberes não eram objeto de questionamentos ou reflexão: eram os saberes definidos e organizados nos programas e currículos como aqueles a ensinar, oriundos de uma base científico-cultural ampla, através de meios e procedimentos acertados, escolhidos num "receituário ou arsenal" construído e fundamentado cientificamente nos conhecimentos oferecidos pela psicologia, psicopedagogia e didática.

Essa perspectiva racionalista, que continha uma crítica ao modelo empirista e espontaneísta, defendendo uma aplicação dos conhecimentos e métodos científicos para a melhor realização da prática docente, encontra, atualmente, dificuldades para se sustentar em face das críticas que apontam a simplificação operada por esta concepção. Por um lado, estudos e pesquisas têm confirmado que o currículo é um campo de criação simbólica e cultural, permeado por conflitos e contradições, de constituição complexa e híbrida, com diferentes instâncias de realização: currículo formal, currículo real ou em ação, currículo oculto (Moreira,1997:13-14).

Por outro lado, discussões e reflexões no campo da epistemologia têm sido realizadas considerando a relatividade do conhecimento científico, ou seja, descartando a visão de que a ciência produz a única forma de conhecimento válido e verdadeiro, reconhecendo a diversidade de formas de conhecimento com diferentes racionalidades e formas de validação (Moreira,1997:23).

Além disso, pesquisas realizadas têm confirmado que "a realidade social não se deixa encaixar em esquemas preestabelecidos do tipo taxonômico ou processual. A tecnologia educativa não pode continuar a lutar contra as características, cada vez mais evidentes, dos fenômenos práticos: complexidade, incerteza, instabilidade, singularidade e conflito de valores" (Gómez,1995:99). Professores e alunos são sujeitos, portadores de visões de mundo e interesses diferenciados, que estabelecem relações entre si com múltiplas possibilidades de apropriação e interpretação.

Tais questionamentos têm exigido e promovido uma renovação teórica nas perspectivas de abordagem das questões educacionais, interessando-me mais de perto aquelas relacionadas à dimensão cognitiva/cultural dos processos educativos, que são objeto do campo do currículo e que têm sido analisadas em diferentes perspectivas: sociológica, dos estudos culturais, da história das disciplinas escolares ou da didática. Mas todas, de uma maneira geral, realizadas com base no reconhecimento da especificidade e complexidade do campo educacional como objeto de pesquisa.[22]

Esse movimento implicou e expressou uma ressignificação do conceito de cultura que fundamenta a ação educativa. De uma concepção universal, individualista, elitista, prescritiva e normativa, passou-se a uma concepção compreensiva, relativista, pluralista, baseada na perspectiva antropológica e sociológica. A escola, mais do que um local de instrução e transmissão de saberes, passou a ser considerada como um espaço configurado por e configurador de uma cultura escolar, onde se confrontam diferentes forças e interesses sociais, econômicos, políticos e culturais (Forquin, 1993).

No contexto dessas mudanças, os saberes, antes inquestionados, passaram a ser objeto de uma série de indagações que se voltaram, de um lado, para aspectos relacionados aos processos de seleção cultural – quais saberes, motivos de opção, implicações culturais e repercussões sociais e políticas das opções, negações, ocultamentos, ênfases etc. em estudos realizados em perspectiva sociológica ou sócio-histórica (Apple, 1982; Young,1971; Giroux,1981,1988; Goodson, 1993).

Por outro lado, estudos foram realizados para investigar os processos de constituição desses saberes, os percursos realizados nos processos de didatização, utilizando uma abordagem orientada por uma perspectiva epistemológica, buscando superar a visão instrumental e técnica predominante até então. No bojo desses estudos emergiu a formulação do conceito de saber escolar como um saber com configuração cognitiva própria e original da cultura escolar, o que abre espaço para a superação de concepções que, ao não reconhecer essa diferença, identificavam no saber escolar simplificações, banalizações ou distorções do conhecimento científico, dando origem a uma visão negativa e preconceituosa em relação ao trabalho dos professores (Lopes,1997,97,98).

Como afirma Forquin (1992), existem diferenças substanciais entre a exposição teórica e a exposição didática. A primeira deve levar em conta o estado do conhecimento, a segunda, o estado de quem conhece, os estados de quem aprende e de quem ensina, sua posição respectiva com relação ao saber e à forma institucionalizada da relação que existe entre um e outro, em tal ou qual contexto social. Não se trata apenas de fazer compreender, mas de fazer aprender, de fazer incorporar ao *habitus* (Forquin,1992:34).

Assim, a perspectiva de constituição de um saber escolar tem por base a compreensão de que a educação escolar não se limita a fazer uma seleção entre o que há disponível da cultura num dado momento histórico, mas tem por função tornar os saberes selecionados efetivamente transmissíveis e assimiláveis. Para isso, exige-se um trabalho de reorganização, reestruturação ou de transposição didática, que dá origem a configurações cognitivas tipicamente escolares, capazes de compor uma cultura escolar *sui generis*, com marcas que transcendem os limites da escola (Forquin, 1993:16-17).

Saber escolar e transposição didática

Os estudos voltados para a questão do saber escolar desenvolveram-se mais precisamente com a noção de transposição didática enunciada, pela primeira vez, por Verret em sua tese *Les Temps des Études*, defendida em 1975 na França (Forquin, 1993:16). Posteriormente, Chevallard e Joshua (1982) utilizaram este conceito no campo do ensino da Matemática para examinar as transformações sofridas pela noção matemática de distância entre o momento de sua elaboração por Fréchet, em 1906, e o momento de sua introdução nos programas de geometria franceses, em 1971 (Lopes, 1999:206). [23]

De acordo com Chevallard (1991), seu ponto de partida é o interesse em inscrever a "didática das matemáticas" (p.14), campo de voluntarismos, como um objeto passível de conhecimento científico. Para isso, ele opera com o conceito de "sistema didático" – relação ternária que liga um docente, os alunos e um saber. Esse conceito permite trazer para análise o terceiro termo – o saber, geralmente esquecido (ou não considerado por ser dado, naturalizado), para ser objeto de investigação. Qual a sua relação com o docente? Que saber é este? Qual a sua relação com o saber acadêmico? Qual a sua relação com os alunos? Todas essas questões tocam em pontos como apropriações, elaborações, filiações, gênesis, legitimidades, que abrem perspectivas de análise inovadoras.[24]

O autor define o conceito de transposição didática como aquele que remete à "passagem do saber acadêmico ao saber ensinado e, portanto, à distância eventual, obrigatória que os separa, que dá testemunho deste questionamento necessário, ao mesmo tempo que se converte em sua primeira ferramenta" (p.16).

Chevallard afirma categoricamente a diferença entre o saber acadêmico (*savoir savant*) e o saber ensinado. Para que o ensino seja possível, "o elemento de saber deverá ter sofrido certas *deformações* (grifo adicionado) que o tornarão apto a ser ensinado. O saber-tal-como-é-ensinado, o saber ensinado, *é necessariamente distinto* (grifo adicionado) do saber-inicialmente-designado-como-aquele-que--deve-ser-ensinado, o saber a ensinar" (p.16-17). O conceito de transposição didática permite então que o campo científico da didática se constitua, pois, além de definir uma ruptura, ele cria um instrumento de inteligibilidade que possibilita a realização das investigações, abrindo caminho para que a caixa-preta, em que tem estado inserido o ensino, comece a ser desvendada.[25]

O autor apresenta os vários saberes que se constituem no processo de transposição didática no sentido mais amplo, *latu senso*: saber acadêmico, saber a ensinar, saber ensinado, saber aprendido. Identificar as mudanças, que são de ordem conceitual, abre caminhos para melhor conhecer o processo numa análise que reconheça a pluralidade de saberes e o papel das diferentes subjetividades e interesses envolvidos no processo. Tendo por base essa proposta, ele realiza um estudo sobre as transformações por que passou a noção de distância desde que foi formulada no campo das matemáticas universitárias até atingir a forma como era ensinada nas escolas francesas, no correspondente à sétima série do ensino fundamental no Brasil. Uma conclusão que se pode extrair de sua formulação, além da afirmação de uma pluralidade de saberes constituídos no processo de ensino, é que o saber acadêmico é sempre *anterior* ao saber ensinado

De acordo com o autor, o saber ensinado é naturalizado, um saber sem história, "como algo que não é de nenhum tempo, nem de nenhum lugar, e não legitimando-se mediante o recurso à autoridade de um autor, qualquer que seja" (p.18). Ele adquire a evidência incontestável das coisas naturais. É um saber que aparece na escola exilado de suas origens. Essa naturalização é possível, para Chevallard, porque o sistema didático é aberto e compatível com o seu contexto, tanto no que se refere ao saber acadêmico quanto à cultura em que se insere e com a qual a escola se relaciona, o que lhe proporciona flexibilidade e força como fundador de valores.

Chevallard chama a atenção para o fato de que a transposição didática não é realizada pelos professores por si mesmos. Ela tem início quando técnicos, representantes de associações, professores militantes, que compõem a noosfera, definem, a partir do saber acadêmico e através de um trabalho de seleção e estruturação didática, o saber a ensinar, definição esta que será refeita em outros momentos, quando surgir a necessidade de sua renovação ou atualização. "Um conteúdo de saber que foi designado como 'saber a ensinar' sofre, a partir de então, um conjunto de transformações adaptativas que vão torná-lo apto para ocupar um lugar entre os 'objeto de ensino'. Ao trabalho que transforma um objeto de saber a ensinar em um objeto de ensino denominamos **transposição didática**" (Chevallard,1991:45). A definição do saber a ensinar apresenta, portanto, os caminhos possíveis para a elaboração do saber como um objeto de ensino. Os professores trabalham na transposição didática, não fazem a transposição didática. "Quando o professor intervém para escrever a variante local do texto do saber que ele chama seu curso, a transposição didática já começou há muito tempo" (1991:20).

Assim, a transposição didática, *lato sensu*, se inicia com a definição dos saberes a ensinar a partir do saber acadêmico, realizada pela noosfera, e a transposição didática interna, *stricto sensu*, realizada pelos professores, dá continuidade ao processo quando estes elaboram algumas das versões possíveis do saber ensinado.

A importância atribuída ao saber acadêmico por Chevallard no processo de transposição tem sido um dos alvos preferenciais das críticas que esse autor tem recebido. Essa perspectiva negaria ou reduziria o papel de outros saberes de referência, ou traduziria uma visão ainda muito hierarquizada na análise da relação entre os saberes.

Para o autor, no entanto, o contraste com o saber acadêmico é fundamental, pois permite que se desvele a ficção da unidade do saber ensinado com o saber acadêmico, possibilitando a articulação da análise epistemológica com a análise didática. É a análise do conceito no saber acadêmico comparada com a análise do mesmo conceito no saber ensinado que pode revelar a especificidade da construção didática realizada.

Contrastar o saber ensinado com o saber acadêmico permite identificar as transformações e as características, principalmente na sociedade atual, onde as ciências constituem um corpo sistematizado de conhecimentos, elaborados a partir de critérios rigorosos quanto aos aspectos de ordem teórico-metodológica, e onde o saber ensinado vai buscar legitimidade.

Para que os saberes possam ser objeto de ensino escolar, Chevallard cita Verret (1975), ao afirmar que vários processos ocorrem:

- a **dessincretização**, ou seja, "por exigência da explicitação discursiva, a 'textualização' do saber conduz primeiramente à delimitação de saberes 'parciais', cada um dos quais se expressando em um discurso (ficticiamente) autônomo" (Chevallard, 1991:69). Uma nova síntese é criada, a partir de outra racionalidade que não a que deu origem aos saberes, para dar lugar a práticas de ensino especializadas, que levam em conta questões relacionadas às necessidades dos processos de aprendizagem, como, por exemplo, a orientação de se operar de forma progressiva em diferentes níveis de complexidade ou dificuldade, e de adequação aos públicos;

- a **despersonalização**, ou seja, "a dissociação entre o pensamento, enquanto expressão de uma subjetividade, e suas produções discursivas: o sujeito é expulso de suas produções, o saber é submetido a uma transformação no sentido de despersonalização" (Chevallard, 1991:71). O 'saber a ensinar' e o 'saber ensinado' não apresentam as referências de autoria que são fundamentais nos espaços acadêmicos. Esse processo, que já tem início no campo acadêmico devido à necessidades de sua publicidade, é realizado de forma exponencial nos saberes a ensinar e ensinado;

- a **programabilidade**, ou seja, a definição racional de sequências que permitam uma aquisição progressiva de conhecimento e cuja definição se legitima por "uma ficção que nos faz acreditar que a aprendizagem é "isomorfa" em relação ao processo de ensino e cujo modelo ordenador é o texto do saber em sua dinâmica temporal" (Chevallard, op.cit.73);

- **a publicidade**, que exige uma definição explícita, em compreensão e extensão, do saber a transmitir, e que deixa implícitos os pré-requisitos. Geralmente, existe a publicidade dos saberes a ensinar, mas quase nunca a publicidade, a divulgação dos saberes ensinados aos alunos envolvidos no processo;

- **o controle social das aprendizagens**, controle regulado de acordo com procedimentos de verificação que autorizem a certificação de conhecimentos adquiridos (Verret, 1975:146-147 apud Chevallard, 1991:67-68).

Esses processos de explicitação do texto do saber, inerentes à transposição didática, implicam uma descontextualização em face das problemáticas do campo científico. O saber é "desenraizado da rede de problemáticas e problemas que lhe outorgam seu sentido completo" (Chevallard, 1991:71). Sua recontextualização no campo educacional decorre de constrangimentos próprios à cultura escolar e, segundo Chevallard, gera saberes originais que precisam da interlocução com o saber acadêmico, através de análise epistemológica, para poderem ser desvelados.

A reelaboração de saberes resulta, também, daquilo que Chevallard chama de necessidade de compatibilização dos saberes, tanto com os saberes acadêmicos quanto com as demandas da sociedade em geral. Os saberes "envelhecem", se gastam, porque se distanciam sobremaneira dos novos saberes produzidos no campo acadêmico – "desgaste biológico"; ou porque "não passam mais" –, os alunos não se interessam, apresentam dificuldades de aprendizagem, ou porque não atendem a novos pactos de poder instituídos, ou já são de pleno domínio do senso comum, perdendo legitimidade para o ensino escolar – "desgaste moral". Para restabelecer sua legitimidade, um novo fluxo de saber acadêmico se impõe e a dinâmica da transposição didática se restabelece para reelaborar novos saberes a ensinar e ensinados (p.29-33).

O conceito de transposição didática tem recebido muitas críticas, entre elas, a de que o termo nega o que se propõe a explicar: se os saberes são distintos, se o conceito propõe denunciar uma ruptura, o termo transposição parece indicar uma mudança de lugar sem mudança conceitual. Outro termo poderia expressar melhor o processo?

Outra restrição é a de que o autor, talvez por operar no campo da Matemática, que constitui um corpo de conhecimentos muito bem delimitados e sistematizados, refere-se exclusivamente ao saber acadêmico como única referência para a elaboração do saber ensinado. Ao tratar da compatibilidade desse saber com o entorno do processo de desgaste ou envelhecimento, o autor situa a origem do problema na relação com o contexto acadêmico e/ou com a sociedade. Mas para atualizar o saber escolar, a fonte por ele apresentada é sempre o saber acadêmico, que vai possibilitar uma nova transposição didática e uma nova reelaboração, cuja fonte de origem é o saber acadêmico (29-33).

Chevallard não considera em sua análise, de forma explícita, a dimensão educativa que, em minha perspectiva, é um elemento epistemológico estruturante, fundamental para que se possa compreender o processo de constituição do saber escolar. O contexto sociopolítico cultural configura um quadro dentro do qual opções são realizadas para a constituição dos saberes a ensinar e ensinado e, também, inclusive para a definição e orientação das diferentes linhas de pesquisas que dão origem ao saber acadêmico. Ao se referir às demandas do entorno ou ao desgaste do saber ensinado em face das inovações, mudanças e demandas sociais, ele nos remete ao saber acadêmico para corrigi-las e atualizá-lo. Percebe-se um posicionamento que busca manter a análise e seus referenciais dentro de um enquadramento científico e que encontra dificuldades para reconhecer o enraizamento sociopolítico-cultural da construção dos saberes acadêmico e escolar.

Conforme Forquin (2000), a proposta de Chevallard parece estar sintonizada com aquelas que se desenvolveram na França no início dos anos oitenta e que realizam uma "apologética neorrepublicana da escola", apresentando um discurso reativo aos efeitos das reformas educacionais. Os autores daquele grupo denunciavam o espírito das reformas que teriam se apoderado do sistema educativo desde os anos cinquenta e que, sob o manto de modernização e da democratização, mas com uma concepção utópica e demagógica, teriam sido responsáveis pelo desmoronamento dos níveis de exigência, pela desvalorização das disciplinas intelectualmente formadoras e pelo esquecimento da missão essencial da escola – a de transmitir às jovens gerações os conhecimentos e as competências culturais mais fundamentais" (Forquin, 2001:103).

Diferentemente dos sociólogos radicais da teoria da reprodução, para quem a cultura é inseparável dos processos de dominação e de distinção que estruturam as relações sociais, para os neorrepublicanos, *a noção de cultura "constitui um campo autônomo e que se poderia dizer 'interiormente normativo', pautado por critérios internos de validade ou pertinência, que transcendem as circunstâncias históricas e as clivagens sociais"* (grifo adicionado). A concepção de cultura é, para Forquin, um aspecto fundamental de distinção entre os dois grupos. Para os reformistas, é muito difícil pensar o ensino em sua dimensão normativa, de levar a sério a necessidade de uma justificação forte do ato de ensinar e da coisa ensinada; para o outro grupo, dos neorrepublicanos, a dificuldade consiste em levar em conta os determinantes culturais profundos das desigualdades sociais em matéria de escolarização" (Forquin, 2001:105-106).

A proximidade ou sintonia com os "neo-republicanos", conforme exposto por Forquin, pode ser percebida, também, na forma como Chevallard desenvolve seu raciocínio, identificando saberes criados, que ele denomina saberes "a ensinar", "ensinado" e "aprendido", e não "saber escolar", pautando-se sempre na referência acadêmica pela qual o saber a ensinar e o saber ensinado mantêm uma relação de ascendência.

Ele opera, em seu raciocínio, dentro de uma dinâmica interna ao campo da escola e que está *"pautado por critérios internos de validade ou pertinência, que transcendem as circunstâncias históricas e as clivagens sociais."* É possível perceber em Chevallard, também, um esforço racionalista que busca dar conta de processos que se desenvolvem numa realidade complexa como é a da escola, buscando eliminar elementos díspares para compor um processo que é linear e verticalizante. Quando ele considera os saberes sociais e aqueles dos alunos, é para apontar um envelhecimento ou desgaste que precisa ser "corrigido", "reparado" a partir de uma nova transposição didática. Nesse sentido, essas expressões parecem indicar que o diálogo com outros saberes que não o acadêmico é visto de forma negativa.*

Traduzindo essa concepção, Audigier (1988) afirma: "os saberes acadêmicos são anteriores aos saberes ensinados, numa anterioridade temporal tão simplesmente porque eles foram elaborados antes, muito antes, e uma anterioridade moral, porque eles legitimam, inspiram os saberes ensinados que se propõem a expressar a verdade, eliminando o erro" (1988:57). Esta visão de Audigier, no entanto, que confirma o entendimento de Chevallard sobre a anterioridade do saber acadêmico, não é consensual, como veremos mais adiante.

Apesar dessas observações e reparos, me parece que a contribuição de Chevallard tem um potencial instigante que, aliado a contribuições de outros autores, pode fornecer um instrumental para a melhor compreensão dos processos de ensino, considerando as especificidades das diferentes disciplinas. O principal deles é a identificação das mudanças conceituais efetuadas durante o processo de transposição didática a partir das necessidades da "razão didática", ou seja, a lógica que exige que o saber ensinado, além do fato de atender a uma razão sociológica (demandas políticas e culturais), precisa ser possível de ser ensinado.[26]

As observações quanto à dessincretização, programabilidade, despersonalização, publicização e à necessidade de possibilitar um controle social das aprendizagens, na verdade primeiramente identificadas por Verret e reafirmadas por Chevallard, oferecem subsídios teóricos para que se tenha instrumentos para reconhecer e analisar o saber escolar, desnaturalizando-o, e considerando a recontextualização efetivada para o ensino.

A aparente contradição percebida no fato de que o autor reconhece a especificidade e distinção do saber a ensinar e ensinado em face do saber acadêmico, mas ao mesmo tempo utiliza suas referências (do saber acadêmico) para entender os mecanismos e interesses envolvidos na elaboração do saber escolar, na verdade, em meu entender, representa uma contribuição fundamental de sua teoria, pois oferece os meios que possibilitam efetuar a análise referenciada no saber que,

---

* As afirmativas de Forquin deixam transparecer a concepção "universalista" que orienta sua produção. O embate entre a concepção universalista e aquela orientada pela perspectiva multicultural tem envolvido pesquisadores e educadores nos últimos anos, ampliando as possibilidades para a compreensão da complexidade dos processos educacionais.

em última instância, está ali para ser tornado público. Essa perspectiva permite evitar uma prática, infelizmente ainda muito comum no campo educacional, na qual vemos análises dos processos de ensino muito generalizantes, baseadas em perspectiva sociológica esvaziada das referências epistemológicas.

Para ser aproveitada em minha pesquisa, no entanto, sua contribuição precisa ser complementada e revista de forma que a relação hierarquizada com o saber acadêmico venha a ser relativizada, abrindo espaço para a compreensão do papel da dimensão educativa em sua estruturação.

No ensino de História, que nos interessa de perto, é muito difícil ou impossível restringir as referências do saber ensinado apenas ao saber acadêmico. Develay (1992), por exemplo, traz para a análise o conceito de prática social de referência, originalmente formulado por Martinand (1986), que se refere

> "a atividades sociais diversas (atividades de pesquisa, de produção, de engenharia, domésticas e culturais) que podem servir de referência às atividades escolares e a partir das quais se pode examinar, no interior de uma disciplina dada, o objeto de trabalho, ou seja, o domínio empírico que constitui a base de experiência real ou simbólica sobre a qual irá se basear o ensino" (Develay, 1992:22-23).[27]

Para Develay, "o saber a ensinar, na maior parte das disciplinas, tem como ascendentes os saberes acadêmicos e as práticas sociais de referência, práticas sociais essas que podem estabelecer ou não relações com os saberes acadêmicos – dos quais elas constituem, muitas vezes uma aplicação" (1993:24).

Develay propõe uma representação dos fluxos das referências durante a transposição didática que reproduzimos aqui, por considerá-la bastante elucidativa (1993:25):

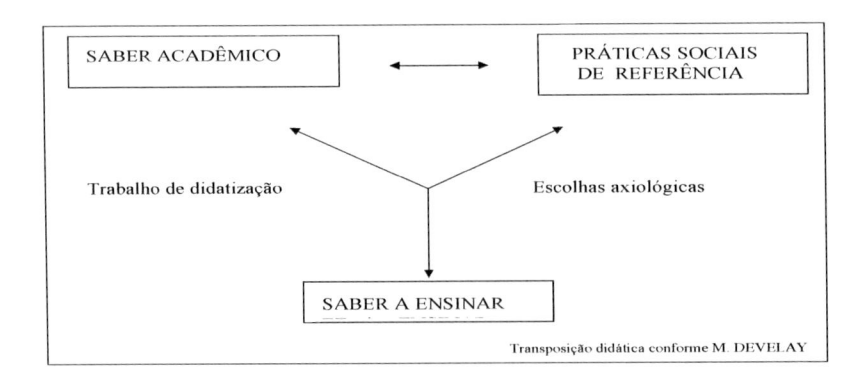

```
  ┌─────────────────────┐         ┌─────────────────────┐
  │  SABER ACADÊMICO    │ ◄─────► │  PRÁTICAS SOCIAIS   │
  │                     │         │    DE REFERÊNCIA    │
  └─────────────────────┘         └─────────────────────┘
             ↘                               ↙
  Trabalho de didatização          Escolhas axiológicas
                       ↓
             ┌─────────────────────┐
             │   SABER A ENSINAR   │
             └─────────────────────┘
                       Transposição didática conforme M. DEVELAY
```

Develay amplia e flexibiliza a operação de transposição ao incluir as práticas sociais de referência e ao considerar, inclusive, que o movimento não é apenas descendente, do saber acadêmico para o saber a ensinar. O movimento pode ser ascendente, como é o caso, por exemplo, da gramática, criação da escola francesa para o ensino da ortografia, na primeira metade do século XIX, e que só posteriormente passou a ser objeto de saber acadêmico (Chervel, 1991). As práticas sociais podem, por sua vez, também influir na formulação de saberes acadêmicos.

Tendo por base essas considerações, acredito que uma alternativa para superar a insuficiência do conceito de transposição didática, inclusive no que diz respeito à sua própria denominação, pode ser a utilização do conceito de mediação didática, conforme proposto por Lopes, que afirma:

> "Prefiro referir-me a um processo de **mediação didática**, todavia não no sentido genérico conferido à mediação: ação de relacionar duas ou mais coisas, de servir de intermediário ou ponte, de permitir a passagem de uma coisa a outra. Utilizo o termo "mediação" em seu sentido dialético: um processo de constituição de uma realidade através de mediações contraditórias, de relações complexas, não imediatas, com um profundo senso de dialogia" (Lopes, 1997:106).

Ao analisar o processo de transposição didática, Chevallard afirma que o trabalho de didatização implica naturalizar, despersonalizar, dessincretizar, programar, tornar públicos e controlar os saberes ensinados. Pode parecer que aqui, também, o autor, ao fazer estas afirmações, considera essas transformações negativas, depreciativas, e não traços característicos de formulação de um outro saber que é o escolar. Num capítulo intitulado "É boa ou má a transposição didática?" (51-55), ele discute essa questão, lembrando que essa perspectiva pode, num primeiro momento, despertar uma visão crítica e pessimista, tanto por parte dos acadêmicos quanto dos professores, tendendo a considerar a transposição didática como um processo que dá origem a algo que é ruim, distorcido, sendo, no mínimo, um mal necessário.

Em sua opinião, pode haver boas e más transposições, *mas esse fato não deve impedir o avanço teórico que este conceito viabiliza*. Nesse sentido, ele propõe um esforço de pesquisa que possibilite, por um lado, investigar a gênese sócio-histórica do saber designado para ser ensinado; e, por outro lado, a investigação sobre a especificidade do projeto de construção didática dos saberes, considerando sua heterogeneidade em relação às práticas acadêmicas. Essas pesquisas, ao tornar esse campo melhor conhecido, criarão condições para o avanço na direção do encontro de alternativas e soluções bem-sucedidas e que poderão compor um repertório para subsidiar o trabalho dos professores. Ele afirma que essa perspectiva traduz, de sua parte, um "otimismo moderado" (p.55).[28]

Develay apresenta uma proposta alternativa que eu considero bastante interessante, ao afirmar que ele espera, e acredita, que o trabalho de didatização possa ser realizado sem despersonalizar ou dessincretizar, que a sua programação possa ser feita de forma articulada ou em rede, e não linear, conforme certas tradições naturalizadas da cultura escolar; e que o saber ensinado possa ser tornado público, não de forma burocrática e apenas aos professores, mas aos alunos e pais, como instrumento de democratização da escola.

Portanto, Develay também entende que Chevallard identifica deformações no saber ensinado, termo inclusive utilizado por este autor (p.16), mas que ele, Develay, considera que podem ser superadas. Cabe perguntar se essas características são inerentes ao saber ensinado, aspectos constitutivos que podem ser bem ou mal realizados – como afirma Chevallard – ou se precisam ser superadas para se ter um saber ensinado de melhor qualidade, conforme parece ser a visão de Develay.

Além do trabalho de didatização, Develay chama a atenção para o fato de que a transposição didática implica um trabalho de *axiologização*, que expressa os valores escolhidos pelos agentes da transposição, que é mais visível, por exemplo, no ensino da História e da Língua, mas que está presente em todas as disciplinas escolares. Os valores são transmitidos não apenas através dos métodos de ensino (que podem induzir à passividade ou a posturas ativas e críticas), mas também através dos conteúdos selecionados para serem ensinados. Eles estão presentes em forma de "filigrana" nos conteúdos escolares e revelam as escolhas éticas de uma sociedade. "Assim, os saberes escolares remetem a valores que, mesmo implícitos, revelam em última análise as escolhas éticas de uma sociedade. Elas merecem ser investigadas porque permitem revelar, a partir dos conteúdos, a filosofia de educação subjacente" (Develay,1992:26).

Cabe destacar que o processo de axiologização, inerente ao processo de produção dos saberes escolares, ocorre tanto na transposição didática externa quanto na interna, expressando e possibilitando leituras, apropriações e opções dos diferentes atores – agentes da noosfera, professores e alunos. No caso da História, esse processo de axiologização é inerente também ao de produção do saber acadêmico, expressando opções e afinidades dos pesquisadores. A axiologização representa a opção feita no que tange à dimensão educativa, podendo expressar-se através da seleção cultural – ênfases – omissões – negações, através de aspectos inerentes ao chamado currículo oculto e também às formas como os professores mobilizam os saberes que ensinam.

Esse aspecto, que remete ao entendimento desse autor sobre a autonomia relativa dos professores no momento da transposição didática interna, nos permite destacar outra contribuição importante de sua proposta teórica: ela cria instrumentos para se considerar a questão da autoria dos docentes no seu fazer, evitando uma supervalorização romântica de sua atuação.

Didatização e axiologização são, portanto, dois conceitos que, articulados, permitem trazer a discussão da transposição didática para o campo da teoria educacional crítica e pós-crítica, através da análise epistemológica.

Conforme nos diz Lopes,

> "não podemos nos furtar a discutir o que é fundamental ser ensinado na escola. Não podemos negar o papel preponderante da escola como socializadora de saberes, nem a importância de combatermos tendências relativistas que se negam a admitir alguns saberes como mais fundamentais do que outros, em função do desenvolvimento histórico do conhecimento e em função do modelo de sociedade que desejamos... Mas o papel da epistemologia não se resume à discussão da validade epistemológica dos saberes, mas na possibilidade de introduzir uma nova forma de compreender e questionar o conhecimento, internamente, na sua própria forma de se constituir. Assim a epistemologia contribui diretamente para a definição dos diferentes saberes sociais e de suas relações. Ao questionarmos a razão instrumental, os conhecimentos absolutizados, a unidade e universalidade da razão, não devemos desmerecer a razão, a epistemologia, a relação dialética entre objetividade e subjetividade" (Lopes, (1999:166-167).

Conhecimento historiográfico e saber escolar*

Nesta pesquisa que focaliza os saberes de professores de História na mobilização dos saberes que ensinam, torna-se necessário discutir aspectos específicos relacionados ao conhecimento historiográfico.

---

* A discussão desenvolvida nesta seção foi, em parte, apresentada no artigo de minha autoria "Ensino de História e História Cultural: diálogos possíveis". In: Sochet, R; Bicalho, M.F.B.; Gouvêa, M. de F.S. (orgs.). *Culturas Políticas. Ensaios de História Cultural, História Política e Ensino de História*. Rio de Janeiro: Mauad Editora, 2005, p. 433-452.

Magistra vitae – mestra da vida; estudo do passado humano; narrativa dos fatos "reais" passados, reconstituídos a partir de diferentes tipos de fontes; processo inexorável que conduz ao progresso; constituinte da identidade nacional; instrumento de análise e compreensão da vida social; a História tem sido entendida, estudada e ensinada em diferentes significados e objetivos. A própria concepção de História tem uma história.

A palavra história exprime, pelo menos, três significados diferentes:

1) investigação das ações realizadas pelos homens, que se esforça por se constituir em conhecimento, a ciência histórica;

2) o objeto desta investigação, as ações humanas em sua prática social; o que os homens realizaram e realizam;

3) narrativa com base ficcional (*story*).[29]

Os dois primeiros significados são, ainda, muitas vezes confundidos, inclusive por professores que apresentam os conteúdos ensinados como expressão daquilo que verdadeiramente aconteceu. O questionamento da positividade dos fatos e as reflexões sobre o caráter construído do objeto de estudo dos historiadores, questões que têm ocupado amplo espaço nos debates historiográficos mais recentes, parecem ainda passar longe de muitas salas de aula. Reconhecer esta distinção é importante, em nosso entender, pois possibilita um primeiro avanço no sentido do domínio dos saberes que se estudam e/ou se pesquisam e que são objeto de ensino.

Outra distinção que importa destacar, e que constitui um quarto significado, é aquela que pode ser estabelecida entre a História "sábia", acadêmica, saber de referência científica, dos pesquisadores e a História como disciplina escolar, a História ensinada. O reconhecimento desta distinção é feito aqui tendo por base as proposições sobre o saber escolar que discutimos na primeira parte deste capítulo e que assume, portanto, o entendimento de que a História acadêmica e a escolar mantêm relações complexas entre si para legitimação e atualização.

Concordamos, assim, com Allieu (1995), quando afirma que

> "qualquer abordagem da História que separe a análise da disciplina escolar daquela da disciplina de referência é artificial e mutilante. Artificial porque suas gêneses se entrecruzam. A segunda metade do século XIX viu nascer uma disciplina que se constituiu ao mesmo tempo em ciência e como objeto ensinável e, também, objeto a ensinar... Mutilante porque História de referência e História escolar fazem parte de um sistema produzido pelos homens de uma mesma época. Dissociá-los nos parece a-histórico" (Allieu,1995:124).

O conhecimento histórico, desde suas origens, esteve relacionado à memória – "a memória, onde cresce a história, que por sua vez a alimenta, procura salvar o passado para servir ao presente e ao futuro" (Le Goff,1996:477). Assim, a dimensão pedagógica, imbricada na constituição da memória coletiva, situa-se na tensão entre história/ação, prática social – *res gestae* e História/narração das ações realizadas, conhecimento – *historia rerum gestarum*, expressando-se de forma própria em diferentes contextos.

Essa "vocação pedagógica", questionada por aqueles que têm buscado desenvolver procedimentos de investigação orientados por parâmetros científicos, é resgatada, enfatizada, superada ou recontextualizada na constituição da disciplina escolar? Como identificar características do conhecimento acadêmico de referência no conhecimento escolar?

Como já afirmamos em outro momento desse texto, o conhecimento escolar é uma construção histórica operada em sociedades do mundo ocidental, nos tempos modernos, para atender necessidades decorrentes da organização dos sistemas escolares, e que se constitui a partir de opções realizadas sobre o que é necessário ensinar às crianças e jovens, expressando interesses, valores e relações de poder. Saberes são afirmados, outros são negados ou escamoteados, na constituição do conhecimento escolar que tem, geralmente, sido expresso sob a forma das disciplinas escolares.[30]

O conhecimento escolar é, portanto, organizado de acordo com lógica própria, educacional e escolar, e que atende a interesses e objetivos da sociedade onde essa atividade de ensino se realiza. As disciplinas são parte integrante e fundamental do processo de educação realizado nas escolas que, como instituição,

> "é, em cada época, tributária de um complexo de objetivos que se entrelaçam e se combinam numa delicada arquitetura pela qual alguns tentaram fazer um modelo. É aqui que intervém a oposição entre educação e instrução. O conjunto dessas finalidades consigna à escola sua função educativa. Somente uma parte delas obriga a escola a dar uma instrução. Mas essa instrução está inteiramente integrada ao esquema educacional que governa o sistema escolar, ou o ramo estudado. As disciplinas escolares estão no centro desse dispositivo. Sua função consiste, em cada caso, em colocar um conteúdo de instrução a serviço de uma finalidade educativa" (Chervel: 1990:188).[31]

E quanto à História escolar? Reconhecer sua especificidade significa resgatar/ afirmar a dimensão pedagógica presente nas primeiras versões do conhecimento histórico, abandonando-se os resultados dos avanços da historiografia e voltando-

-se a trabalhar com perspectiva da história *"magistra vitae"*? Ou seria procurar entender como a dimensão educativa se define e se apresenta, articulando as características e demandas oriundas de novos contextos socioculturais e as novas contribuições teórico-metodológicas do conhecimento histórico?

Essa questão, de grande complexidade, implica considerar as transformações operadas no conceito de História no ocidente, levando em conta as questões da relação do conhecimento histórico com a realidade, com a verdade e com sua forma de expressão, sua escrita.

Oriunda do grego antigo, *histor* – aquele que vê, no sentido de testemunha, *historie* significa procurar. Foi esse o sentido usado por Heródoto em suas histórias, que são investigações, procuras. Como afirma Le Goff, "ver, logo saber, é um primeiro problema" (Le Goff,1996:17).

Esse significado foi, posteriormente, ampliado. A expressão "História – *magistra vitae*", criada por Cícero na Roma Antiga, expressava a concepção de história (hegemônica por mais de mil anos) como uma narrativa do que aconteceu, resultado de uma seleção dos acontecimentos exemplares. Coletânea de *exempla*, tinha por objetivo formar o cidadão, esclarecer o homem político, mas também servia para a instrução do homem comum. História filosófica, de cunho moral, era como que um espelho no qual cada um poderia observar-se para agir e tornar-se melhor. "Narrativa das inconstâncias da sorte, ela deve ajudar a suportar as viradas da sorte, e propõe exemplos a imitar ou a evitar" (Hartog, 1998:197-198).

Nesse regime de historicidade, sua escrita se realiza sob a forma narrativa. A História pertence claramente ao campo da retórica, é obra de oratória por excelência e que não dispensa o compromisso com a verdade. A História é *lux veritatis* (luz de verdade) que tem como fonte e finalidade a realidade.

O historiador era aquele que se dedicava a esse ofício e conseguia escolher os exemplos adequados às necessidades de seu tempo e de seu "príncipe"*. A qualidade do seu trabalho de historiador dependia do seu domínio da arte da exposição para compor a *historia rerum gestarum*.

Uma profunda mudança só veio a ocorrer durante o século XVIII, principalmente a partir dos processos revolucionários que geraram uma percepção de ruptura em relação ao passado, com a definição de um novo "horizonte de expectativas".[32]

O estudo realizado por Koselleck (1985) sobre a constituição do conceito moderno de História no contexto europeu do século XVIII oferece uma contribuição

---

* A expressão "príncipe" refere-se à autoridade, àquele que exerce o poder.

significativa, ao investigar a gênese e formação da concepção de história como um "singular coletivo". Este processo pode ser percebido, entre outros exemplos, na forma como a palavra *Historie,* que expressava o conceito de história e que significava "narrativa daquilo que aconteceu", *historia rerum gestarum*, foi sendo substituída por *Geschichte,* palavra do idioma alemão e que passou a significar "acontecimento, resultado de acontecimentos", acontecimento e sua representação.

Historie expressava a concepção clássica de história, um conceito plural, e pela qual o passado compreendia um conjunto de histórias e não uma história una como começamos a ter a partir do século XIX. Ao considerar o passado um repositório de histórias variadas, relatos que recolhiam a memória dos feitos notáveis, extraordinários e que serviam de modelos num sentido pedagógico e ético para orientar procedimentos e condutas, reconhecia-se, implicitamente, uma continuidade temporal e cultural – um "espaço de experiências" contínuo (Koselleck, 1985:22) que possibilitava esse caráter instrutivo em relação ao futuro.

Como *Geschichte*, desfez-se o velho *tópo*s das lições da história. O passado, considerado superado, era substituído por um devir, "singular coletivo, temporalizado e imanente, racional e universal, dotado de uma dinâmica própria e em processo de constante aceleração" (Koselleck, 1985), expressão do progresso humano identificado ao processo histórico. Ação e seu conhecimento se confundem. A vivência da História é autoinstrutiva. Viver é conhecer. Conhecer o processo histórico, para vivê-lo e redirecioná-lo, é pedagógico. [33]

"A lógica do progresso é quem determina que o exemplar dê lugar ao único" (Hartog, 1998:199). A divisão *res gestae/ historia rerum gestarum* não é mais pertinente, deixa de ser operatória. Deixou de existir o dispositivo que determinava que houvesse, de um lado, os acontecimentos, os gestos e, de outro lado, sua apresentação, sua exposição, sua narração, que deles fazia sua historiografia.

A História fala e fala por si mesma. O bom historiador se apaga diante dela, deixa-a falar, simplesmente. A História é épica, tem em si mesma seu começo e seu fim, seu *telos* próprio. A narrativa histórica é a própria História e, portanto, a expressão da verdade (e da realidade).

Segundo Falcon (1997), esta concepção, que expressa a visão romântica da História que começou a definir a disciplina a partir do século XIX, se organizou a partir de um repúdio à História filosófica e a iniciativas que a considerassem ou aproximassem da ficção e/ou da literatura. Ela deu origem a uma forma de conhecimento histórico que, oposta ao universalismo e naturalismo iluministas, buscava encontrar uma maneira de totalizar que preservasse a singularidade dos fatos. A partir do estudo e articulação de casos particulares, defendia a individualidade histórica irredutível dos povos, nações ou do próprio indivíduo. "... É no particular que se manifesta a presença do universal, é na diferença, e não em princípios universais, que a história se concretiza. Enfim, história é vida, e esta é variedade e diferença" (Falcon, 1997:99).[34]

No campo do conhecimento histórico, o romantismo encontrou sua melhor expressão na chamada "escola histórica alemã", de Humboldt, Niebuhr e Ranke, em que ela se configura como disciplina científica, pretendendo ser objetiva, positiva, limitando suas ambições, contentando-se em dizer como as coisas aconteceram. Para isso, era preciso e suficiente frequentar os arquivos, uma vez que se reconheciam nos documentos escritos os repositórios e expressões daquilo que verdadeiramente aconteceu. Esse entendimento permitia que, após procedimentos de crítica que confirmassem a autenticidade, integridade e correção dos documentos, se escrevesse a História, relato fiel a expressar a História vivida, a verdade – Geschichte.[35]

Os fatos, estabelecidos a partir da crítica e da análise documental, precisariam ser articulados, mas com o cuidado de preservar a sua singularidade. "Procura-se, sim, totalizar de alguma forma aquele saber concreto, particular, autêntico e irrepetível sobre o qual os antiquários haviam se debruçado" (Benzaquém, op.cit., 241). Essa articulação é realizada através do texto narrativo, que produz uma totalidade que não tem nada a ver com a totalidade científica físico-matemática, que busca um fundamento último das várias realidade empíricas. Ao contrário, a dimensão literária assume um papel fundamental na elaboração do conhecimento dentro desta concepção, em que a narratividade se revela a forma capaz de expressar em texto a dinâmica da história vivida, "a exposição daquilo que realmente aconteceu" (Ranke) e cuja elaboração é a tarefa do historiador que deve intuir a ideia de cada época. "Aparência e essência não existem separadas – cabe ao historiador apreendê-las enquanto ideia nos próprios eventos, utilizando-se do intelecto e da imaginação criadora, com base na sua experiência e na investigação do real" (Falcon, 1997:100).[36]

Essa concepção traz implícito, portanto, um paradoxo epistemológico. De acordo com Falcon (1997:99), essa escola "traduz a articulação, em termos de coexistência e conflito, entre a especulação filosófica e as exigências eruditas da crítica documental, objetivando a verdade histórica." Ao mesmo tempo que se afirma a História como ciência, afastando-a da literatura e da ficção, trabalha-se com um paradigma que se baseia na ideia de singularidade dos fatos, fatos estes que precisam ser articulados para compor uma totalidade, expressão do singular coletivo, da ideia daquela época – Geschichte, num movimento que acaba por atribuir uma dimensão literária ao texto historiográfico. Essa operação foi tão bem realizada que até hoje leva muitos a definir a História produzida dentro da concepção moderna, expressa na escola metódica alemã, como "positivista", silenciando sobre a essência de sua interpretação historicista (Falcon, 1997:99-100).

Podemos ver, portanto, que a escrita da História, dentro dessa perspectiva, envolve aspectos bastante complexos, embora pareça, na superfície, bastante simples. Ela se expressa também sob a forma narrativa, a mais "adequada" para traduzir a evolução do processo histórico com a apresentação dos fatos na ordem em que aconteceram: a história que fala por si mesma.

A ocultação do narrador foi o recurso literário utilizado para reforçar a ideia de que a narrativa é a própria expressão dos fatos. Ao ocultar a autoria, reforçava a ideia de objetividade. É como se o narrador fosse uma testemunha e não estivesse operando a partir de testemunhos, ganhando, com isso, enorme autoridade. Era a voz dos fatos, da verdade, portanto. A narrativa surgia, assim, como a forma "natural" de expressão da História (Benzaquém, 1998: 250).

Essa concepção de História levou muitos a generalizar e a associar narratividade e cronologia. Os narrativistas ingleses – Arthur Danto, William Dray, por exemplo – acham que História é sempre narrativa e narrativa cronológica produzida a partir de um entendimento de que o que vem antes explica o que vem depois (Benzaquen, 1998: 242-243).[37]

No entanto, de acordo com Benzaquen, para a melhor compreensão da concepção moderna de História, é preciso refinar a análise e substituir a cronologia pela ideia de enredo como elemento articulador. Assim, os fatos são articulados numa sequência que pode ser linear (cronológica) ou apresentar desvios, reviravoltas ou interrupções, mas que caminha na direção de uma conclusão significativa, um desfecho que, na verdade, já está presente desde o início e ao longo do texto produzido. Na narrativa construída nada ocorre por acaso, tudo que acontece tem algum sentido. "O que essa concepção moderna acaba demonstrando pelo recurso à narrativa, é que, também aqui na superfície, podemos encontrar uma imagem perfeitamente articulada, estável e consistente do mundo" (Benzaquen, 1998: 243-249).

Numa operação cultural bastante complexa, a dimensão pedagógica, antes apresentada através dos exemplos do passado, passava a ficar instituída no próprio processo histórico que se fundia com sua expressão textual cujo narrador, na maioria das vezes oculto, produzia um relato que revelava um sentido, numa perspectiva teleológica. Mas, na verdade, era o resultado da elaboração do historiador, naquilo que Falcon chama de paradoxo epistemológico (e que nos permite melhor entender o caráter historicista desta concepção).

A narrativa, tão bem elaborada, como forma de expressão da explicação histórica levou muitos a associarem narratividade com cronologia, em que a sucessão temporal expressava a causalidade, numa análise superficial que deixava de considerar as características da construção do texto narrativo.

Esta concepção, por paradoxal que seja, é um desdobramento do paradigma iluminista, que orienta a elaboração de uma História científica e racional, capaz de explicar uma realidade social global, e distinto do paradigma pós-moderno, cético em relação a explicações globalizantes e realistas, buscando trabalhar com as representações, com o predomínio do processo hermenêutico de interpretação (Cardoso, 1997).

Ela é aqui analisada com mais atenção porque, de certa forma, ainda continua fundamental no campo. Embora não seja mais a única referência, ou mesmo a referência dominante, continua sendo utilizada inclusive para ser negada, repudiada ou para se ir além. No ensino, ainda é uma referência importante que podemos perceber na dificuldade dos professores em trabalhar com a História temática em detrimento da História linear, cronológica.

No século XX, a partir dos anos trinta, os historiadores dos Annales começaram a trabalhar com uma nova perspectiva, que reconhecia a necessidade da formulação de questões para orientar a pesquisa documental. Da história-narração passou-se à história-problema, que se instituiu como um novo paradigma (Burke, 1992) – ou como um desdobramento do paradigma iluminista, como afirma Cardoso (1997).

O que importa destacar é que a subjetividade do historiador passou a ser reconhecida na produção do conhecimento histórico, produção esta que buscava a elaboração de uma síntese global do social, capaz de articular diferentes dimensões e temporalidades a partir da problematização formulada pelo historiador. Uma renovação metodológica foi exigida a partir do reconhecimento da multiplicidade de fontes históricas e da necessidade de ampliar as trocas com as outras ciências humanas, para dar conta da complexidade da vida social.

Cabia superar a história-narrativa, a *histoire événementielle*, vista como aquela que põe em primeiro plano os indivíduos e os acontecimentos. O social substitui o individual, o tempo das conjunturas e estruturas substitui o tempo curto do acontecimento com suas sucessões no fio da cronologia. No lugar da história política, a história de todas as atividades humanas, a busca de uma história total.[38]

A negação da narratividade, vista como sinônimo de relato de acontecimentos numa sequência temporal, era uma forma de expressar a crítica à concepção moderna, no entendimento de que, nesta, a cronologia era o elemento articulador. No seu entender, este recurso naturalizava a explicação e negava o papel do historiador e seus problemas na produção do conhecimento. Como diz Hartog, renunciava-se à narrativa, sem colocar a questão da narrativa enquanto tal. Barthes (1967) anunciava que a História buscava, a partir de então, muito mais o inteligível do que o real.

A relação história-conhecimento/passado/verdade/escrita continuava posta, mas de outra forma. Mudava a relação da narrativa com o passado "real", que deixava de ser uma fonte de exemplos ou que nela encontrava sua própria expressão. Agora busca-se explicá-lo a partir de questões, problemas postos pelo historiador, a quem cabe localizar e interrogar as fontes de forma adequada, procedimento este que revela sua maior ou menor competência no ofício.

O conhecimento histórico produzido a partir deste paradigma pode ser visto, por exemplo, na obra de Braudel sobre o Mediterrâneo (1949), em que encontramos um texto no qual o autor conjuga estruturas, ciclos e acontecimentos, compondo um enredo que, numa nova concepção, rejeita o acontecimento isolado e o transforma, inserindo-o em contextos que permitem a atribuição de novos significados.

Como afirma Hartog (1998:201), a crítica feita era à narrativa que articulava cronologicamente, linearmente, acontecimentos, e não à narrativa como forma de expressão, ou de escrita da História, e que pode ser estruturada articulando as temporalidades de formas diferentes, como o fez Braudel, por exemplo.

Os historiadores dos Annales buscavam a cientificidade mais do que uma pedagogia. Se algum resquício da dimensão pedagógica pode ser encontrada, nesta concepção, ele estaria presente na própria estrutura do trabalho do historiador que, com uma postura eticamente fundamentada, formula os problemas relevantes e que possam contribuir para a melhor compreensão da dinâmica das sociedades, assumindo a pesquisa uma vinculação com as preocupações e responsabilidades do presente.

Essa breve análise de algumas concepções de História foi aqui apresentada com o objetivo de destacar três aspectos que me interessam mais de perto numa pesquisa voltada para a análise da História escolar, e que estão envolvidos nas questões da dimensão pedagógica, da verdade e da narrativa. Esta última, principalmente, me interessa na medida em que considero que é uma forma de estruturação do discurso historiográfico fundamental, muito utilizada no ensino escolar e pouco (re)conhecida (vista até com muito preconceito) pelos professores.

Essa questão será retomada mais adiante, quando da análise das formas como os professores de História mobilizam os saberes que ensinam, porque entendo que o conceito de narrativa pode contribuir para a compreensão dos processos desenvolvidos no ensino da disciplina escolar. Nesta atividade, os professores elaboram narrativas expressas no discurso oral, ou no conjunto das propostas de atividades a serem realizadas pelos alunos, narrativas essas que configuram, através dos conteúdos selecionados e das explicações apresentadas, o resultado de um processo de didatização e de axiologização inerentes ao trabalho educativo, partes integrantes e fundamentais do processo de constituição do saber escolar. No momento, queremos apenas situar o problema no âmbito do saber acadêmico, procedimento que se faz necessário para a realização de análise referenciada ao conceito de transposição didática e considerando que sua dinâmica produz repercussões na constituição do saber escolar.

A História como saber escolar

A possibilidade de utilização dos conceitos de saber escolar e de transposição didática no campo da História precisa ser discutida de forma a considerar problemas e características específicos aos processos de sua constituição, e que envolve aspectos distintos daqueles relacionados à Matemática, objeto de estudo de Chevallard. É importante avaliar possibilidades e limites dos conceitos quando eles são transplantados do seu contexto de produção original e utilizados como instrumentos de inteligibilidade em diferentes campos disciplinares.[39]

Esse trabalho tem sido realizado por alguns autores franceses que pesquisam a didática da História e que têm procurado incorporar e avaliar a potencialidade teórica das proposições de Chevallard.[40]

Entre eles, Moniot (1993) faz algumas ponderações importantes ao discutir e contextualizar a transposição didática no processo de elaboração da História em sua versão escolar. Inicialmente, ele concorda com Chevallard sobre a anterioridade do saber acadêmico em relação ao saber escolar, ao lembrar que, por exemplo, na França, a História dos historiadores precede a História escolar, constituída num processo que se desenvolveu ao longo do século XIX (Furet,1978). Mas, por outro lado, ele destaca, a História escolar também fez a fortuna da História universitária, havendo uma conivência entre uma e outra, de forma que até hoje uma legitima a outra.

> "Não há dúvida que, no século XX, a história escolar tem características próprias, numa configuração com sua força instalada. Se, por um lado, ela depende moralmente da história acadêmica, ela produz, para esta, uma reverência e uma segurança pública, pela cultura e pelos

sentimentos que ela destila: de fato, há uma troca de legitimações reais entre duas entidades específicas" (Moniot,1993:26).[41]

No Brasil, podemos dizer que um processo semelhante ocorreu. A constituição de uma História do Brasil pautada em princípios definidos com base em metodologia científica se deu em meados do século XIX, no contexto de uma instituição acadêmica que era o Instituto Histórico e Geográfico Brasileiro (Guimarães, 1988). A elaboração da História Geral do Brasil em 1854, por Francisco Adolfo de Varnhagen, constituiu a primeira versão que atendia aos princípios de uma História "científica" escrita a partir de documentos e que serviu de base para a elaboração de livros didáticos, entre eles aquele intitulado *Brasil em Lições*, de Joaquim Manuel de Macedo, usado durante décadas no Colégio Pedro II e servindo de referência para a História do Brasil ensinada em todo o país (Bittencourt,1993; Mattos, 2000).[42]

Já a diferença entre o saber acadêmico e o saber escolar em História constitui, para Moniot, um "segredo de polichinelo". A História, diferentemente das matemáticas, que possuem uma definição acadêmica muito clara, apresenta diferentes perspectivas de inteligibilidade – História positivista, dos Annales, marxista e das análises macroeconômicas, Nova História, e de composições, que se complementam frequentemente, a partir de diferentes formas de definição e de organização dos eixos de análise: temática – História política, História social, História econômica, História cultural; Geopolítica (História do Brasil, História da América, História da Europa, História do Extremo Oriente etc.), cronológica (Antiguidade, Idade Média, Idade Moderna, Idade Contemporânea, Tempo Presente etc.) ou espacial (global, nacional e regional).

Essa característica suscita, de imediato, uma questão de alguma complexidade: qual História utilizar como referência acadêmica para se contrastar com o saber a ensinar?

Outra questão refere-se ao movimento que articula os saberes e que, para Chevallard, é prioritariamente descendente: do saber acadêmico ao saber escolar. Allieu (1995:152), ao discutir a transposição didática no âmbito da História, questiona essa visão, afirmando que "a relação entre o saber ensinado e as noções correspondentes produzidas na academia é mais ascendente do que descendente: mais do que uma transposição nós preferimos falar de uma interpelação." Citando Audigier, Crémieu, Tutiaux-Guillon (1994:6), ela complementa: "As ciências históricas... são a referência para não dizer o falso."

Essa visão de Allieu redimensiona a relação saber acadêmico/saber escolar e, no meu ponto de vista, contempla de forma mais adequada a especificidade do saber escolar no campo historiográfico. Ao mesmo tempo, ela traz para o centro da discussão a questão da "verdade", que, bastante polêmica, está presente no centro da disputa de paradigmas que se desenvolveu ao longo do século XX entre, de um lado, autores que trabalham dentro do paradigma iluminista ou moderno e, de outro lado, os pós-modernos. Os primeiros buscam escrever uma História científica, racional e que tem por fundamento a existência de uma realidade social, independente do sujeito que conhece, e possível de ser historicamente explicada. Os que operam dentro do paradigma pós-moderno são geralmente céticos em relação a explicações globalizantes e de base realista, tendentes a enfatizar as representações construídas historicamente e através das quais a realidade é dada a ler pelo historiador.

Dentro de cada um destes paradigmas, desenvolveram-se diferentes correntes: evolucionismo, marxismo, weberianismo, Annales, no primeiro; trabalhos orientados pela perspectiva foucaultiana, que redimensiona as noções de poder e as relações que este estabelece com o saber; e aqueles vinculados à virada linguística, em que a primazia é dada ao texto em detrimento do contexto, abrindo espaço para se pensar o discurso histórico desvinculado de sua relação com a realidade histórica (Prost, 1996:284).

Qual posição adotar quanto ao regime de verdade? O estado da arte no campo não permite mais referendar posições baseadas nas certezas científicas do racionalismo. Não há como negar as contribuições de teses que nos alertam para a relatividade de discursos e compreensões. Concordo com Prost quando afirma que

> "*a História diz a verdade, mas suas verdades não são absolutas... são relativas e parciais* (grifo adicionado), e isto por duas razões fundamentais e solidárias. De um lado, os objetos da História estão sempre inseridos em contextos, e tudo que o historiador diz está relacionado a estes contextos. Por outro lado, os objetos em História são sempre construídos a partir de um ponto de vista que é também histórico."

A História é uma ciência hermenêutica (Dilthey) que mais do que explicar, pode compreender. O pesquisador compreende antes e para poder explicar. Ao fazê-lo, ele sempre estará envolvido como pessoa, semelhante àquelas que estuda. Ao estudar o sentimento do medo em sociedades ocidentais modernas, por exemplo, ele sabe, de alguma maneira, o que é o medo porque já o sentiu. Assim, a objetividade considerada como oposição entre sujeito cognoscente e objeto cognicível é impossível na História, como, aliás, nas demais Ciências Humanas. Em seu lugar, como afirma Prost, é melhor falar de distanciamento e busca de imparcialidade, postura intelectual, eticamente comprometida, que deve se desenvolver através do domínio do método de pesquisa e de produção do conhecimento (Prost, 1996: 287-293).

Assim, no ensino de História, trabalhamos com um primeiro estrato constituído pelo consenso sobre fatos estabelecidos, como, por exemplo, a execução de Tiradentes em 21 de abril de 1792, ou a tomada da Bastilha em julho de 1789, fatos estes cuja legitimidade é estabelecida pelas universidades e demais centros de pesquisa. Se a escola é responsável pela veracidade daquilo que ela enuncia, é o saber acadêmico que legitima o saber ensinado.

Mas o problema não acaba aí. O processo é bem mais complexo no ensino da História, que vai além da simples enunciação de fatos estabelecidos. A História escolar, pelas características de sua disciplina de referência, tem, mais do que qualquer outra disciplina, a dimensão axiológica como uma questão central, que se expressa na seleção cultural dos conteúdos a serem ensinados e na forma como eles são apresentados.

Articulados entre si, cronologicamente, a um antes e a um após, e/ou a partir de questões, dão origem a explicações que se configuram narrativas que expressam versões dentro de diferentes perspectivas e que resultam de opções, posicionamentos sobre o que é importante ensinar às novas gerações. Os fatos são inseridos dentro de contextos que lhes dão sentido. O "Brasil" foi "descoberto", "conquistado" ou "inventado"? Tiradentes foi justamente condenado por inconfidência ou é um herói das lutas pela independência do Brasil? A tomada da Bastilha inaugurou um novo tempo de justiça ou de anarquia?

Tanto na história acadêmica quanto em sua versão escolar, a postura ética revela-se um orientador que não pode ser dispensado. Qual historiador poderá afirmar que Güernica foi incendiada pelos republicanos espanhóis? Ou que as câmaras de gás dos campos de concentração nazistas não existiram? Ou negar que a escravidão existiu, estruturou e deixou marcas de violência e discriminação na sociedade brasileira?

Como diz Prost, não são os historiadores e sim os linguistas e estudiosos da semiótica que afirmam que o fato só tem existência linguística, que a História é uma ficção literária. "O consenso efetivo da corporação não se constitui em torno de teses hipercríticas ou niilistas. Ele se estabelece a meio caminho entre a certeza cientificista do começo do século e o relativismo que é de bom tom demonstrar hoje em dia" (Prost, 1996:287).

Quem é responsável por essa atribuição de sentido na História escolar? O professor de História que, para isso, não segue um modelo predefinido, geral ou estrutural que oriente a transposição: a História escolar é reinventada em cada aula, no contexto de situações de ensino específicas, em que interagem as características do professor (e em que também são expressas as disposições oriundas de uma cultura profissional), dos alunos e aquelas da instituição (aí podendo ser considerados tanto a escola quanto o campo disciplinar), características essas que criam um campo do qual emerge a disciplina escolar. Esses atores estão imersos no mundo, ou seja, numa sociedade dada, numa época dada, em que as subjetividades expressam e configuram representações que, por sua vez, interferem na definição das opções que orientam os sentidos atribuídos aos acontecimentos (Allieu, 1995:153-154).

Assim, Allieu prefere falar em interpelação, e não transposição, porque, para atribuir sentido ao que ensina, o professor recorre ao saber acadêmico, em suas diferentes escolas e matrizes teóricas, para buscar subsídios que lhe permitam produzir versões coerentes com seus pontos de vista e que tenham uma base de legitimidade dentro do campo. "Na verdade, a relação entre o saber ensinado e as noções"científicas" correspondentes é mais ascendente que descendente: mais que uma transposição, nós falaríamos de uma interpelação. As ciências históricas são a referência para não dizer o falso" (Allieu, 1995:152). Aliás, como veremos mais adiante, no saber escolar encontramos muito mais uma síncrese de diferentes matrizes teóricas do que filiações definidas a determinadas correntes.[43]

No que se refere à despersonalização, uma das características do saber ensinado identificada por Chevallard, Moniot lembra que ela "ameaça" também os historiadores, permanentemente confrontados com a exigência de elucidar os processos de produção do conhecimento e de produção do passado, para superar a tendência de operar na representação de um passado objetivado. Assim, este é um problema com o qual se confrontam tanto historiadores quanto professores. Mesmo assim, no ensino de História, confirma-se a característica da despersonalização do saber. Muito raramente, ou nunca, são citados os autores que os estudaram ou estabeleceram. Os pontos controversos só muito raramente são discutidos. O saber escolar é asséptico.

Além do mais, lembra Moniot, diferentemente da Matemática e da Biologia, a História tem como principal aplicação ser comunicada, divulgada, questão essa que tem ressonância tanto na referência quanto na transposição. A História é fonte de referência e está presente em várias dimensões e espaços da vida social atual. Ela não é apenas um objeto, um relato do passado dos homens, ela é uma linguagem partilhada e uma prática.[44]

Moniot continua seu raciocínio destacando aqueles que ele considera os usos da História:

- conhecimento do passado é um substituto da experiência – amplia a experiência vivida, nos introduz a outras possibilidades, ao verossímel, ao humano;
- representar o passado pode significar encontrar um sistema de referências que cria um quadro para o presente e reduz a angústia e a incerteza;
- a História alimenta as identidades com as representações. Ela diz das origens, das genealogias, dos pais fundadores, ela justifica pertencimentos, fornece quadros para instituir diferenças e semelhanças;
- a História serve para legitimar as boas causas e as ordens estabelecidas e para denunciar perversidades; boas causas são legitimadas e injustiças denunciadas com base em argumentos históricos; a História consagra;
- o passado pode contribuir para um conhecimento mais realista do presente a partir do reconhecimento de raízes e origens históricas;
- a frequentação do passado pode nos oferecer prazer estético, familiaridades, cumplicidades, o sonho, a condescendência, a conivência, uma fuga do presente ou uma legitimação do presente;
- conhecimento do passado pode servir para aparecer e ser bem-sucedido na escola, passar nos exames, ganhar dinheiro em jogos televisivos, praticar o terrorismo intelectual por erudição superior em contextos de militância, mundanos, acadêmicos, teológicos... (Moniot,1993:29-31).

Tantos usos e finalidades, para eles contribui a história acadêmica, as práticas sociais de referência ou a História escolar? Ou todas elas? Se estas finalidades não são explicitadas nos objetivos do seu ensino, que muitas vezes apresentam formulações mais "nobres" e "politicamente corretas", elas estão presentes assim mesmo. Elas permitem compreender então como a História escolar tem diferentes referências muito reais.

Para Moniot, a História escolar não precisa buscar nenhuma prática social de referência: ela própria, no sentido de História vivida, é a primeira dessas práticas sociais. Mas, além disso, a História escolar dialoga com as visões, textos e expressões históricas presentes em diferentes e específicas práticas sociais – a dos autores, diretores e narrativas de filmes históricos, documentários, programas de televisão, novelas ou peças teatrais; na prática social de curadores de exposições museológicas, artísticas, científicas; dos jornalistas e comentaristas políticos; dos guias de atividades de turismo; nas práticas e discursos das diferentes religiões; nas práticas cotidianas dos diferentes grupos sociais, entre eles o familiar, e que servem de referência e dialogam com o saber acadêmico na constituição do saber escolar, chegando à escola através dos diferentes meios de comunicação, dos alunos, dos professores e de seus pais.

Além disso, as dimensões axiológica e política têm uma importância significativa na constituição da História escolar que não pode ser desconsiderada. Perspectivas diferentes implicam ênfases, negações, ocultamentos ou denúncias que têm profundas implicações na versão efetivamente ensinada.

Esse autor reconhece, portanto, a existência de uma História escolar que possui três principais referências, e não apenas a História acadêmica:

- **a história acadêmica**, da qual ela toma problemas e inteligibilidades e da qual retira sua legitimidade;

    "Ce que l'école enseigne n'est ni legendaire, ni trop partial (dans les limites, exorcisables, des sélections préférentielles), ni périmé (même si beaucoup n'aiment pas qu'elle colle de trop prés aux nouveautés de la recherche). Résolument informé, l'enseignement prend aux historiens des connaissances factuelles de bon aloi, et beaucoup de leurs mises en forme. Il leur prend bien plus encore: des problémes et des intelligibilités" (Moniot,1993:31).

- um **conjunto de valores** que dá sentido à vida coletiva e que inspira a socialização pela escola; ninguém ensina publicamente a História sem motivo, não se contam as coisas simplesmente porque elas pertencem ao passado. Mesmo aqueles que denunciam uma mitologia ou ideologia possuem outra proposta para substituí-la;

- a **cultura** que é transmitida pela História, em três sentidos: o que ela transmite faz parte do senso comum e da experiência geral das relações humanas, com seu vocabulário e categorias, o código semântico e referências sociais correntes[45]; ela é portadora de uma **cultura política,** no sentido mais amplo, e de uma **cultura cultivada**, constituída a partir de uma frequentação qualitativa de lugares do passado (Moniot, 1993:24-33).

Assim, para Moniot, "a História escolar é uma enorme e polivalente lição de coisas sociais, morais e intelectuais. Ela pode insuflar tanto a conformidade como o distanciamento, a continuidade e a reavaliação. Terreno complexo para a definição de aprendizagens específicas" (1993:35).

Esse autor destaca, também, a complexidade inerente à História escolar, disciplina que, diferentemente da Matemática, Línguas, Educação Física, não possui exercícios ou atividades que lhe sejam próprias. Ela geralmente se utiliza de atividades como as dissertações, exposições, pesquisas escolares e que são tomadas de empréstimo de outras disciplinas. Ela se define mesmo é pelos seus conteúdos e a tradição das exigências de controle escolar acabaram por fazer dela uma disciplina de memorização.

Para Moniot, ensinar História é, de alguma forma, gratificar as gerações adultas que definem aquilo que é importante lembrar e saber do passado que é transportado e reconstituído. Mas tudo se passa no presente e na mente de alunos e professores. Há como que um vazio entre seu referente aparente e a realidade prática e intelectual.

Para que se ensina História?

Para Moniot, ela fornece conhecimentos, referenciais para compreender o mundo e seu caos, compreender as diferenças, os conflitos, avaliar as mudanças e as permanências, ver na longa duração o jogo das instituições. Ela fornece um método, não aquele dos historiadores *stricto sensu*, mas um método geral de análise e avaliação crítica para aprender a lidar com os acontecimentos em sua complexidade, pelo exame dos discursos e das crenças, nos diferentes contextos (1993:37).

A História alimenta a memória coletiva, não apenas da forma manipulatória imposta pelos Estados, mas a contrapelo, compondo memórias de grupos e coletividades que possam resistir, se opor às dominações políticas exteriores. Assim, a História ensinada – que é apenas uma das versões disponíveis do passado – contribui para fazer os jovens compartilharem da memória atual dos adultos, tal como eles a reelaboram hoje e que, por sua vez, é objeto de disputas e conflitos entre diferentes versões presentes no cotidiano e na cultura.

Os alunos estão envolvidos nesse processo dinâmico e complexo em que talvez a maior contribuição da História escolar seja a de oferecer um instrumental para a análise crítica. Mas que aspectos considerar ao se pensar a História escolar do ponto de vista dos alunos?

Allieu (1995), considerando a perspectiva do aluno e baseando-se no trabalho de Crubellier (1991), considera que a História escolar tem três funções que estão aparentemente em crise nos dias atuais (para isso ela sustenta algumas teses no mínimo polêmicas):

- a História deve ser uma História capaz de ser compreendida pelos alunos. Atualmente, as modalidades de transmissão mais valorizadas, entre elas, a história-problema, os métodos ativos, a pedagogia da descoberta, a reflexão sobre o sistema-mundo, práticas oriundas da explosão da pesquisa em História e da Psicopedagogia, são, em sua visão, principalmente proveitosas para os melhores alunos. Essas práticas, que colocam o aluno em situação de construção de saberes, estão muito distantes das referências culturais amplas da maioria deles e da tradição discursiva ainda dominante no ensino;

- a construção do sentido: para alguns alunos, há um corte radical entre o mundo da escola e os referenciais que utilizam no seu cotidiano. A História, para estes, não serve para nada. Faz-se necessário buscar soluções originais que contemplem as diferenças culturais e que possibilitem a cada indivíduo assumir sua subjetividade, numa dimensão que dê conta também de aspectos universais da formação humana;
- a memória: em nosso universo ocidental multicultural, sobre quais raízes construir, qual memória ensinar hoje em dia? Até muito recentemente, operávamos a partir de uma escolha realizada pelo Estado, que definia que passado seria necessário conhecer e lembrar. Hoje confronta-nos o desafio de contemplar a multiplicidade do mundo e sua indeterminação para auxiliar nossos alunos a construir sua memória e suas identidades a partir de uma História que considere as rupturas, conflitos, crises públicas e privadas, em suas infinitas diferenças.

Essas considerações, baseadas no texto de Moniot (1993) e de Allieu (1995), oferecem uma perspectiva bastante interessante e fértil para a análise da História escolar. No Brasil, rompida a tradição da História oficial tradicional, oriunda do século XIX, e com uma acentuada vertente nacionalista e integracionista, que ocultava ou negava as contradições sociais na busca de uma imagem pacifista e legitimadora de formas de dominação seculares, vivemos, nas três últimas décadas do século XX, um processo de renovação da pesquisa histórica extremamente rico, que propiciou o rompimento de verdades estabelecidas e iluminou aspectos desconhecidos de nosso passado.

Essa renovação se comunicou ao ensino, expressando-se no movimento de reforma curricular que sacudiu e mobilizou professores dos diferentes estados e depois do país nos últimos 15 anos.

No contexto do processo de abertura política, após vinte anos de ditadura militar, as propostas para o ensino de História foram, inicialmente, muito marcadas por uma militância que, de uma fase inicial de ataque aos aspectos reprodutivistas da escola, passou a vê-la e ao seu ensino como os instrumentos da transformação social, senão da revolução.

Com isso, o ensino assumiu uma perspectiva quase proselitista, em que a denúncia das situações de exploração ocupava grande espaço nas aulas com o objetivo de "conscientizar o cidadão" através da superação de concepções de mundo ideologicamente configuradas, ideologia considerada na concepção marxista como falsa consciência. Muitas vezes esta postura gerou, por parte dos professores, atitudes voluntaristas e autoritárias voltadas para a afirmação de determinadas verdades e rejeição de saberes e práticas dos alunos, vistos como expressão de alienação.

Sem perder a dimensão política e de formação da cidadania, fundamentais para o ensino de História, e presentes em qualquer ato educativo, cabe considerar as reflexões de Moniot quanto à relação complexa e profunda do ensino de História com a cultura, de forma ampla, e com a produção de memórias.

Acredito que esses alertas nos ajudam a melhor compreender tantas dificuldades vividas por alunos e professores, no dia-a-dia do seu trabalho. Ao mesmo tempo, abre novas perspectivas para serem pensadas, com mais humildade, alternativas para os nossos fazeres, mais abertos para ouvir os alunos e seus saberes, para que juntos possamos avançar na superação do senso comum.[46]

Se o trabalho for realizado com abertura para ouvir o outro e desenvolvendo a razão crítica, estaremos contribuindo para auxiliar nossos alunos a compreender a historicidade da vida social, com os seus riscos e suas possibilidades.

Essas reflexões oferecem subsídios e instrumentos de grande potencial para a análise do saber escolar no que se refere ao ensino de História. Creio já ter apresentado elementos para fundamentar a utilização deste conceito, reelaborado a partir das considerações feitas e que ampliam, em meu entender, sua fertilidade teórica.

Apresento a seguir situações observadas em aulas dos professores que participaram da pesquisa, e que serão objeto de análise tendo como referência esse conceito. Buscarei, portanto, identificar as construções realizadas a partir das necessidades decorrentes dos processos de didatização e axiologização, expressão da dimensão educativa e das opções de ordem política e ética realizadas pelos professores e que dão origem a configurações do conhecimento específico ensinado, no caso a História, como um saber escolar.

Capítulo 4

A História escolar: algumas configurações possíveis*

Numa pesquisa que tem como objetivo compreender os modos como professores de História mobilizam os saberes que dominam para ensinar os saberes que ensinam, algumas questões emergem quando da definição da metodologia de investigação.

Um primeiro aspecto a ser considerado refere-se ao próprio conceito de saber escolar e, no caso, de História escolar. Que critérios utilizar para caracterizar a História escolar? Acredito que o aspecto fundamental a ser considerado é o da recontextualização efetivada a partir dos constrangimentos didáticos e axiológicos. Como diz Audigier, "a escola só pode ensinar saberes escolarizáveis, quer dizer, aqueles que podem aceitar as normas e constrangimentos do funcionamento da cultura escolar, tanto no plano intelectual como no formal" (Audigier et al., 1994:17).

A recomposição efetuada para fins educativos cria, de acordo com Verret e Chevallard, um saber despersonalizado, que atende a uma programabilidade, que está ali para ser tornado público, que passa por uma dessincretização em relação ao seu contexto de origem e precisa ser submetido a um controle social da aprendizagem. Esses são aspectos a serem observados como elementos para caracterização do saber escolar.

Essa perspectiva suscita uma outra questão que deve ser considerada quando da análise dos dados: a recomposição, com finalidade educativa, é sempre e necessariamente equivocada e/ou burocrática, dando origem a um conhecimento estéril, mero "depósito" dentro da concepção bancária de Educação, conforme Roberto Freire nos ensinou (Freire, 1978), ou pode ser o resultado de uma elaboração que dá origem a um conhecimento criativo e crítico, transformador?

---

* Parte deste capítulo foi publicada no artigo de minha autoria "A história ensinada: algumas configurações do saber escolar". In: *História e Ensino. Revista do Laboratório de Ensino de História* / UEL. Vol. 9. 2003. Londrina: Editora da UEL, 2003, p. 9-36.

Um outro aspecto refere-se à dinâmica dos fluxos entre o saber escolar e o saber acadêmico. O saber escolar passa por um processo de didatização verticalizado até sua expressão como saber ensinado na sala de aula ou ele é criado e se transforma em fluxos descendentes e ascendentes, que incorporam inclusive outras mediações e saberes na relação saber acadêmico/saber ensinado? Como já foi discutido no capítulo anterior, defendo a segunda perspectiva, que incorpora as proposições de Develay e Allieu. Na pesquisa busquei identificar essas relações através dos depoimentos dos professores sobre suas fontes para a construção das atividades de ensino.

No que diz respeito à História, cabe lembrar que este é um conhecimento com uma função social muito clara. Ele é criado para ser comunicado com objetivos que variam desde a cristalização ou legitimação de poderes constituídos e memórias até à crítica e à transformação do *status quo,* à formação cultural mais ampla. Nesse sentido, como identificar as diferentes "práticas sociais de referência" que continuamente atuam como fonte e/ou contraponto para a construção do saber escolar? E mais, que construções são criadas? Que exemplos, analogias são utilizados? Como são estabelecidas relações com a atualidade e o contexto sociocultural dos alunos e dos professores?

Tendo por base essas questões e as considerações teóricas apresentadas no capítulo anterior, realizei a pesquisa sobre os saberes que os professores ensinam utilizando o conceito de saber escolar. Admiti a sua especificidade e diferenciação em face do saber acadêmico e reconheci neste saber uma elaboração realizada no contexto educativo, por meio de um processo de didatização, que envolve as características supracitadas, permeado por opções axiológicas.

Trabalhei na dimensão do currículo em ação, portanto, com o saber escolar como "saber ensinado", em que os professores realizam um jogo com o texto do saber, operando na transposição didática interna, escrevendo sua variante local do texto do saber a partir de uma matriz de variantes que lhe dão forma concreta. Considerei também que o saber acadêmico não é a única referência, sendo necessário levar em conta as práticas sociais de referência com as especificidades apontadas por Moniot, os saberes dos alunos e dos professores.

A dimensão axiológica, constituinte e estruturante deste saber, foi objeto de análise articulada ao processo de didatização, em que as características do saber disciplinar desempenham um papel fundamental na construção realizada. Assim, parti do pressuposto de que esses processos não podem ser vistos isoladamente, uma vez que a sua articulação é que confere originalidade ao saber elaborado.

Como esta dimensão é compreendida e trabalhada pelos professores? Estamos ainda operando dentro de uma perspectiva de militância voluntarista ou encontramos, entre os professores, um entendimento mais amplo das relações entre ensino de História e a cultura, como nos propõe Moniot? Eles se dão conta desta dimensão no contexto da elaboração que realizam?

Nesse sentido, a metodologia de pesquisa teve como um dos seus instrumentos a observação de aulas de diferentes professores, quando registrei os conteúdos abordados, as atividades realizadas, as formas de encaminhamento das explicações e os materiais didáticos utilizados. Assim, foi possível identificar e caracterizar esse saber e reconhecer as formas de mobilização dos saberes pelos professores em ação. Essas observações foram seguidas por entrevistas semiestruturadas com cada um dos professores individualmente, buscando levá-los a apresentar argumentações, num processo de reflexão sobre a prática, e a explicar/justificar as opções e o trabalho realizado na busca do desvelamento, o que possibilitou a investigação dos saberes dos docentes.

As entrevistas realizadas antes do início da observação das aulas e que ofereceram os subsídios comentados e analisados na primeira parte deste trabalho me permitiram desenvolver a pesquisa nas salas de aula conhecendo um pouco melhor cada um dos professores. Isso se tornava necessário para a perspectiva de análise com a qual estou trabalhando e que tem como pressuposto o reconhecimento de sua subjetividade e autoria na realização da atividade docente.

Como já afirmei, não trabalhei na perspectiva da pesquisa-ação. Portanto, não foi minha intenção induzir transformações em suas práticas, mas, sim, ouvir e registrar saberes que dominam e mobilizam ao ensinar. Um dos meus objetivos é justamente o de verificar a possibilidade de identificação de construções que possam ser representativas do saber ensinado no âmbito da História, na perspectiva de Chevallard, ou seja, configurações tipicamente escolares, numa concepção descontinuísta e pluralista da cultura (Lopes, 1999: 33-62).

O reconhecimento do professor como autor do seu texto de saber, mesmo que essa autoria esteja inserida num contexto de autonomia relativa, como afirma Chevallard (1991), implica o reconhecimento da sala de aula como um espaço de ação e produção de saberes, onde há possibilidades de criação, dúvidas, incertezas, situações inesperadas e desconcertantes. Estas devem ser administradas de forma rápida pelo professor, com conhecimentos tácitos que, muitas vezes, tem dificuldade para identificar (Perrenoud, 1993:105-111).

Assim, não elaborei um roteiro de observação fechado, mas busquei registrar o que acontecia e era dito, sendo que, com dois dos docentes, foi necessário gravar as aulas (com sua autorização), uma vez que o trabalho era realizado por meio de uma prática discursiva dominante, para não dizer exclusiva.

A seguir apresento os professores e seu trabalho, destacando algumas situações das aulas observadas e que serão analisadas tendo por base os referenciais sobre o saber escolar já mencionados. As professoras Alice e Lucia terão seus trabalhos analisados em conjunto, uma vez que estão desenvolvendo um projeto que é resultado de elaboração comum, embora cada uma das duas tenha estilo bem próprio para o seu desenvolvimento.

Alice e Lucia – um projeto que articula conceitos, procedimentos e atitudes

Alice e Lucia estão desenvolvendo um projeto experimental com o objetivo de implementar uma mudança no ensino da História do ponto de vista dos conteúdos e da metodologia, considerando orientações presentes nos Parâmetros Curriculares Nacionais. É um projeto de autoria das duas professoras e cuja iniciativa deveu-se a motivações e opções pessoais, e não institucionais, como pode parecer. Segundo as professoras, a instituição está interessada apenas na implantação da reforma do Ensino Médio, o que tem concentrado os esforços das equipes pedagógicas.

Assim, Alice explica os motivos da decisão de realizar um trabalho experimental:

"Na verdade, não foi a partir desse ano que a gente mudou, a gente vem num processo, tentando mudar... Então, na verdade, isso aconteceu no ano passado, em 2000... A gente este ano está dando continuidade a um trabalho que já foi diferente no ano passado... E as razões da mudança... elas ocorreram basicamente por três fatores: primeiro, pela avaliação das crianças no final do ano, que a gente fazia sempre desde 1997. A gente vem trabalhando com turmas de 5ª. série, eu e a Lucia e, ao final de cada ano, a gente dava uma avaliação para os meninos falarem: o que é que tinha sido legal, o que é que não tinha sido legal, o que é que poderia mudar, e a gente percebeu na fala deles uma palavra... a gente queria que as aulas fossem mais dinâmicas... fossem mais com movimento. Eles usavam umas expressões assim e... nós estávamos de saco cheio também de estar repetindo o trabalho sempre..."

É interessante observar a preocupação com os alunos. É a partir de uma demanda deles, possível de ser ouvida pela abertura por elas oferecida na atividade de avaliação, e de uma insatisfação pessoal com o trabalho, que elas tomam a decisão de realizar o projeto, o que representou uma atitude corajosa num contexto por elas descrito como extremamente conservador e rígido que limita, de certa forma, o avanço do trabalho, como, por exemplo, o trabalho com os eixos temáticos que avança em relação à abordagem cronológica linear.

Alice afirma, por exemplo:

> "A questão dos eixos temáticos, a gente nem está vendo isso, a gente tem uma briga dentro da escola porque a gente até acredita que, para isso acontecer, a gente precisa ter um envolvimento de todas as disciplinas e isso nessa escola, que tem um regime de disciplina muito rígido, que se organiza a partir de departamentos, ainda é muito difícil... Então a gente tem, paralelo a esse trabalho que a gente faz na sala de aula, um outro, é... espaço em que a gente pede mais algumas coisas e que estão originalmente no projeto, que é, por exemplo, a questão da interdisciplinaridade, de arranjar mais parcerias para esse trabalho..."

Lucia, que sempre demonstra um grande interesse pela Educação e pelo ensino de História, lamenta a falta de apoio de muitos colegas:

> "... Eu sempre encontrei apoio, a maioria, geralmente o pessoal de História, era o pessoal que tinha uma perspectiva, uma visão progressista. Com exceção deste colégio. Eu considero o Departamento de História bastante conservador, tanto nas discussões didáticas quanto de Educação. Quer dizer, você discutir Educação parece que é uma coisa, né, absurda... Quando a gente estava discutindo a reforma agora, estamos tendo que discutir Educação, porque tem certas conceituações que a gente não sabe exatamente o que é que é, mas como se aquilo fosse uma coisa menor."

Entrevistadora: Uma concessão que se faz?

Lucia: "Faz, você faz uma concessão de discutir Educação, para mim essa coisa é um nó, eu acho que uma boa parte dos professores de História do colégio gostaria de estar na Academia. Não estão, estão aqui, mas, para eles, essa coisa da Educação, de você trabalhar a História no ensino fundamental, médio..."

Acho importante deixar bem claro o posicionamento das professoras porque, além de contextualizar o trabalho, revela a posição de relativa autonomia, tanto para criar o projeto quanto para bancá-lo num contexto de certa forma adverso. Por outro lado, é importante observar que a Direção do colégio não criou impedimentos, ao contrário, deu apoio, tornando-o experimental.

É interessante contrapor aqui, como vimos no início deste capítulo, a conclusão de Audigier quando afirma que "a escola só pode ensinar saberes escolarizáveis, quer dizer, aqueles que podem aceitar as normas e constrangimentos do funcionamento da cultura escolar, tanto no plano intelectual como no formal" (Audigier et al., 1994:17).

Até que ponto o projeto por elas desenvolvido rompe com estratégias tradicionais assumidas por professores dessa escola? Até que ponto este projeto pode ser bem-sucedido? O momento vivido pela instituição, fragilizada pela política de esvaziamento de seus quadros profissionais pelo governo federal (não realização de concursos públicos) e de interesse pela implantação das reformas do MEC, facilita essa realização?

Essas questões são apresentadas aqui para que possamos ter uma visão mais ampla do contexto em que essa experiência está sendo desenvolvida.

Um primeiro aspecto a ser observado na análise é a construção curricular elaborada pelas duas professoras, considerando a dimensão do currículo em ação, que é aquela que é objeto da pesquisa. O colégio possui um documento curricular intitulado Plano Geral de Ensino e referido pelos professores como PGE, elaborado em 1996 e organizado em base disciplinar.

A proposta para o ensino de História é estruturada em quatro unidades por série, em que a abordagem segue a perspectiva cronológica linear. No documento são apresentados os objetivos gerais de cada série e, posteriormente, um quadro relaciona os conteúdos programáticos, os objetivos e os conceitos que devem merecer maior atenção dos professores em cada série. O documento indica para a 5ª. série o estudo das sociedades primeiras, das civilizações do Oriente Próximo e das áreas americanas, das civilizações clássicas, concluindo com uma unidade voltada para o estudo do conhecimento histórico, numa perspectiva que busca oferecer subsídios para os alunos compreenderem os processos de organização das sociedades, do Estado e das civilizações. Na 6ª. série, é indicado o estudo da formação da Europa, através do processo europeu de feudalização, da crise do sistema feudal, da expansão marítima e da europeização do mundo e das transformações na América e na Europa após a expansão marítima.

É interessante perceber a marca europocêntrica muito forte, principalmente na 6ª. série, cujo trabalho foi acompanhado na pesquisa, e que foi objeto, junto com a 5ª. série, do projeto experimental de reforma curricular. Destaca-se também a acentuada marca "conteudista" que se expressa na forma de apresentação do documento que, por exemplo, lista os conteúdos para depois definir os objetivos. Por outro lado, o trabalho de construção dos conceitos é indicado como um dos objetivos, estando subordinado, portanto, à lógica "conteudista". Não há, também, indicações ou formulações que orientem para a realização de um trabalho interdisciplinar.

Em 2001, após reuniões semanais realizadas com os professores em dedicação exclusiva e coordenadores pedagógicos (observe-se aqui a não-participação de professores contratados em regime temporário), um novo documento foi elaborado, registrando as propostas aprovadas para o início da reformulação curricular, e no qual é explicado que o grupo

> "enfatizou que é fundamental, para a minimização de um currículo linear como ainda é o atual, aprofundarmos a discussão e desenvolvermos nova proposta curricular por conceitos e competências. Porém avaliou ser importante – já que a opção para o próximo ano letivo é a elaboração de um currículo por área – discutirmos com os colegas de Geografia, Sociologia, Filosofia (Artes, Português...) que competências/novos conceitos seriam construídos e aplicados ao longo do Curso."

O documento destaca que a prioridade e a ênfase devem recair sobre a História do Brasil, e que *a organização em quatro unidades por série não significa que necessariamente cada unidade corresponda a um bimestre do ano letivo* (grifo adicionado). Anuncia, também, que um experimento-piloto será desenvolvido na 5ª. e 6ª. séries, projeto este acompanhado por mim durante os três meses de realização da pesquisa.

É interessante observar aqui uma manifestação que vem ao encontro dos aspectos destacados pelos autores que fundamentam a pesquisa, sobre a *programabilidade* que orienta a organização curricular e que é decorrente das exigências do processo de aprendizagem dos alunos e dos constrangimentos do calendário escolar. No texto grifado, os autores do documento percebem a tensão e orientam no sentido de uma certa flexibilização do constrangimento do tempo do calendário em face das exigências do processo de aprendizagem.

Para a construção deste projeto experimental[47], as professoras realizaram vários estudos preliminares que se voltaram, fundamentalmente, para os Parâmetros Curriculares Nacionais do Ensino Fundamental do Ministério da Educação, publicados em 1997 no Brasil.

Lucia explica como elas chegaram aos PCNs:

> "... Então, aí, a gente começou a estudar, aproveitou que a gente ainda não tinha lido o que estava posto nos Parâmetros Curriculares... A gente começou a estudar a fundamentação teórica, lendo texto e quando as crianças disseram isso, a gente disse assim: acho que está

na hora de a gente tentar alguma coisa... Então, no ano passado, a gente pegou e trocou o trabalho todo... A gente mexeu com o trabalho tomando como eixo o que os parâmetros curriculares estavam propondo e o plano da escola que adota uma linha de trabalho, que é trabalhar conceitos em História... Então a gente pegou, pescou os conceitos que estavam postos no plano e rearrumou de uma nova forma, deu uma ajeitada neles a questão da diferença de metodologia, a gente já tinha mexido nela, a gente já estava metodologicamente mexendo no trabalho, aí então não foi nem difícil, a gente só mexeu mais na questão conceitual, na rearrumação das questões..."

Esse depoimento é bastante ilustrativo do processo de construção do currículo na escola, expressando a recontextualização operada a partir da proposta curricular "oficial" – os PCNs e aquela do colégio – para criar um encaminhamento que atendesse às demandas dos alunos e das professoras. Em outro momento, Alice afirma que elas estudaram muito para montar a proposta. Perguntadas sobre o que estudaram, que autores leram, as duas confirmam que estudaram os PCNs – o documento introdutório e a parte de História, que apresentavam muita coisa nova que elas precisavam conhecer.[48] Não foram feitas referências a autores do campo da História que tivessem sido buscados para suprir necessidades de atualização de conhecimentos. O principal que as professoras buscavam elas encontraram nos Parâmetros Curriculares Nacionais – os PCNs.

Esse movimento é assim expresso por Lucia:

"... Porque nós chegamos aos Parâmetros, nós tínhamos produzido uma apostila de História muito boa, excelente. Nós produzimos... nós já estamos trabalhando juntas há quatro anos. E a gente produziu um material muito bom... só que a gente fugiu do livro, porque o livro não atendia o que a gente queria... E a apostila acabou tendo o mesmo efeito do livro, a gente começou a ficar amarrado ali dentro e a gente queria... a gente sempre faz uma avaliação com os alunos de como é que foi... Então eles colocavam, sabe... que queriam trabalhar com livros, mais passeios, mais isso, mais aquilo, e aí a gente... Então a gente resolveu que a gente ia mudar... e começamos a buscar e fomos pro PCN, a reforma estava ali... vamos ler..."

Alice e Lucia expressam uma certa satisfação com a leitura dos PCNs, o que de certa forma me surpreendeu, em face das inúmeras críticas que esse documento recebeu. É interessante observar que o fato de este documento contemplar de forma explícita a dimensão educativa do ensino escolar, tanto no que se refere a atitudes quanto a procedimentos a serem desenvolvidos pelos alunos na perspectiva do aprender a aprender (e assumidos como conteúdos ligados a procedimentos e atitudes), foi o aspecto mais destacado pelas duas professoras.

Lucia assim explica essa descoberta:

*"... O que a gente gostou do PCN foi que ele não estava preso só ao conteúdo... que, na verdade, o que a gente queria mudar era isso, não era só conteúdo, conteúdo... te dava uma alternativa de... que é como a gente trabalha... de você **trabalhar procedimentos e a pesquisa, procedimentos de pesquisa**... A gente fez essa opção porque o PCN te dá vários procedimentos... a gente fez a opção para desenvolver o procedimento de pesquisa, e a outra opção é a de trabalhar uma coisa que a gente acha que tinha que trabalhar, que a gente já vinha trabalhando há algum tempo... **que são as atitudes**... Para os alunos de 5ª. série, quer dizer... muitas vezes, você acha que ele está pronto e ele não está pronto, ele não sabe fazer uma série de coisas, a questão do coletivo, também, então ele despertou isso... Eram coisas que a gente achou que eram positivas para a gente tentar esses caminhos, esses vários caminhos, tá... não vamos pegar só conteúdo..."* (destaque adicionado)

Para Alice, os PCNs trouxeram várias contribuições importantes para o trabalho:

"... Eu acho que esta questão, por exemplo, de rearrumar as relações sociais de trabalho como eixo para as primeiras séries... isso foi muito legal e tem resultados... É mais fácil para as crianças entenderem isso, acho que está dando mais significado aos conceitos da História, esse é o positivo... Agora, o que chamou a atenção pra gente e que a gente apostou foi na proposta que ele faz, de trabalhar três eixos, a questão dos procedimentos, a questão das atitudes e a questão dos conceitos mesmos da disciplina... Quer dizer, na hora em que ele conjugou essas três coisas... eu acho que foi ali o ponto de sedução... Ali isso é legal, porque a gente está reclamando sempre que os meninos não têm hábitos, não sabem pesquisar, não sabem construir conhecimentos... Então, os parâmetros apresentavam isso de uma forma mais sistemática e aí foi por onde a gente embarcou e reestruturou o trabalho através dessa linha..."

Esses depoimentos vêm ao encontro das formulações sobre o saber escolar que apontam a dimensão axiologizante, educativa, como estruturante de sua constituição. As duas professoras apontam esses aspectos como a principal contribuição inovadora deste documento e que veio ao encontro de necessidades por elas sentidas quanto ao trabalho com os alunos, sendo aqueles que constituíram o "ponto de sedução".

Essas duas dimensões constituem pontos fortes no projeto por elas desenvolvido e que se desdobra nos três eixos: conceitos, procedimentos e atitudes, abordados em momentos diferentes para sistematização, mas profundamente integrados na concepção e realização do trabalho.

O trabalho com as atitudes é feito da seguinte maneira, como nos conta Lucia:

"... É o trabalho com atitudes que... no primeiro dia de aula, o conjunto da turma faz as atitudes, eles montam isso aqui[49], a cada aula a gente vai pintando."

Entrevistadora: Isso aqui você tira com eles?

Lucia: "Eles é que tiram... Nós, o ano passado, demos uma referência e eles fizeram o resto... Esse ano a gente deu a ideia da solidariedade, de ajudar o outro com dificuldades, né... eles fazem isso aqui, esse ano eles elegeram dois que esses dois têm que ter mais azul que amarelo... Porque a coisa é vermelho, azul é que eles cumpriram, amarelo foi mais ou menos e vermelho não, então todos os dias... Então os dez últimos minutos da aula eu paro onde eu estiver e faço isso aqui..."

Entrevistadora: Em toda aula?

Lucia: "Toda aula é difícil... eu peço a um aluno para fazer porque... a gente fala muito... É, é difícil a gente controlar isso, tanto é que eu peço um aluno para me avisar, e eu paro... Cada um deles tem uma ficha dessas... Então eles fazem como eles foram naquele dia, ele, aluno. Depois a gente faz da turma, entendeu? No final do bimestre, a gente faz uma avaliação, ele faz uma autoavaliação, então ele vai se dar... geralmente a gente dá um ponto, isso faz parte da nota. Um ponto de autoavaliação, então ele se dá, ele vai se dar o ponto do que ele foi, do que ele marcou aqui... Mas ele tem que ter coerência, não adianta ele se dar um ponto e estar tudo vermelho... Ou então ele se dar meio ponto e estar tudo no azul. E na turma... a gente vai negociar com a turma... Quanto é que foi, quanto é que não foi... essa autoavaliação do aluno, além dele ter que justificar, passa pela aprova... pela discussão da turma."

Entrevistadora: Você faz isso toda aula?

Lucia: "Toda aula, toda aula de História."

Entrevistadora: Eles não ficam cansados não?

> *Lucia: "Não, eles já sabem disso, isso já é rotina... a gente conseguiu incorporar na rotina nossa e a gente faz um comentário da aula... Essa aula foi boa, teve música, colagem, enfim, foi diferente... hoje eu não fiz, por acaso hoje eu não fiz, estava organizando o grupo, hoje foi complicado, a aula foi boa, todo mundo se comportou muito bem, isso aqui são eles que escrevem, não sou eu, eu pergunto como é que foi a aula hoje, como é que não foi? Foi bom? E a gente vai fazendo o registro, e todo registro aqui..."*

Esse trabalho foi acompanhado por mim nas aulas observadas e era efetivamente realizado ao final, de forma rotineira, mas com interesse. Era fácil perceber que eles sentiam satisfação em se avaliar e comparar os resultados com os das aulas anteriores.

Acredito que o resultado positivo devia-se à seriedade com que as duas professoras lidavam com essa atividade. No final do bimestre, elas utilizaram uma aula para fazer a avaliação das avaliações dos alunos. Lucia, por exemplo,[50] apresentou uma tabela que relacionava os pontos, variando entre 1,0; 0,75; 0,5 e 0,25, e a quantidade de vermelhos, amarelos e azuis por eles assinalados. Os alunos discutiram, chegaram a um consenso e foram fazer a sua contagem para a atribuição dos pontos. Ela recolheu os cadernos e, em casa, avaliou um por um, comparando as atitudes observadas por ela, o registro dos alunos e o ponto atribuído por eles.

Durante a aula seguinte, ela fez um comentário geral com a turma para avaliar quais os compromissos (atitudes) que precisariam ser mantidos e que, na turma que eu observei, foram: "Falar na hora certa" e "Cumprir as tarefas". Enquanto eles faziam uma outra atividade, ela discutiu com cada um dos alunos o ponto por eles atribuído.

Durante a aula, ela demonstrou uma enorme paciência e disponibilidade para envolver os alunos numa participação maior para a definição e explicitação dos critérios de conversão. Como eles tiveram dificuldade em chegar a um consenso sobre a tabela, ela acabou por apresentar a sua proposta, previamente elaborada e que foi aceita. Eles se revelam muito ingênuos e respeitam muito o que ela propõe. Parecia que esse tipo de discussão os surpreendia, a avaliação do conjunto da turma também, certamente por ser uma atividade pouco comum ou ausente nas outras disciplinas.

Em algumas das aulas, essa preocupação com as atitudes parecia dominar o trabalho, inclusive a discussão dos conteúdos, dando uma característica um pouco burocrática à atividade. No entanto, como veremos mais adiante, as duas professoras registram resultados muito positivos deste trabalho.

A explicitação do trabalho com as atitudes me surpreendeu, inclusive porque é mais comum encontrá-lo entre professores das séries iniciais. Certamente o fato de Alice ter uma experiência como professora de 1ª. a 4ª. séries contribuiu para que assumissem essa dimensão de maneira tão explícita. Percebe-se, por parte das duas, que elas conseguem estabelecer uma relação de grande afetividade com os alunos, embora sem demonstrações verbais nesse sentido.

Lucia fala assim desta relação:

"... É uma turma muito difícil, e aí como é que foi a aula? Foi boa, todo mundo trabalhou, foi diferente, a gente misturou os grupos... Porque... quer dizer, eu tenho uma resposta, até porque eles fazem um comentário diário da aula, e da mesma forma que se não foi boa, não foi boa, eu também expresso isso... Ah!, hoje a aula, eu não gostei, foi muito desgastante, tive que chamar muito a atenção dos alunos... e é registrado, então, isso aí... agora tem os casos pessoais... que aí é uma questão de, de ficar no pé... às vezes ele passa o ano inteiro em conflito comigo, porque eu pego no pé, porque eu fico em cima, quero que ele faça, ele acha que aquilo ali... que eu sou chata... Quando chega no ano seguinte, ele vai me cobrar porque que eu não estou na série seguinte, quer dizer... são pessoas que precisam de ter alguém, porque são pessoas que estão perdidas no espaço... Se não tiver alguém que fique ali em cima, que às vezes eu mexo com os alunos... Então, às vezes, eu digo: Vocês estão querendo colo... Vocês não estão querendo um professor, estão querendo uma babá, que fique aqui... que hoje eu cheguei para um aluno e disse: Vem cá, eu tenho que vir na sua carteira para você abrir a sua pasta e pegar a parte de História, não é possível? Aí ele olhou pra mim e riu, aí pegou a pasta de História..."

Não é em vão que repito aqui a fala acima. Essa preocupação com os alunos e com suas atitudes, apresentadas como compromissos, está imbricada com a dimensão dos procedimentos e que é também objeto de grande atenção por parte das duas professoras. Fica muito claro em seus depoimentos a preocupação com a aprendizagem dos alunos, com a realização de um trabalho que os auxilie a "aprender a aprender", a estudar, a buscar e localizar as informações, superando práticas rotineiras nas escolas onde professores que afirmam trabalhar com pesquisa, por completa falta de orientações, acabam por induzir seus alunos a copiar trechos de livros sem citações ou indicações bibliográficas, num trabalho inútil e vazio de significado, excluída a percepção pelo aluno, na dimensão do currículo oculto, da validade de copiar e plagiar autores.

Lucia assim explica a sua visão sobre a importância deste trabalho:

"... A gente sempre quis trabalhar pesquisa com eles, a gente sempre achou importante que eles aprendessem a fazer pesquisa, a gente não queria fazer a pesquisa como todo mundo faz, que dá um tema... se vira... entendeu?"

Falando da importância desse trabalho, Alice destaca que o aspecto diferenciado mais importante, que distingue o trabalho que estão desenvolvendo do modelo anterior e daqueles que são mais comumente desenvolvidos nas escolas, é a metodologia:

"Eu acho que a primeira questão que a gente está tentando mexer... e eu acho que a gente já vê alguns resultados, é a questão básica, é de tentar transformar esses meninos não em reprodutor de conhecimento, é... a gente está querendo se afastar disso... e de fazer um trabalho em que eles sejam capazes de serem produtores de conhecimento... e pra isso a gente precisava mexer primeiro com a questão das atitudes, de trabalhar determinados hábitos que são indispensáveis, por exemplo, trabalhar em grupo, várias coisas que a gente tem mexido... e a outra é a questão dos procedimentos... a gente precisava, para que ele possa produzir o conhecimento dele... entregar pra ele os instrumentos que ele precisa, então a gente tem trabalhado com isso... de como é que se faz uma pesquisa? Como é que se lê um texto, não pra copiar, mas pra obter determinadas informações, então, é, eu acho que essa é a diferença, é nesse caminho que a gente está tentando ir... e eu acho que os resultados estão, assim, bem legais, eu acho em relação a outros anos que eu trabalhei com 6ª. série, pegava 6ª. série sem ter trabalhado com eles anteriormente dentro desse jeito... era muito mais difícil, eu acho que eles estão bem legais, a produção deles..."

Lucia assim justifica a sua opção:

"... Então a gente está trabalhando duas coisas, tentando dar a eles instrumentos pra eles terem autonomia de pesquisa e aí pra qualquer coisa, pra universidade, para a vida dele, para ele saber lidar com essa coisa da pesquisa, obter informação, dar informação... e o outro lado que eu vejo nisso é de você também, você tem um mundo de informações que a escola não vai dar conta e nem deve se preocupar com isso... mas tem que dar conta de instrumentalizar essas pessoas, pra essas pessoas correrem atrás disso. Então eu acho que a questão da autono-

mia é fundamental nesse nosso trabalho, eu acho que o objetivo nosso é que a gente vai crescendo nisso aí, na autonomia, não estou dando nenhuma autonomia nisso, nenhuma... Nós estamos segurando pela nossa insegurança mesmo, de a gente tem dez, 12 turmas de 6ª. série. Você orientar 12 turmas de 6ª. série, 35 alunos em cada turma... não é brincadeira... então a gente vai cercando, entendeu, porque a gente também sabe das nossas limitações... mas a gente quer caminhar..."

Nesse depoimento, ficam evidentes, primeiro, a característica escolar, educativa, da pesquisa que está sendo realizada. É para desenvolver a autonomia do aluno na busca do conhecimento, numa perspectiva atual desta relação e que é inclusive aquela expressa nos PCNs e que avança em detrimento da perspectiva que considerava a escola como responsável quase exclusiva pela transmissão de conhecimentos. Ao mesmo tempo, fica evidente a determinação de ambas as professoras, que insistem em realizar o trabalho de forma quase artesanal num colégio onde lecionam em seis ou sete turmas, cada uma com 35 alunos, reafirmando a posição de autonomia em face dos constrangimentos da instituição.

O caráter escolar da pesquisa, no entanto, não está muito claro para as professoras. Percebe-se uma certa confusão ao se referirem ao trabalho baseado na metodologia científica.

"... dá um instrumental, científico, que ele vai... que é o tal negócio... é científico, mas ele pode usar em qualquer... em não-científico... pra vida... no emprego... pro trabalho..."

Esse trabalho com a pesquisa é, assim, um exemplo claro do caráter escolar da relação com o saber. A recontextualização efetuada para o ensino é visível no modo como os procedimentos de pesquisa foram ensinados e desenvolvidos. Para a elaboração do projeto, os alunos receberam um roteiro no qual, em grupos, teriam que definir o tema, objetivos, justificativa, metodologia, produto final e fontes de informação, e que foi objeto de ensino durante o primeiro bimestre.

O projeto de pesquisa, chamado pelas professoras de "trabalho coletivo", foi sendo elaborado passo a passo, sob sua supervisão. No segundo bimestre, realizaram-se a elaboração do roteiro e a pesquisa. No terceiro, ocorreria a elaboração do trabalho, e no quarto bimestre, a apresentação do produto final. As orientações eram minuciosas e incluíam a pesquisa e elaboração das referências bibliográficas. As folhas com as orientações permitiam acompanhar a estratégia desenvolvida pelas professoras com excelentes resultados durante o período em que eu acompanhei o trabalho.[51]

"Então eles acharam que demorou muito o trabalho... porque foi passo a passo mesmo, o primeiro bimestre... eles fizeram um projetinho, a 6ª. série está montando um projetinho... A gente vai começar com projeto na 6ª. série, aqui... tudo que tem no projeto, eles têm que ter objetivo, só que isso, ano passado, a gente fez coletivamente, esse ano... os grupos vão fazer, cada grupo vai fazer o seu projeto..."

O assunto escolhido para o trabalho coletivo foi "Brasil, que país é esse?", que foi subdividido em subtemas, um para cada grupo e que, por sua vez, deveria ser objeto de uma comparação no tempo – o item comparativo – escolhido entre três: "Hoje e no período colonial", "Hoje e no período monárquico" e "Rio de Janeiro e a região nordeste".

Assim elas explicam a concepção do trabalho:

Entrevistadora: E o que você quer dizer com item comparativo?

Lucia: "Não, é porque esses trabalhos, é o seguinte: eles vão ter que trabalhar... eles vão escolher um subtema e eles vão ter que fazer uma comparação de tempo, eles vão trabalhar o "Brasil, que país é esse?" Por exemplo: moradia hoje e no período colonial, por exemplo. Porque a gente dividiu o trabalho em subtemas."

Entrevistadora: E esse aqui compara presente/passado?

Lucia: "E além dos subtemas, ele vai ter que fazer uma comparação..."

Entrevistadora: No tempo?

Lucia: "É, no tema... mas isto tudo aqui tem... isso é um projeto, como se fosse qualquer outro. Ele está aprendendo a fazer uma coisa que eu não sabia quando eu entrei no Mestrado, entendeu? É, e ele está na 5ª. série..."

Comparação em relação ao tempo ou ao tema? A dúvida fica, mas certamente as duas dimensões estão contempladas. Comparações para que os alunos percebam semelhanças e diferenças na dimensão temporal. No tema, porque os alunos vão poder explorar e conhecer diferentes aspectos da vida social e econômica do país, para assim criar referenciais para entender o que é o Brasil e que, por outro lado, servirão como contraponto ao estudo da sociedade feudal que estarão realizando no segundo bimestre.

"A gente tinha uma temática que ia ser o nosso trabalho, que é o "Que país é esse?" E o trabalho seria sobre esse mesmo assunto...

Aí a gente montou alguns tópicos e a gente buscou esses tópicos num trabalho anterior, e que eles vão fazer agora, que é em cima de um livro chamado: **Como era sua vida na Idade Média**[52]*? E que ali ele tem: como era a moradia, família e tal. Então eles vão fazer esse trabalho, primeiro vendo alguém que produziu um estudo em cima disso, e a partir disso eles teriam então que pensar como é hoje, como é que são essas coisas hoje, a moradia, a família, a vida no campo, a vida na cidade, a proposta era fazer a comparação, tendo como eixo isso aí..."*

Percebe-se aqui uma elaboração muito complexa que articula atitudes, procedimentos e informações criando um contexto em que o aluno poderá buscar/encontrar subsídios para construir conhecimentos sobre a sociedade em que vive. O "trabalho coletivo" cria a tela que, ao mesmo tempo que é pano de fundo, vai oferecendo caminhos para a articulação das várias informações que vão surgindo com as leituras e atividades realizadas. Considero um trabalho primoroso que concilia propostas em que o aluno é ativo, desafiado a realizar tarefas complexas, mas adequadas ao seu desenvolvimento cognitivo, que lhe permitem aprender procedimentos de busca de informações, de pesquisa bibliográfica, ao mesmo tempo que reúnem subsídios para a compreensão da vida social em perspectiva histórica, que contempla a mudança e a diferença no tempo e no espaço.

Esse trabalho é um exemplo significativo de uma construção do saber escolar em que os saberes estão descontextualizados da rede de problemáticas do campo científico – por exemplo, a problemática da nação, da nacionalidade, das identidades culturais, sociais ou nacionais – para serem recontextualizados num trabalho em que a dimensão educativa orienta sua arquitetura e faz com que, neste caso, os professores trabalhem deliberadamente a sociedade feudal como contraponto para melhor compreender a sociedade brasileira. Os saberes são mobilizados e desvinculados dos textos e autores que com eles trabalham no campo científico, **dessincretizados, despersonalizados, recontextualizados**, para contemplar uma **programabilidade** visando a aquisição do saber. É interessante observar que esse processo ocorre com o ensino da pesquisa, atividade característica do campo acadêmico, mas que ganha nova configuração epistemológica ao se tornar objeto de ensino aos adolescentes. Faz-se pesquisa para ensinar aos alunos o que é uma pesquisa e neles desenvolver procedimentos de busca de informações, de investigação. Não é produção social e acadêmica de conhecimento novo, mas é produção de saberes novos pelos alunos, na escola.[53]

Por outro lado, cabe destacar que essa construção escolar contempla adequadamente a especificidade do ensino fundamental, ou seja, o ensino dos fundamentos para a vivência de uma cidadania plena e democrática e, entre eles, certamente está a realização de atividades que possibilitem o desenvolvimento do domínio operatório das noções de tempo, essencial para a construção de conceitos históricos. Reconhece-se aqui também a realização de um trabalho pautado pela perspectiva construtivista, em que os alunos são orientados para aprender a buscar o conhecimento, e assim, também, construí-los, e não a reproduzi-los apoiados apenas na memorização.

O trabalho com a racionalidade analógica, ou seja, a busca de semelhanças em situações diferentes para propiciar a compreensão histórica, é um recurso muito utilizado. Situações do mesmo tipo em tempos e sociedades diferentes, sendo uma delas a atual, no tempo presente, são relacionadas. Ao mesmo tempo que se busca promover a compreensão, este recurso permite contemplar uma exigência de contextualização do objeto de estudo na "realidade" do aluno, demanda que está posta no campo educacional brasileiro de forma acentuada, principalmente a partir das propostas de Paulo Freire.

Esse recurso, que atende prioritariamente a demandas do campo educacional, pode implicar anacronismos que conduzem, muitas vezes, a visões equivocadas do ponto de vista da análise histórica. É muito importante que o professor realize esse trabalho com cuidado, controlando as situações escolhidas para o trabalho. Mais do que identidades, deve-se procurar identificar semelhanças e diferenças que possibilitem aos alunos começar a perceber a diversidade da experiência humana, ao mesmo tempo que constroem conceitos, instrumentos de análise para compreendê-la.

A História ensinada:
construções conceituais, analogias e temporalidades

E quanto aos conteúdos ensinados? Que construções elaboradas nos permitem identificar configurações da História escolar?

As duas professoras, seguindo as diretrizes constantes nos PCNs para o 3º. ciclo, estavam trabalhando com o eixo temático "História das relações sociais, da cultura e do trabalho", dando continuidade ao que fora realizado na 5ª. série, no ano anterior. Assim, paralelamente à montagem e orientações para a realização do trabalho coletivo e da formação e avaliação das atitudes, elas criaram situações para a aprendizagem das relações sociais escravistas, tema que concentrou os esforços durante o segundo bimestre do ano letivo.

Depois da revisão de alguns conceitos fundamentais, como "trabalho coletivo", "divisão natural do trabalho", "propriedade coletiva", "igualdade social", "excedente", "desigualdade social", trabalhados no ano anterior, elas iniciaram o estudo do tema "O trabalho e as relações sociais: a escravidão".

Elas apresentaram, na folha 14 que compõe o fichário dos alunos, um resumo em que faziam uma revisão de assunto estudado no ano anterior: "A produção de excedentes e o desenvolvimento da desigualdade social". A partir de então, desenvolveram um trabalho em cima do texto do livro didático, referente ao capítulo 16, "**O trabalho escravo construindo o Brasil**".[54] Na primeira parte deste capítulo, o autor resgata algumas informações sobre a escravidão na Antiguidade – as atividades dos escravos, responsáveis pela grandeza daquelas sociedades; como o desaparecimento do Império Romano representou a decadência deste tipo de trabalho; relembra que este tipo de trabalho entrou em decadência na sociedade feudal, e também o restabelecimento da escravidão por portugueses e outros povos europeus durante a colonização da América, a partir do século XVI.

Cabe destacar que, no texto do livro didático, esses aspectos são meramente enunciados, uma vez que é uma revisão de conteúdos trabalhados no ano anterior.

Os subtítulos do capítulo voltado para o estudo do "Trabalho escravo construindo o Brasil" permitem melhor acompanhar a estrutura da explicação: *A volta do trabalho forçado*: revisão da escravidão na Antiguidade, a expansão comercial na Europa a partir dos séculos XIII e XIV, os motivos da utilização do trabalho escravo na América[55], a experiência portuguesa com o uso de escravos africanos nas ilhas do Atlântico e sua introdução no Brasil; *As sociedades africanas*: o contato dos portugueses com os povos africanos do litoral ocidental da África, características dos reinos e tribos africanos, a escravidão entre os africanos; *O escravo como mercadoria*: a transformação do escravo em mercadoria, as formas de obtenção dos escravos na África; *Tumbeiros: mortos e vivos viajavam juntos*: condições das viagens nos tumbeiros, a comercialização nos mercados de escravos; *Escravos: "as mãos e os pés da sociedade brasileira"*, esta última sendo a parte em que o autor relata o cotidiano do trabalho e da vida de escravos do eito e domésticos, bem como as formas de resistência: fugas, assassinatos, o banzo, os suicídios e a formação de quilombos.

O autor utiliza as imagens para ilustrar as afirmações presentes no texto[56], podendo-se identificar de imediato o anacronismo resultante do uso de imagens produzidas no século XIX e ali utilizadas para ilustrar aspectos da escravidão rural nos primeiros séculos da colonização portuguesa na América. A tendência do autor, ao longo do texto, foi a de generalizar a explicação sobre a escravidão a partir do exemplo concreto que serviu como ponto de partida: a escravidão na sociedade do açúcar, nos séculos XVI e XVII.

Essa apresentação, feita aqui para situar melhor o contexto em que era realizado o trabalho de construção do conceito de relações sociais escravistas, serve para confirmar a afirmação de Chevallard de que o professor *não faz* a transposição didática e sim trabalha *na* transposição didática.

Durante as aulas por mim observadas, os aspectos referentes aos conteúdos históricos *stricto sensu* foram abordados a partir de textos do livro didático em que a transposição do saber a ensinar já havia sido iniciada. Elas montaram todo o trabalho para promover uma leitura e análise significativa dos textos do livro pelos alunos, mas o encaminhamento para explicar a opção pela escravidão na Idade Moderna, a opção pelo africano, por exemplo, era o do livro. O trato com o saber específico era bastante dominado pelo texto do livro, diferentemente do que acontecia quando trabalhavam com os procedimentos e as atitudes. Assim, por exemplo, ao iniciar o estudo sobre a escravidão, não foi realizada nenhuma problematização. A professora explicou que eles iriam fazer um trabalho *"para aprender a fazer pesquisa.*[57] *Não é ir copiando dos livros e da internet. É preciso aprender a escrever com as próprias palavras."*

Ela disse então que ia ensinar a fazer isso. Na folha nº. 14 estavam escritas quatro perguntas para revisão do que eles estudaram na 5ª. série sobre escravidão na Antiguidade. *"Eu vou fazer com vocês três parágrafos e o resto eu vou vê-los fazendo."*

Ela ajudou-os a localizar o primeiro parágrafo. Pediu a um aluno para ler. Ele leu com certa dificuldade. Ela leu em voz alta e perguntou se eles se lembravam do que estudaram na 5ª. série. Ela foi perguntando e encaminhando as respostas deles de forma clara e minuciosa. Sobre a pergunta *"Por que a escravidão foi aos poucos terminando na Grécia e em Roma?"*, um aluno respondeu que foi porque o cristianismo pregava a igualdade entre os homens. A professora disse que não foi bem assim... Ela explicou: *"Roma deixou de fazer conquistas e diminuiu o número de escravos. Com a diminuição do número de escravos, Roma entrou em crise. O império romano desapareceu."*

A explicação, um tanto reducionista, não foi objeto de maiores reflexões. Era visível a preocupação em situar a escravidão na Roma Antiga, para servir de referência para a comparação com a escravidão moderna.

Ela perguntou então se só houve escravidão na Antiguidade. Os alunos responderam que houve também no Brasil. E então ela começou o trabalho de orientação de como se faz pesquisa: solicitou aos alunos que lessem e escrevessem, com suas próprias palavras, e de forma resumida, a ideia central de cada parágrafo. Ela disse que ia ensinar como se lê o parágrafo e como se "conversa" com o parágrafo. Ela dramatizou a leitura e fez perguntas para ela mesma:

"Mas eu tenho que tirar a ideia principal... Alguém tem uma ideia de como eu posso fazer isso? Quem me ajuda? Será que era uma boa começar pelo sujeito desse negócio aí? Sim... Portugal e Espanha trouxeram escravos para trabalhar na agricultura e na mineração... Qual é a razão, por quê? Aluna responde: Porque o trabalho assalariado não era generalizado... A professora comenta: Puxa, muito bem, vê como ela falou difícil... Pode ser... não era comum..."

Ela escreveu no quadro: *"Portugal e Espanha usaram o trabalho escravo na agricultura e na mineração porque o trabalho assalariado não era comum."*[58]

Depois de fazer duas frases resumos, ela propôs que eles começassem a trabalhar sozinhos, em grupo. Ela ia, de grupo em grupo, para atender às solicitações dos alunos, elogiava e, num certo momento, sentou junto deles para resolver a situação em que dois alunos trabalhavam e dois não faziam nada. Quando faltavam cinco minutos para a aula terminar, ela interrompeu a atividade para fazer a autoavaliação.

O trabalho de construção continuou, na aula seguinte, com a leitura de dois resumos elaborados por elas (as professoras), em que eles puderam encontrar semelhanças e diferenças entre a escravidão antiga e no Brasil. Depois da leitura, eles encontraram uma linha de tempo em que deveriam pintar de azul o período da escravidão antiga e de vermelho aquele referente à escravidão moderna.

Seguiu-se a apresentação de duas imagens, uma mostrando o interior de um tumbeiro, e outra, um desenho retratando um mercado de escravos, extraído de um livro de Asterix. Eles deveriam identificar as imagens, numerando-as de acordo com uma legenda que dizia:

1) em Roma e Grécia Antigas;

2) na América, sobretudo no Brasil.

Era uma atividade de reconhecimento das diferenças e identificação dos contextos.

Depois foram apresentados dois quadros comparativos, nos quais os alunos deveriam escrever as atividades econômicas realizadas pelos escravos na Grécia e Roma Antigas e na América. No outro, eles deveriam escrever os nomes dos continentes onde se desenvolveu a escravidão, e, por último, era solicitada a elaboração de um texto em que eles apontariam e explicariam uma semelhança existente quando comparamos a escravidão antiga e a moderna.

Concluindo o trabalho, foi solicitado que eles, em duplas, produzissem um diálogo entre dois escravos ou escravas. Um deles seria um escravo da Roma Antiga. O outro, um escravo brasileiro. Apesar de viverem em épocas diferentes, os dois, imaginariamente, se encontrariam num filme de ficção. Os alunos seriam os narradores da história. A conversa entre os dois deveria esclarecer algumas questões sobre diferenças e semelhanças entre essa forma de relação de trabalho – o escravismo.

Essa atividade teve como objetivo promover a oportunidade de elaboração textual própria que possibilitasse aos alunos expressarem a sua apropriação dos conteúdos e que, ao mesmo tempo, propiciasse o processo de acomodação na concepção piagetiana. Foi um modo, também, de criar oportunidade para utilização dos novos conhecimentos de forma cotidiana, na criação de um diálogo imaginário no qual eles revelassem o domínio dos conceitos reformulados.

O trabalho foi concluído com uma atividade de recuperação para aqueles que apresentaram dificuldades de aprendizagem, em que os alunos deveriam também criar um diálogo imaginário entre dois escravos, um que viveu na Grécia ou Roma Antigas e outro que viveu no Brasil. Mas, nesta oportunidade, o diálogo foi apresentado já construído, com linhas em branco para que os alunos completassem algumas falas. Ao final, falas eram apresentadas dentro de retângulos, devendo os alunos escreverem-nas nos lugares adequados.

Apresentado de forma geral, acredito que fica muito claro, neste exemplo, como a construção realizada para o ensino se configura como caracteristicamente escolar. A partir dos subsídios apresentados, e que resgatavam saberes ensinados no ano anterior, outros presentes no texto do livro didático e aqueles conhecidos de forma difusa pelos alunos sobre a escravidão no Brasil (saberes do senso comum), os estudantes identificaram características da escravidão na América e, através da comparação, as semelhanças e diferenças. A atividade culminou com a elaboração do diálogo imaginário, conforme elas fizeram questão de explicitar, porque reunia dois personagens que não viveram no mesmo tempo; os alunos tiveram que criar falas adequadas aos respectivos personagens, nos respectivos contextos.

É uma atividade pautada pela perspectiva construtivista em que são apresentados subsídios para que os alunos identifiquem características para formar o conceito. **Não** é um trabalho estruturado numa lógica dedutiva que apresenta o conceito e sua definição, conforme estabelecida pelo conhecimento científico, para depois analisar situações que o conceito contribui para explicar e/ou compreender. É uma construção elaborada a partir de subsídios do saber acadêmico, que permite criar uma situação de aprendizagem na qual o aluno caracteriza a escravidão na Antiguidade e na Modernidade, identificando as diferenças e as semelhanças. Nesse trabalho, as professoras criavam condições para que os alunos construíssem o conceito, que implica um certo nível de generalização, mas que precisa dar conta das situações particulares, exigência intrínseca e expressa de forma própria no conhecimento histórico. Assim, no exemplo da aula, de forma sucinta, foram apresentadas características da escravidão na Antiguidade e aquelas da escravidão no Brasil.

Como diz Prost (1996:129), "os conceitos históricos são construídos por meio de uma série de generalizações sucessivas e definidos pela enumeração de um certo número de características pertinentes, que dispensam a generalidade empírica, mas não a necessidade lógica." Ele se baseia em Koselleck (1990), que afirma: "Sob um conceito estão subsumidos a multiplicidade da experiência histórica e um conjunto de relações teóricas e práticas que, enquanto tal, não é dado nem é objeto de experiência a não ser por esse conceito" (1990:109 apud Prost, 1996:130).

Como se sabe, a construção conceitual em História é de extrema complexidade, implicando um nível de generalização, mas envolvendo, também, aspectos que remetem ao concreto e às suas características particulares, e um instrumental teórico que oriente e possibilite a sua recomposição e análise.

Assim, o conceito de escravidão moderna, ou de relações sociais escravistas, refere-se a um conjunto de relações estabelecidas entre os homens, em determinadas sociedades e tempos, que implicam características como trabalho compulsório, transformação da pessoa em mercadoria, formas de apropriação e de dominação, regras para a legitimação do uso da violência pelo detentor do direito de propriedade sobre aquele que é escravizado, representações e discursos legitimadores da relação, e que se apresentam de forma própria nos diferentes contextos.

As características, que remetem a situações concretas, vividas, são definidas a partir das observações realizadas e são articuladas em função de concepções teóricas que orientam a análise. No caso das nossas professoras, por exemplo, estão orientadas para a análise econômica e social e não por uma perspectiva cultural preocupada com as representações e visões de mundo. Essas concepções têm implicações, por sua vez, no processo de seleção dos conteúdos.

Essa questão, que envolve a discussão sobre o particular e o universal na história, é discutida por Prost (1996:125-143). Ele lembra, inicialmente, e seguindo Koselleck (1990), que existem dois níveis de conceitos:

> "Toda historiografia se movimenta sobre dois níveis: ou bem ela analisa fatos que já foram expressos anteriormente, ou bem ela reconstrói os fatos que não foram expressos anteriormente na língua, mas com a ajuda de certos métodos e índices que de alguma forma já foram preparados. No primeiro caso, os conceitos herdados do passado servem

como elementos heurísticos para conhecer a realidade passada. No segundo caso, a história se serve de categorias formadas e definidas ex post, e que não estão contidas nas fontes utilizadas" (Koselleck, 1990:115 apud Prost, 1996:126).

Embora com conteúdo concreto muito forte, as designações de época, como 'servo', 'manso', 'oficial', 'quinto', 'lavras', possuem um certo nível de generalização que permite que sejam consideradas conceitos. Mas para o estudo das realidades passadas se faz necessário criar conceitos ou buscá-los em outras ciências, para que elas possam ser analisadas, como, por exemplo, o de "crise econômica", "classe social", "*belle époque*" etc., sempre ameaçados pelo risco do anacronismo.

Nos dois casos, no entanto, o conceito resulta de um mesmo tipo de operação intelectual: a generalização e/ou a síntese. "Os conceitos históricos são construídos por uma série de generalizações sucessivas, e definidos por um certo número de características pertinentes, que dispensam a generalização empírica, mas não a necessidade lógica" (Prost,1996:129).

Prost remete a Weber e ao conceito de "tipo ideal" para melhor explicar a sua concepção.

> "Nós nunca encontraremos empiricamente uma situação idêntica àquela de seu modelo, na sua pureza conceitual: isto é uma utopia. O trabalho histórico tem por tarefa determinar, em cada caso particular, o quanto a realidade se aproxima ou se afasta deste modelo ideal... O historiador, desde que ele busque se elevar acima da simples constatação das relações concretas para determinar o significado concreto de um acontecimento singular... trabalha e deve trabalhar com os conceitos que, em geral, não se deixam precisar de modo rigoroso e unívoco a não ser sob a forma de tipos ideais" (Weber, 1965:180-185, apud Prost, 1996: 133-134).

Assim, de acordo com essa concepção, o trabalho do historiador consiste em recolher os indícios nas diferentes fontes documentais que possibilitem a identificação de características que permitam reconhecer, naquele fato ou processo, uma expressão do conceito que ele utiliza como instrumento de análise, de inteligibilidade do social, mas que nunca será idêntico ao modelo.

> "Os conceitos são assim abstrações às quais os historiadores comparam a realidade sem nem sempre o explicitar. Eles raciocinam de fato sobre a distância entre os modelos conceituais e as realizações concretas. E isto acontece porque os conceitos introduzem numa dimensão

comparativa, mais ou menos explícita, os diferentes casos estudados em toda a história, com referência ao mesmo modelo idealtípico. A abstração do "tipo ideal" transforma a diversidade empírica em diferenças e semelhanças que fazem sentido: ela faz ressaltar, a cada vez, o específico e o geral" (Prost, 1996:134).[59]

Esta concepção de Weber, oriunda do campo sociológico, pode ser questionada, na medida em que opera com um instrumento estático que serve de parâmetro para análise de realidades diferenciadas e dinâmicas, o que tenderia a enrigecer a análise, esvaziando-a de seu conteúdo histórico e inserindo-a numa racionalidade funcionalista.

Marrou alerta para o fato de que o idealtipo só

"é de uso legítimo se, como sublinhava com insistência Max Weber, o historiador conserva sempre plena consciência do seu caráter estreitamente nominalista. Max Weber não perde nenhuma ocasião para sublinhar o caráter construído, irreal, fictício desses conceitos... A tentação idealista espreita a todo o instante o historiador. Se ele não se precaver, terá espontaneamente tendência para lhes dar realidade, para coisificar seus idealtipos, para se servir deles com se fossem verdadeiras ideias platônicas, de essências que, na sua pureza ideal, seriam mais reais que a autêntica realidade histórica, esse objeto inapreensível que sempre se esquiva em qualquer grau... rebelde aos nossos esforços de racionalização, condição de todo o conhecimento" (Marrou, 1974:145).

Outros autores apresentam considerações e concepções que procuram avançar na explicação dos processos de formação conceitual em História.

Uma primeira consideração destaca que os conceitos em História raramente são usados em sua forma absoluta. Geralmente eles são complementados por adjetivos que procuram determinar a situação a que se referem. O sentido mais preciso é explicitado pelo adjetivo que ele recebe e o jogo comparativo já mencionado implica também buscar o adjetivo pertinente. Assim, em História, no lugar de se falar de revolução, falamos da revolução francesa, ou da industrial, ou da russa, ou da chinesa, ou da tecnológica, agrícola etc., cada uma referindo-se a um contexto específico num tempo determinado. Assim, "a conceitualização em História opera uma organização do real histórico, mas uma organização relativa e sempre parcial, porque o real não se deixa jamais reduzir ao racional; ele comporta sempre uma parte de contingência, e as particularidades concretas tumultuam, necessariamente, a bela ordem dos conceitos" (Prost, 1996,137).

Os conceitos não são a coisa, são expressos por palavras que utilizamos para dizer a coisa e, portanto, traduzem significados compartilhados por alguns e, muitas vezes, de forma contraditória numa mesma sociedade. Mas, através deles, podemos vê-la e até pensá-la como realidade.

A relação entre o conceito e a coisa representada é dialética: tanto o conceito permite pensar e compreender fenômenos que não são dados a ver de imediato, como o de 'exclusão social', para citar um exemplo atual, ou o de fascismo, tenentismo e muitos outros, quanto permitem, com o aprofundamento da análise do seu significado, que possamos "ver" ou compreender aspectos antes ignorados (como é o caso da análise do conceito de mercadoria, por Marx).*

Por outro lado, as realidades se transformam e promovem a ressignificação de conceitos – o conceito de mãe, por exemplo, que amplia seu significado a partir dos avanços da engenharia genética, ou o conceito de currículo, que traduz vários significados a partir de concepções teóricas distintas – ou exigem novos conceitos para expressá-las, e que contribuem para afirmar essa nova realidade, como é o caso do conceito de globalização. Diferentes abordagens teóricas criam novos conceitos para desvelar aspectos e permitir novos entendimentos: por exemplo, o conceito de exclusão social, que, de certa forma, substituiu o de marginalidade, muito usado por sociólogos nos anos sessenta e setenta, ou o de representação, que veio ampliar o potencial heurístico em relação ao conceito de ideologia, ou o de fracasso escolar, que substitui o de repetência ou reprovação.

> "O conceito está relacionado a uma palavra, mas o está também ao mesmo tempo a mais de uma palavra; uma palavra se torna um conceito quando a plenitude de um contexto sociopolítico de significados e experiência dentro do qual e para o qual uma palavra é usada, pode ser condensado em uma palavra" (Koselleck, 1985:84).[60]

Um outro aspecto relevante que precisa ser destacado é que, no âmbito da História, a construção conceitual implica uma dimensão temporal, pois os tempos de mudança nos conceitos não coincidem com o tempo de mudanças da realidade. Como diz Koselleck, "as palavras que duram não constituem um índice suficiente

---

* A perspectiva pós-estruturalista desloca a ênfase do conceito de teoria para o de discurso. "Uma teoria descobre e descreve um objeto que tem uma existência independente relativamente à teoria. Um discurso produz seu próprio objeto: a existência do objeto é inseparável da trama linguística que supostamente o descreve... produz uma noção particular do objeto." Ver Silva, T.T. da. *Documentos de identidade. Uma introdução às teorias de currículo*. Belo Horizonte: Autêntica, 2004, p.12.

da estabilidade das realidades" (Koselleck, 1990, 106 apud Prost, 1996: 141). Mas, também, as mudanças de terminologia não constituem um indício seguro de mudança na realidade (como podemos ver em várias situações do contexto brasileiro).

Além disso, o trabalho do historiador implica a exigência de traduzir na linguagem de hoje o significado passado de palavras e, através delas, das realidades expressas. E mais ainda, o significado dos conceitos atuais deve ser redefinido se pretendemos traduzir o passado através deles (Prost, 1996:141-142).

Os conceitos em História implicam, portanto, considerar sua relação com o real em perspectiva analógica e numa dimensão temporal sincrônica e/ou diacrônica, o que possibilita o trabalho com a História dos conceitos (Koselleck, 1992).

Por outro lado, eles contêm, também, estruturalmente, potencialmente, elementos que abrem perspectivas para comparações, possibilitando o trabalho com as analogias, em uma "inteligibilidade comparativa" (Passeron, 1991 apud Prost, 1996:131), comparações estas que vão permitir avaliar se as características implícitas no conceito se encontram na coisa ou se é preciso reformular o conceito para dar conta de novas realidades criadas. De acordo com Passeron, nas ciências sociais a 'démarche' comparativa permite que se utilize a analogia controlada. "A validade da racionalidade científica repousa sobre a capacidade de exercer o controle da comparação" (Lautier, 1997:75).

Essas considerações aqui apresentadas em relação ao uso dos conceitos no conhecimento histórico *stricto sensu* estão baseadas, principalmente, no trabalho de Prost (1996), especialmente o capítulo 6, "Les concepts", que, por sua vez, utiliza como referenciais os trabalhos de Koselleck, Weber, Veyne e Bourdieu, e de Marrou. Concluindo, convém lembrar Marrou quando este afirma que "não se deve esquecer que toda a comparação coxeia, que nunca existe, em História, esse domínio do singular, paralelo perfeito nem recomeço absoluto. O uso de tais processos analógicos ou metafóricos requer precauções, habilidades..." (Marrou, 1974:140)

Que relações podem ser estabelecidas entre essas considerações de ordem teórica e o trabalho de construção de conceitos na História – conhecimento escolar?

Acredito que temos, nas aulas observadas, um exemplo claro do diálogo realizado com o saber acadêmico, no processo de mediação didática (Lopes, 1999) e que dá origem ao conhecimento escolar. Temos a definição de um saber a ensinar (decidido no âmbito da noosfera) – as relações sociais escravistas. Este saber a ensinar vai sendo transformado em saber ensinado a partir de decisões tomadas pelos professores, que escolhem alternativas que julgam mais apropriadas para o seu ensino. Aqui, a opção pelo construtivismo e pelo trabalho com a construção de conceitos. São definidas situações de aprendizagem que levam os alunos a identificar características, diferenças e semelhanças, em diferentes tempos e espaços, incluindo o seu próprio tempo e espaço. Esse processo, que está referenciado ao processo de produção do conhecimento histórico, é realizado descontextualizado das questões específicas da pesquisa e de seus pesquisadores. É **recontextualizado** para atender aos objetivos educacionais de formação da cidadania daqueles alunos e, por isso, são **dessincretizados** e **programados** de acordo com suas necessidades, interesses e características culturais. As referências aos pesquisadores e autores não são feitas nem é explicado o trabalho com as fontes. A preocupação com a pesquisa se concentra no ensino da atividade, como uma metodologia a ser apropriada pelos alunos. Como já foi comentado, o saber ensinado, a História escolar, me pareceu muito subordinada às preocupações mais evidentes com a formação de atitudes e dos procedimentos de pesquisa. As referências feitas pelas professoras na entrevista são aos PCNs e ao livro didático.

A comparação, que é utilizada pelas professoras, torna-se um recurso extremamente rico e pertinente, pois permite aos alunos avançar no processo de construção de conceitos dentro de uma lógica que é própria ao conhecimento histórico. Tratando-se de turmas de 6ª. série, os aspectos abordados são poucos, oferecendo elementos para uma formalização simples, mas que permite que eles reconheçam, em situações vividas ou estudadas, a existência ou não de relações sociais escravistas. Sua utilização vem ao encontro do potencial identificado por Prost nos conceitos históricos, revelando-se uma forma coerente de abordagem do ponto de vista epistemológico.

No que se refere ao campo educacional, encontramos posicionamentos diferenciados a respeito do uso da comparação e das analogias no ensino. Lopes (1999, 201:218), que defende a especificidade do conhecimento escolar em face do conhecimento científico, do qual não é, em sua concepção, uma distorção ou simplificação equivocada, e sim um conhecimento original dentro de uma perspectiva descontinuísta[61] de cultura, comenta estratégias utilizadas pelos professores para o ensino de Ciências, com destaque para o uso das analogias e metáforas.

Citando o trabalho de Duit (1991, apud Lopes, 1999), ela destaca que analogia é uma comparação de estruturas de dois domínios; simples comparações, com base em similaridades superficiais, não o são. Deve existir uma identidade profunda entre partes das estruturas.

Lopes lembra que as analogias são utilizadas para tornar uma informação mais concreta e fácil de imaginar, de visualizar. Como o processo de ensino--aprendizagem tem por objetivo transformar em familiar o não-familiar e construir familiaridades entre o já conhecido e o desconhecido, o uso das analogias, de acordo com Duit, é fundamental em uma perspectiva construtivista de ensino (Lopes, 1999: 210).

Mas, assumindo um posicionamento mais cauteloso, Duit chama a atenção para algumas desvantagens e perigos potenciais das analogias:

1) como nunca existe uma equivalência absoluta entre a analogia e o objeto--alvo, os traços de diferenças podem ser fontes de enganos;

2) o raciocínio analógico pressupõe um bom conhecimento da analogia, pois o que for mal compreendido na analogia será transferido para o objeto-alvo também incorretamente;

3) o uso de analogias, apesar de frequente no quotidiano, exige orientação cuidadosa no ensino, não devendo ser espontâneo (Duit, 1991, apud Lopes, 1999,211). Assim, podemos encontrar situações em que as analogias confundem e obscurecem no lugar de esclarecer.

Duit considera, portanto, que o uso de analogias pode ser extremamente útil para tornar o conteúdo estudado familiar e compreensível ao aluno.

Lopes, no entanto, chama a atenção para o risco de que a analogia aproxime de tal forma o saber do senso comum que ele perca o seu potencial explicativo oriundo da análise científica de que é portador. Essa questão se insere no grande desafio que está posto para o conhecimento escolar, que é o de fazer a mediação entre o conhecimento científico e o cotidiano, sem recair em simplificações equivocadas ou reproduzir o senso comum. Ela afirma que a

> "limitação central da análise de Duit é que ele não problematiza o uso de metáforas e analogias para tornar o conhecimento científico próximo e familiar ao aluno. Sem dúvida, a assimilação do conhecimento científico passa pela superação de um desconforto com concepções tão distantes do senso comum" (Lopes, 1999:211).

Assim, de acordo com Lopes, o uso de metáforas e analogias pode nos levar a correr o risco de reforçar o continuísmo e impedir que o aluno compreenda as diferenças entre os conceitos nesses dois contextos.

> "O aprendizado das ciências exige necessariamente o estranhamento, a percepção do inusitado, da não familiaridade. De uma maneira geral, quando os alunos utilizam metáforas, o fazem com intuito de reforçarem suas concepções cotidianas e espontâneas que, invariavelmente precisam ser desconstruídas pelos professores" (Lopes, 1999: 211-212).

Cabe à escola produzir configurações originais e criativas que efetivem esta mediação de forma a superar o seu papel de "receptáculo de subprodutos culturais da sociedade para resgatar e salientar seu papel como socializadora e produtora de conhecimentos" (Lopes, 1999:218).

As observações citadas referem-se diretamente ao ensino de Ciências. E a História escolar? O uso de comparações e analogias é válido como recurso para tornar familiar o conhecimento científico e superar concepções presentes no senso comum? Ou ele induz à reprodução ou reforço de concepções cotidianas e espontâneas?

Como sabemos, é muito frequente o uso pelos professores de atividades em que são realizadas comparações com situações similares à estudada e encontradas na "realidade do aluno", em situações do tempo presente. Muitas vezes essas relações induzem a erros, pois operam numa dimensão comparativa muito simplificada, conduzindo os alunos a atribuir à situação do passado o mesmo significado encontrado na situação do presente. Além disso, tendem a levar o aluno a ignorar as diferenças no tempo, suprimindo um aspecto fundamental no ensino da História, que é o de fazer perceber e compreender as diferenças entre temporalidades. O anacronismo torna-se um risco, portanto, do ponto de vista da atribuição de significado àquilo que é objeto de estudo e do ponto de vista da própria construção do raciocínio histórico.

Não estou defendendo aqui que a História estuda um passado objetivado, mas, sim, que, no seu processo de reconstrução, de recomposição (Boutier e Julia, 1998) no presente de situações e processos vividos em outros tempos por outras sociedades, é importante perceber as diferenças e as semelhanças, o que contribui para compreender a historicidade da vida social, objetivo maior do ensino da História. Não resta dúvida que, na História, que é também prática social, realidade vivida, o apelo para a contextualização no presente é extremamente forte e sedutor.[62]

Quanto à busca de similaridades estruturais dos fenômenos procurada nas analogias no ensino das ciências naturais, acredito que, no caso da História, é diferente. Não nos cabe buscar as similaridades apenas. Penso que devemos operar de acordo com a proposta que foi analisada aqui, a partir de Koselleck e Prost, sobre os conceitos em História. Há um conceito, o de escravidão, que serve de parâmetro para analisar contextos reais diferenciados. Surge a necessidade de adjetivação: escravidão antiga e moderna, para dar conta das especificidades históricas. A comparação, o raciocínio analógico, opera com a identificação de diferenças e semelhanças pensada em dimensão temporal. As diferenças percebidas por meio da comparação é que vão trazer elementos para a construção dos significados. A similaridade está presente nos elementos estruturais do conceito em estudo.

No caso das professoras pesquisadas, acredito que a opção por elas adotada na atividade analisada aqui foi bem sucedida no trabalho em perspectiva analógica em História. Elas se preocuparam em fazer os alunos perceberem diferenças e semelhanças entre a escravidão antiga e a moderna, e não em usar uma como idêntica à outra. A comparação com as relações sociais no presente, propiciada pelo trabalho de pesquisa sobre "Que país é este?" (que, embora não fosse especificamente sobre as relações de trabalho, permitia, indiretamente, sua caracterização), criava um contexto que também era trabalhado através da identificação de diferenças e semelhanças.

A definição do conceito a ser ensinado pressupõe a atribuição de um significado pelas professoras que servirá de referência para a criação de situações de aprendizagem, num processo que apresenta similaridade com aquele utilizado no trabalho com os tipo-ideais de Weber. Esses conceitos são referências que não determinam que a apropriação dos alunos será aquela esperada pelo professor. Essa construção é realizada num espaço em que existe liberdade para que as leituras e intervenções dos diferentes alunos possam se efetivar e, inclusive, aprofundar as análises e ampliar os significados. É a troca entre os diferentes sujeitos históricos envolvidos na rede intertextual que possibilita a emergência do significado do conceito em estudo naquele momento.

Completando, a localização no tempo contribuía para chamar a atenção para as diferentes temporalidades. É uma atividade em que os alunos foram levados a operar, a raciocinar a partir de elementos oferecidos pelos textos para construir o conceito de escravidão, conceito que é utilizado para designar relações em contextos sociais e tempos distintos, e cuja percepção das diferenças serve para melhor compreender o seu significado. Finalizando, destaca-se o trabalho de elaboração textual, em que a dimensão temporal era um aspecto a ser considerado pelos alunos no raciocínio que tiveram que desenvolver para atender à proposta, e que foi realizado com sucesso pela maioria deles.

A dimensão temporal foi trabalhada, portanto, na perspectiva da localização temporal, e não da simples enunciação de datas, e como elemento estruturante do raciocínio histórico, na medida em que articulou a dimensão diacrônica – os significados das relações escravistas em diferentes temporalidades – com a dimensão sincrônica, no caso, a concepção de relações escravistas na mente dos alunos, na atualidade.

Note-se também que elas utilizam frequentemente a linha do tempo, criação didática do conhecimento escolar, de forma adequada como instrumento para auxiliar o aluno na localização. Um reparo que pode ser feito é quanto à escala utilizada, que não respeitou as diferentes durações das épocas históricas.

Um outro aspecto que merece ser destacado é quanto às recorrências do saber escolar, entre as quais identificamos a utilização da periodização em idades que incluem a pré-história, e as idades antiga, média, moderna e contemporânea. Essa periodização tem sido, há muitos anos, objeto de severas críticas por parte dos historiadores, por implicar, entre outros motivos, uma forma de representação que, além de europocêntrica e linear, simplifica de forma radical a complexidade do processo histórico. Quando de sua apresentação no início do ano letivo, os professores têm o cuidado de discutir esses problemas com os alunos, mas até o fazem porque trabalham com essa periodização como referência. No trabalho dessas professoras, ela é utilizada para demarcar os períodos na linha do tempo. Esta periodização, que é um exemplo de criação do conhecimento escolar (França do século XIX, apud Furet), apesar de implicar uma simplificação e homogeneização de cunho europeizante, continua sendo utilizada pelos professores. Qual a sua funcionalidade do ponto de vista do ensino? É um recurso útil que precisa ser aprimorado ou é ainda utilizado porque os professores não dominam recursos alternativos que possam melhor dar conta das demandas que o trabalho com a noção de tempo impõe?

Por último, um aspecto que merece ser analisado é aquele referente à explicação histórica que foi utilizada nas aulas sobre escravidão. Como já dissemos, ela se baseou fundamentalmente no texto do livro didático. É certo que o livro foi escolhido pelas professoras porque contemplava, de alguma forma, suas exigências quanto ao conteúdo a ser ensinado.

Um exemplo interessante refere-se ao estudo do texto do livro didático para entender por que ocorreu a volta do trabalho forçado na América, ou, em outras palavras, o porquê da utilização de escravos na América. A atividade consistia em ler cada parágrafo e escrever a ideia principal. Curiosamente, a professora, ao auxiliar os alunos, organizados em grupos na sala de História, a fazer o trabalho, explorou muito mais os aspectos da leitura do que a problematização histórica. Suas palavras, registradas por mim que observava a aula, foram (a situação é exemplar e por isso repito a fala, já mencionada):

(Ela dramatizava a leitura em voz alta e fazia perguntas para ela mesma.)

"Mas eu tenho que tirar a ideia principal... Alguém tem uma ideia de como eu posso fazer isso? Quem me ajuda? Será que é uma boa começar pelo sujeito dessa frase? Sim... Portugal e Espanha trouxeram escravos para trabalhar na agricultura e na mineração... Qual é a razão? Por quê?" Uma aluna responde: *"Porque o trabalho assalariado não era generalizado"* (era o que estava escrito no texto do

livro). *A professora elogiou: "Muito bem! Vê como ela falou difícil! Pode ser... não era comum..."*

A professora então escreveu no quadro: "*Portugal e Espanha usaram o trabalho escravo na agricultura e na mineração porque o trabalho assalariado não era comum.*"

Continuando o processo de ensino para a identificação da ideia principal, seguindo o texto do livro, a professora conseguiu que eles elaborassem a segunda frase, que ela escreveu no quadro: "*Para os portugueses e espanhóis terem altos lucros, gastando pouco, era necessário não pagar salários. Por isso escravizaram os negros africanos e os índios*".[63]

Analisando essas explicações, podemos perceber que elas simplificam demasiadamente um processo que envolveu: a experiência portuguesa com os escravos africanos, a possibilidade de utilização do indígena, a disponibilidade de terras, a pequena população de Portugal, a necessidade do trabalho compulsório que se colocava a partir deste contexto e que era próprio da época. A explicação pautou-se, no entanto, na afirmação de que o trabalho assalariado não era comum e que não poderiam pagar salários porque queriam ter altos lucros. Mas já é sabido que a obtenção dos escravos, principalmente os africanos, implicava custos vultosos para a época quando de sua aquisição. Não pagar salários não significava automaticamente ter altos lucros. Lembremos outra vez que esta era a explicação constante do livro.

Mas por que esta opção foi tomada? A questão dos salários só pode ser considerada relativamente neste caso, até porque, como o próprio texto afirma, ele não era comum. Essa ênfase pode ter sido uma opção do autor para escolher, entre os fatores que compõem esta explicação, aquele que é familiar ao aluno: o trabalho assalariado. A partir dele montou-se a explicação, o que implicou uma distorção.[64]

O trabalho com o texto, o ensino de como se deve ler para extrair a ideia principal, foi primoroso, revelando uma habilidade no trato com o ensino da leitura e da escrita, ambas fundamentais para o ensino/aprendizagem da História.

Neste caso, vemos um exemplo em que a aproximação com a realidade do aluno, no caso aspectos da atualidade, é feita de forma implícita, gerando uma explicação que, embora avance em relação àquelas que afirmavam que os africanos estavam acostumados com a escravidão, precisaria e poderia ser burilada para melhor dar conta da problemática abordada, mesmo numa 6ª. série. O movimento realizado para tornar o assunto familiar ao aluno redundou numa simplificação, evidenciando um risco que ronda os processos de contextualização na "realidade dos alunos".

Percebe-se aqui também uma subordinação da questão histórica diante das exigências educativas, no caso, o desenvolvimento da leitura e da escrita.[65] Por outro lado, vale registrar que, no período por mim observado, não foram explorados aspectos dos conteúdos que possuem implicações para a formação de atitudes como as que são citadas nos PCNs: "Valorizar a diversidade cultural, formando critérios éticos fundados no respeito ao outro" (PCN, 1998:45), o que o caso em estudo oferece ricas possibilidades.

Outros exemplos poderiam ser citados, mas isto seria alongar em demasia o texto. Acredito que os que foram analisados permitem configurar a construção do saber escolar realizada pelas duas professoras em que a didatização implicou uma dessincretização e uma programabilidade que respondem a objetivos próprios da cultura escolar.

Essas duas professoras trabalham assumidamente dentro da perspectiva construtivista. Os outros dois professores cujas aulas acompanhei adotam um outro estilo. São aulas expositivas em que eles, como professores, conduzem o raciocínio dos alunos a partir de questões que apresentam e desenvolvem. Suas aulas se aproximam do modelo mais comumente encontrado no ensino de História e, em um dos casos, apresentam uma feição narrativa, não no sentido de tornar suas aulas espaço para o relato de acontecimentos baseado na racionalidade cronológica, e sim de buscar que seus alunos atribuam significados àquilo que é por eles abordado a partir da construção discursiva que elaboram.

Marcos – contextualizações, construções conceituais, analogias e exemplificações*

Marcos trabalhava com turmas do terceiro ano do ensino médio, no turno da manhã, cujos alunos estariam prestando exames vestibulares no final do ano letivo. Nas aulas observadas, de meados de maio ao final de junho de 2001, foram abordados os seguintes temas da História do Brasil:

• revisão da era Vargas;

---

* A aula de Marcos e a sua análise foram apresentadas no artigo de minha autoria "Entre o estranho e o familiar: o uso de analogias no ensino de História", publicado no *Caderno Cedes* 67. Ensino de História: novos horizontes, vol. 25, nº 67, set/dez 2005, p. 333-347.

- economia cafeeira;
- guerra do Paraguai e crise do Império;
- fim da Monarquia e proclamação da República;
- República Velha – governo provisório e reforma financeira.

Os alunos, durante suas aulas, mostravam-se nitidamente mobilizados pelo vestibular. Ficavam quietos, ouvindo as explicações, faziam algumas perguntas. Marcos explicava com muita clareza, encadeando os aspectos de forma a criar um contexto que auxiliasse o aluno a compreender o processo e o significado do tema abordado. Ele explicava e escrevia sínteses bem organizadas no quadro, que os alunos copiavam em seus cadernos.

Em todas as aulas que eu observei, o procedimento era o mesmo:[66] ele elaborava uma explicação que servia para contextualizar os fatos e esclarecer o significado dos conceitos.

Vejamos um exemplo de ensino do conceito "colônias de parceria", dentro do contexto da imigração do século XIX, parte da aula sobre a economia cafeeira. O texto foi dividido por mim em partes às quais atribuí subtítulos para facilitar a compreensão do texto da aula pelo leitor.

1. O racismo que caracterizava a decisão de trazer europeus para trabalhar no Brasil

"Olha só, por incrível que pareça, o que eu estou falando não é uma coisa assim escondidinha não, oculta, não assim, é? Não, isso aí era uma coisa explícita, olha só, vários proprietários, e, por incrível que pareça, até alguns intelectuais diziam que se você trouxesse trabalhadores brancos, europeus legítimos, certo, nós não teríamos apenas uma mão-de-obra melhor qualificada, como também, com a miscigenação, haveria pouco a pouco um branqueamento de nossa sociedade, e aí se a nossa raça fosse pouco a pouco se branqueando, nós teríamos uma raça mais capaz, mais inteligente, mais apta para o trabalho... Então a base desse negócio aqui é uma base fundamentalmente... o quê? Racista, para você estimular imigrantes europeus a virem para cá, está bem claro isso? Tranquilo?"

2. O autor do projeto e a relação com a servidão de contrato nos EUA

"Bom, segunda coisa, vejam como é que vai ser feita essa iniciativa? O mentor intelectual disso aí era um senador do império, que tinha

propriedade lá em São Paulo, o senador Vergueiro, que é até o nome de uma rua aqui do Rio, não é? O senador Vergueiro, ele tinha uma fazenda em Limeira, em São Paulo, na região com o nome de Ibicaba, então ele, ele e outros fazendeiros dessa região... ele vai estimular os imigrantes pra trabalhar lá... Como é que vai ser o meio usado pra você trazer imigrantes pra cá? Vocês devem ter visto no primeiro ano como é que era a colonização do norte dos Estados Unidos, devem ter ouvido falar alguma coisa sobre os servos por contrato, como é que funcionava isso?..."

Marcos: *"... O homem que foi trabalhar lá, ele era pobre, ele não tinha dinheiro para poder pagar... para poder pagar a passagem dele, quem pagava? A pessoa que contratava pagava a passagem e ele ficava endividado, mas como ele ia pagar essa dívida? Era um contrato, ele trabalharia uns cinco a sete anos de graça, recebendo só o quê? O alojamento, comida e tal, ao final de uns cinco, seis, sete anos nesse caso, ele era um trabalhador livre, ele ou poderia trabalhar em troca de um salário ou até montar um negócio próprio... É bom lembrar que, nos Estados Unidos, esse negócio se deu bem. Por que pessoal? A região norte, região de pequenos negócios na agricultura e comércio, na indústria... Então, para uma pessoa que tivesse alguma habilidade e conseguisse juntar algum capital não era difícil para ele montar um pequeno negócio na área comercial, uma oficina artesanal, por exemplo, não seria tão difícil assim... Ora, o senador Vergueiro... **a ideia dele e dos fazendeiros era semelhante**..."*

3. O contrato de agenciamento e a parceria

"Esse pessoal viria para o Brasil, mas, olha só, eles só viriam pra cá se abandonassem o seu país de origem, é porque não estavam bem lá, era porque eram pobres... e eles teriam que pagar passagem, quem pagaria a passagem? Os fazendeiros, então o fazendeiro chegava com um agente, porque da mesma forma que você tinha traficante de escravo, e depois você vai ter o quê? Os agentes da imigração, o cara que vai pra Europa, que faz propaganda, explica o caminho, conta para eles... Qual é a propaganda que se fazia? Olha, venham para o Brasil, o Brasil é a terra da oportunidade, lá vocês vão encontrar trabalho fácil, vocês em pouco tempo poderão virar proprietários, terra é uma coisa que não falta, aí o pessoal... está bom, e veio pra cá. Aí o fazendeiro chegava, pagava a passagem dos imigrantes que

ele contratou para o agente da imigração, bom aí estava no contrato dele, mais ou menos semelhante àquele que havia nos Estados Unidos, essa pessoa pagaria a dívida dela com o fazendeiro num prazo que também variava de cinco a sete anos, e essa dívida a cada ano tinha juros que variavam alguma coisa em torno de 6%, como eram juros muito altos naquela época, não, como até hoje não são? Bom, e aí o que acontece? Como é que essa pessoa, na prática, pagaria essa dívida com o fazendeiro? Com a produção de café que ela fizesse, daí o nome **colônia de parceria, pelo contrato fazendeiro/imigrante seriam parceiros, de que forma parceiros**? Pelo contrato, o imigrante teria o papel de plantar, cuidar e colher os primeiros fios de pés de café ao longo do ano. Quando fosse feita a colheita... o que ia acontecer? Se eles eram parceiros, tinham que dividir o quê? Meio a meio, então uma parte vai pro fazendeiro, metade vai pro colono, mas tem que pagar os custos também, tem... Então, nessa parte dele, ele vai ter que pegar uma parte do café para pagar o fazendeiro da metade dele, entenderam? Agora, se você olhar, não parece uma coisa tão distante assim, afinal de contas, com o trabalho dele, ele teria um prazo de cinco a sete anos... ele vai pagar sua dívida, e os juros não eram tão altos assim, só que esse negócio de passar o outro pra trás e tal, não é uma coisa dos dias de hoje, não é? Aqui no Brasil, infelizmente, na prática isso foi sempre comum, não é?"

4. Problemas decorrentes dessa forma de contrato

"Ora, primeiro problema: esse sujeito aqui, ele é um alemão ou é um suíço, ele já está aqui, já teria uma primeira dificuldade, que é o problema da língua. Segundo problema: veja quem ia registrar, fazer a contabilidade dessa dívida: era o fazendeiro, ele é que tinha o livro de contabilidade, e ele é que anotava. Como precisava pagar todo ano em café, pra diminuir da dívida dele, é óbvio que ele se aproveitava disso para poder falsificar os dados; terceiro problema, quando o café ia ser pesado, ele ia ser pesado aonde? Na balança do fazendeiro, obviamente sendo roubado o colono... Então, na verdade, era um outro meio dele pagar menos a dívida dele. Ainda mais... esse colono precisava de... é, produtos de uso pessoal, roupa, colchão, para ele dormir lá na cama dele, comida, não é? Aonde que ele ia conseguir isso? Numa mercearia que tinha na fazenda, que era o chamado barracão. A quem pertencia isso? Ao fazendeiro, que, óbvio, iria se aproveitar do fato de *não ter nenhuma cidade perto, para poder cobrar um preço absurdo pelo que ele pedia. Aí incorporou a cobrança no barracão, porque ele não ia ter dinheiro agora, só... ele só podia pagar com o que a terra produzia, porque ele não recebia salário, bom... aí muda alguma coisa aqui? Ele não tinha dinheiro, o que dizia o administrador? Olha, não tem problema, quando vier a colheita eu vou botar aqui e você vai ter que dar mais uma parte dela para o fazendeiro, para pagar o que você comprou aqui, então o que acontece? Na verdade, pessoal, o que aconteceu foi o seguinte: ano a ano, ao invés da dívida ser pouco a pouco diminuída, aconteceu o contrário, ela tinha aumentado... Por quê? Foi falsificado o registro do pagamento da verba, já começava aí, falsificava a pesagem do café do colono, certo? Endividava o homem no barracão, então na verdade esse contrato de ficar de cinco a sete anos livre servia para que continuasse preso à terra. Na verdade, ele ia, se a coisa continuasse assim, ele seria o quê? Um escravo por dívidas, por quê? Porque ele só vai sair da terra no dia em que fizer o quê, hem, gente? No dia que ele pagar a dívida... Enquanto ele não paga, ele não é um trabalhador livre... Está claro? Sim ou não? Agora, é só isso? Não, tem mais coisa aí, por exemplo, este proprietário aqui usava quem anteriormente? Escravos, e ainda tinham escravos aqui, você tinha em alguns lugares, paralelamente, escravos e imigrantes... Então esse pessoal achava que esse alemão, que esse suíço tinham que trabalhar tanto quanto o escravo, ora, só que esse cara não era escravo na terra dele... Para ele viver como escravo no Brasil, ele não vinha pra cá, ficava na Alemanha, na Suíça, certo? Outro problema? Geralmente, o alemão e o suíço são católicos? Sim ou não?"*[67]

Marcos trabalha em cada aula com uma gama de informações e explicações muito grande. Ele reconhece e lamenta:

*"Bem, por exemplo, como tenho uma grande parte do terceiro ano, eu tenho que priorizar muito o conteúdo. Até porque os alunos cobram muito, cobram isso da gente por questão de estarem muito tensos com o vestibular, embora eu ache que... eu sempre fui muito crítico com esse currículo que nós somos obrigados a trabalhar no segundo grau. Eu acho que é um currículo extenso demais e aí sobra pouco tempo. Eu acho que, talvez, com um currículo um pouco mais enxuto, você poderia trabalhar melhor principalmente a História do Brasil, entendeu? E... sem perder a noção **do processo**. Mas, enfim,*

existe um conteúdo grande que nós somos ainda, de certa forma, obrigados a cumprir..."

A sua maior preocupação é com a noção de processo, que os alunos possam estabelecer relações entre os fatos. E fica evidente a importância da fala do professor para o desenvolvimento da explicação.

Ele relata os acontecimentos entremeando sua narrativa com questões que "quebram" a naturalização que poderia ser depreendida da forma como a narrativa se desenvolve. Mas as questões funcionam mais como um recurso de retórica, uma vez que ele não espera a resposta dos alunos. Ele mesmo responde e segue com seu raciocínio. Além disso, em alguns momentos, ele assume o papel dos atores, reproduzindo falas e diálogos. Revendo a forma como ele explica o porquê do nome de parceria para definir a colônia:

> *"Como é que essa pessoa, na prática, pagaria essa dívida com o fazendeiro? Com a produção de café que ela fizesse, daí o nome* **colônia de parceria,** *pelo contrato* **fazendeiro/imigrante seriam parceiros, de que forma parceiros**? *Pelo contrato, o imigrante teria o papel de plantar, cuidar e colher os primeiros fios de pés de café ao longo do ano Quando fosse feita a colheita... o que que ia acontecer? Se eles eram parceiros, tinham que dividir o quê? Meio a meio, então uma parte vai pro fazendeiro, metade vai pro colono, mas tem que pagar os custos também, tem... Então nessa parte dele, ele vai ter que pegar uma parte do café para pagar o fazendeiro da metade dele, entenderam?"*

Assim, o conceito de colônia de parceria vai sendo explicado, sendo que a narrativa cumpre o papel de compor um contexto que possibilite ao aluno compreender o significado desta relação de trabalho, cuja constituição é estruturalmente vinculada ao processo de obtenção da mão-de-obra através da imigração. Esse contexto é construído por elementos que exemplificam aspectos das relações de produção: meios de obtenção da mão-de-obra, motivações para a imigração, condições de trabalho, de pagamento, obrigações contratuais, formas de burlar as regras contratuais etc. compondo um quadro que se aproxima da contextualização funcionalista em que se focaliza o contexto para explicar o comportamento social (Levi,1992:154).

Reconheço aqui uma metodologia para a construção do conceito também de base indutiva, mas que é diferente daquela utilizada pelas duas outras professoras que apresentavam os elementos para que os alunos, através da realização das atividades, chegassem às conclusões. O professor – o narrador – desenvolve o raciocínio e como que vai utilizando os eventos e argumentos para auxiliar seus alunos a construírem o conceito, desenvolvendo uma explicação que articula os diferentes aspectos do contexto para a compreensão do conceito. A narrativa, portanto, não é cronológica, nem linear. Ela é construída para que os alunos compreendam o conceito, fato este que dá sentido à construção do enredo: as ações entre fazendeiros e imigrantes, num determinado tempo.

A narrativa não é utilizada para relatar como era a viagem do imigrante ou a sequência das decisões que tornaram possível essa prática. Como Marcos explica:

> *"Eu, geralmente, eu não entro... como é que eu vou dizer, aquela parte factual... Eu procuro só transmitir, lembrar a eles, é lógico, a gente tem que falar nos fatos porque tem alguns que são essenciais de se entender... Mas, por exemplo, nazismo e fascismo... quando eu trabalho com eles, eu não fico ali explicando detalhadamente como é que foi a marcha sobre Roma, entendeu? Como é que foi o esforço do Hitler até ele chegar ao poder... porque o que eu acho que é fundamental, e isso é uma coisa que eu vou trabalhar muito com eles, é eles dominarem o conceito, a problemática do negócio... Por quê? Você dominando a problemática... você... se for pegar o livro para ler... você vai conseguir acompanhar os fatos porque eles vão ter uma lógica, entendeu? Então eu sempre procuro trabalhar nessa parte aí privilegiando o conceitual e de certa forma... essa forma de trabalhar privilegiando os conceitos, isso aí é uma coisa que eu herdei um pouco, é uma coisa que eu aprendi com o Ilmar, que a estratégia dele de trabalho é essa..."*[68]

Assim, na contextualização funcionalista, "não são as causas do comportamento que constituem os objetos de análise mas antes a normalização de uma forma de comportamento em um sistema coerente que explica aquele comportamento, suas funções e o modo como ele opera" (Levi, 1992:154). Os subsídios apresentados pela narrativa do professor compõem um contexto que permite aos alunos compreenderem o significado do conceito dentro do campo semântico construído pelo professor a partir das suas referências teóricas, das suas opções sociopolíticas e valores considerados pertinentes.

O raciocínio analógico é utilizado quando ele pergunta se os alunos se lembram da servidão por contrato utilizada nos Estados Unidos, o que eles teriam estudado no primeiro ano do curso. Um aluno consegue citar alguma coisa, mas ele não desenvolve a argumentação em cima da comparação. Ela foi usada quase como forma de tornar o assunto mais familiar, como também foi o comentário *"Só que esse negócio de passar o outro pra trás e tal não é uma coisa dos dias de hoje, não é? Aqui no Brasil, infelizmente, na prática isso foi sempre comum, não é?"*

Neste caso, ele busca uma certa cumplicidade com os alunos através da lembrança de conhecimentos que eles detêm sobre o Brasil e mostra, com esse comentário, uma preocupação em desenvolver uma postura crítica, explorando a dimensão educativa do conteúdo ensinado.[69]

Temos aqui, também, uma construção do saber escolar. A problematização é claramente orientada para encaminhar o raciocínio dos alunos para a compreensão do conceito e, ao mesmo tempo, ele procura fazê-los perceber a construção histórica da vida social. A dimensão axiológica pode ser percebida nas críticas que ele faz ao denunciar o racismo presente na decisão de trazer imigrantes europeus para o Brasil e as trapaças aplicadas aos imigrantes pelos fazendeiros, através do barracão.

Marcos usa frequentemente o recurso às comparações com situações do presente, da atualidade brasileira, para facilitar a compreensão dos alunos.

Na aula sobre o fim da monarquia e proclamação da República[70], por exemplo, ele conseguiu explicar a posição da classe senhorial no contexto que se transformava, discutindo as nuances do seu posicionamento em relação ao governo imperial, após a abolição, e diante do golpe da proclamação da República pelos militares, bem como as dissidências que começavam a surgir no sudeste em decorrência das insatisfações com o *status quo*:

> *"Mas, enfim, essa classe vai ficar numa posição meio neutra quando o imperador for deposto... Essa república vai ser, nada mais nada menos, que um golpe de Estado... Essa classe não vai fazer nenhum movimento para poder defendê-lo. A gente vai ver hoje que outros fatos tiveram influência nesse processo. Uma delas, a gente já falou aí na outra aula. As outras duas eu já coloquei aqui (no quadro), é a ascensão do oeste paulista, olha o que eu escrevi aqui: eu escrevi aqui que os cafeicultores da região pretendiam conquistar uma influência política proporcional ao seu poder econômico... Aí, eu quero lembrar uma coisa a vocês: lembra o que eu escrevi para vocês naquela folhinha, e que a gente comparou o fazendeiro do vale do Paraíba com o do oeste paulista... Eu cheguei a destacar um item com vocês que dizia o quê? Que o oeste paulista passou a ser o quê? A principal região econômica. Mas eu dizia o que a vocês? Que politicamente isso não tem reflexo, quer dizer, é injusto viver com uma influência política tão grande quanto tinha a classe senhorial até aquele momento.* ***Aí você pergunta o que é que significa isso na prática? É simples... hoje***

> *em dia, por exemplo, como o Brasil é uma república federativa, os estados têm uma grande autonomia com relação ao poder central, tem poder próprio e lei, tem autonomia própria, tem imposto próprio que a gente até já comentou aqui o caso do ICMS, por exemplo. Só que naquela época os estados não tinham essa autonomia...* Eu comentei com vocês que o Brasil era um império unitarista... Então, as províncias dependiam demais dos recursos que vinham do imperador. Então, quando o imperador distribuía esses recursos, a distribuição seguia muito mais um critério político. Onde o imperador tinha políticos de sua confiança, né, e predominando, ele liberava verbas com mais facilidades... Onde não tinha essa mesma confiança, ele não liberava tanta verba."

A comparação feita através do exemplo da organização política da federação brasileira atual, distinta da organização unitarista e centralizadora do império, foi o recurso utilizado para facilitar a compreensão pelos alunos do significado deste tipo de pacto político e os motivos de insatisfação da classe senhorial. Aqui ele trabalha com a racionalidade analógica, buscando no presente um exemplo de prática – a cobrança do ICMS – que possibilitasse aos alunos compreenderem os motivos de insatisfação da classe senhorial emergente no oeste paulista. A similaridade está presente no tipo de prática possível de ser efetivada por um regime de governo. Mas o professor identifica as diferenças e são elas que vão dar inteligibilidade aos processos estudados.

Acredito que, neste caso, a relação estabelecida com fatos da atualidade visa possibilitar a compreensão dos fatos e contextos através do destaque de um elemento estrutural semelhante, a cobrança de impostos, e não apenas tornar o assunto familiar aos alunos, embora isto também contribua para a sua aprendizagem.

Outra situação interessante foi observada por mim na primeira de suas aulas que eu assisti e que não gravei. O tema "Era Vargas" foi abordado em uma aula como revisão para a prova do vestibular da Uerj, que os alunos iriam realizar no domingo seguinte. Em sua explanação, ele analisou o contexto socioeconômico da época de origem da revolução de 1930, os diferentes momentos do governo Vargas e suas realizações e discutiu o conceito de fascismo para analisar o golpe de 1937. Para explicar o conceito de fascismo, utilizou uma metáfora. Vejamos como ele desenvolveu sua explicação.

Ele comentou a grande polarização ideológica que ocorreu a partir de 1935 e que se expressou de forma clara nos dois partidos então criados: a Ação Integralista Brasileira e a Aliança Nacional Libertadora. Esta, de orientação fascista, defendia o integralismo que, Marcos explica, era um fascismo à brasileira. Marcos perguntou então se eles sabiam o que era o fascismo e eles responderam que não. Ele rapidamente explicou o contexto europeu nas décadas de vinte e trinta, destacando o impacto da crise econômica sobre as classes média e trabalhadora. Ele, então, contrastou as opções oferecidas pelos comunistas: a luta de classes e a revolução ou a opção do fascismo:

> *"Ideologia fortemente nacionalista, pregava o regime ditatorial e se baseava na ideia de que a sociedade é como se fosse um corpo: cabeça, tronco e membros. Os membros são os trabalhadores, o corpo, os empresários e patrões. Se deixar trabalhadores e patrões sozinhos, eles não vão se entender nunca. Precisa de uma cabeça que é o Estado, que vai fazê-los se entenderem... No Estado fascista, os sindicatos são controlados pelo Estado."*[71]

Esta analogia, relação entre estruturas de dois domínios diferentes – no caso, o corpo humano e a organização político-social –, teve por objetivo auxiliar os alunos a entenderem a concepção fascista da sociedade, sua organicidade e a concepção funcionalista das relações entre as classes sociais e o Estado. Utiliza como base para essa relação algo que os alunos conhecem bem, ou seja, o papel do cérebro para o funcionamento do corpo. Não se apoiou, é claro, num conhecimento mais aprofundado e atualizado de Biologia. Utilizou, de forma simples, um exemplo do domínio do senso comum e que auxiliou na compreensão da relação entre classes sociais e o Estado, própria do fascismo. Vemos aqui o uso da analogia para aproximar o estranho do familiar, e de que forma pode contribuir para a compreensão de um modo de organização político-social e, ao mesmo tempo, contribuir para uma visão crítica da relação de dominação imposta pelos regimes fascistas aos diferentes grupos sociais.

Um outro exemplo que chama a atenção é aquele em que, para explicar os motivos que fizeram tantos italianos emigrarem para o Brasil no século XIX, ele comentou um episódio ocorrido num jogo de futebol na Itália, na Copa do Mundo de 1990, para ilustrar as diferenças existentes entre o sul e o norte ainda hoje, e que são remanescentes da situação vivida no século XIX.

> *"Nessa década aqui em diante... ali, meados dessa década em diante, quando veio pra cá, em grande quantidade... A minha pergunta é o seguinte, presta atenção aqui, se eu falei aqui antes que o Brasil está muito desacreditado lá fora, como é que agora outros imigrantes também europeus resolveram vir pra cá? E afinal, presta atenção,*

em grande quantidade, bom em parte, boa parte, o porquê os italianos, vocês viram isso no ano passado... Mas, nessa década aqui, o que aconteceu na Itália? As guerras de unificação, era o processo da unificação italiana, é... a Itália fez duas guerras contra a Áustria, e para poder se unificar, para conseguir virar um único Estado, para conseguir virar um único Estado, mas só que tem um detalhe... A Itália, atenção pra isso, ela unificou-se politicamente, passou a ter, é, um único Estado, a mesma constituição... Os mesmos impostos, mesmo exército, isso tudo, né? Agora, só que do ponto de vista econômico, a Itália também enfrentou um problema que foi uma desigualdade grande entre o norte e o sul, o norte é uma região rica, desenvolvida... Você pega Milão, por exemplo, uma cidade altamente moderna, industrializada, como são em grande parte as cidades do norte, até mesmo as principais criações culturais são do norte... Bom, já o sul é uma região agrária, pobre, atrasada, com uma desigualdade muito maior, é esse problema, presta atenção, hem? A unificação não resolveu, e ele existe até hoje, lógico que, no caso, bem menor do que foi nessa época, mas também existe até hoje... Então, veja, é exatamente essa população do sul que veio para o Brasil, não é isso? Se eu por acaso aqui... Para você ter uma ideia de como esse negócio está hoje na Itália, ainda é tão forte, que eu sempre dou o exemplo da Copa do Mundo de 90... Uma das semifinais para aquela Copa, que foi entre Itália e Argentina, e aí aconteceu uma coisa que nunca houve numa Copa do Mundo...

O caso é o seguinte: a base da seleção italiana na época deveria ter participantes dos dois times do norte, principalmente de Milão, o Inter e o Milan. Bom, qual o problema? O Nápoles, clube do sul, que tinha saído há pouco tempo da segunda divisão, resolveu montar um grande time e contratou alguns craques, entre eles o Maradona, que na época estava no auge da carreira dele. A ida do Maradona para o Nápoles, que era até então clube meio esquecido, ele deu o tricampeonato ao Nápoles, eu falo que ele deu, porque ele era mais velho naquela época, claro, ele foi tricampeão italiano... Bom, quando no campeonato italiano o Nápoles ia jogar no norte, contra times como o Milan, contra a Inter, aí a torcida deles era ridicularizada, era burra, né? Que não era civilizada, era atrasada... era o maior preconceito que rolava... Quando veio a Copa do Mundo, o que aconteceu? Para a população do sul, a seleção italiana não os representava, representava quem? Os clubes no norte, ainda o time do Milan, não representavam o sul.

Em compensação, a Itália vai entrar na semifinal contra quem? A Argentina. Onde jogava quem? O Maradona, que naquela época era o grande ídolo, né? Dos torcedores do sul, do Nápoles em particular, e a Itália deu tanto azar, que a tabela está sempre pronta, lógico, muito antes da Copa começar, o jogo estava marcado pra onde? Pra Nápoles, foi jogado em Nápoles, no sul, contra a seleção argentina, e aí aconteceu uma coisa inusitada, a Itália jogando no seu país, numa semifinal de Copa do Mundo, e o estádio praticamente dividido, né, um pouco mais da metade, óbvio, era torcedor pela Itália, que era uma coisa lógica, mas quase metade do estádio torcia pela Argentina, e um detalhe: em grande parte não eram argentinos, eram italianos do sul, que acabaram ali encontrando um meio de ridicularizar certos torcedores do norte que ridicularizavam eles, que se diziam do norte, e o azar da Itália foi tão grande que ela foi até desclassificada, pelos pênaltis na Copa do Mundo... Mas você, veja bem, isso foi em 1990, quer dizer, recentemente, tanto que até hoje há diferença entre norte e sul, é grande até a questão de preconceito, certo?"

Neste caso, não há analogias nem comparações. É um caso pitoresco que ele utiliza para ilustrar as diferenças culturais e econômicas entre o sul e o norte da Itália. A riqueza do exemplo é que ele se refere ao futebol, Copa do Mundo e a Maradona, temas apaixonantes para os adolescentes brasileiros, o que, além de resgatar a atenção dos alunos, os envolveu e interessou sobre o tema. Com isso, contribuiu para fazê-los compreenderem melhor fatos e processos históricos de sociedades diferentes da sua. A empatia foi estabelecida e, com isso, a compreensão da história daqueles imigrantes se tornou mais fácil.

As narrativas desenvolvidas, em que se percebe claramente o papel do narrador – o professor – articulando os fatos de forma a possibilitar aos alunos atribuírem sentido ao que era narrado, abordavam temas desvinculados das questões de pesquisa de origem, organizados em nova ordem, com base em outra racionalidade no processo de **dessincretização**, e que foram **recontextualizados** para ensino. Menções aos historiadores que estudam essa questão também não foram feitas, revelando o processo de **despersonalização**.[72] A centralidade da exposição na pessoa do professor lhe confere também a responsabilidade de avalista do que está sendo ensinado. **A programabilidade**, ou seja, a definição racional de sequências que permitam uma aquisição progressiva de conhecimento e cuja definição se legitima por "uma ficção que nos faz acreditar que a aprendizagem é "isomorfa" em relação ao processo de ensino e cujo modelo ordenador é o texto do saber em sua dinâmica temporal" (Chevallard, op.cit.73) me parece clara, revelando a crença de que o jeito de explicar faz o aluno aprender o conteúdo ensinado e o próprio raciocínio histórico. Creio que essa concepção está bastante enraizada em Marcos que, em seu depoimento, comenta a importância das aulas do professor Ilmar em sua formação:

> *"Porque o Ilmar era uma pessoa que não se preocupava só com as questões efetivamente acadêmicas, entendeu? Ele sempre dava toques pra gente, quer dizer, ele não nos via como pessoas que... Como diria? Estavam ali na... na faculdade, é... Exclusivamente para serem pesquisadores, entendeu? Ele nos via ali como pessoas que, provavelmente, a maioria ia trabalhar em sala de aula, que é o destino da maioria mesmo, né? Então, eu, no meu ponto de vista, a própria aula do Ilmar, além de ser uma aula de História, **era uma aula de didática porque era aquela aula que tinha começo, meio e fim, aula onde as coisas se encontravam, onde uma coisa se relacionava com a outra, então eu costumo dizer até que eu aprendi muito mais é...** a trabalhar em sala de aula, com as aulas dele, do que com as aulas que eu tive na Faculdade de Educação, entendeu? Então, uma pessoa assim, que acho assim foi fundamental nessa minha formação..."*

Assim ele aprendeu, assim ele faz para seus alunos aprenderem – **aula onde as coisas se encontravam, onde uma coisa se relacionava com a outra –**, o que vem corroborar a importância da experiência como aluno na formação e atuação prática do professor, na formação do *habitus* que orienta suas ações.

A dimensão educativa está presente na preocupação com o desenvolvimento da capacidade crítica dos alunos. Sempre que pode, Marcos utiliza exemplos para problematizar as situações, levando os alunos a pensarem sobre os fatos abordados e outros da atualidade a eles relacionados, a partir de outro ponto de vista, desenvolvendo o pensamento crítico, trabalhando a dimensão axiológica que é estruturante do conhecimento escolar.

> *"Quer ver? Vou te dar um exemplo. Semana passada eu falei com eles sobre... sobre... uma turma que estava mais adiantada, eu falei sobre Guarda Nacional e Código de Processo Criminal... o voto era censitário. Vocês acham que uma pessoa que é eleita, por uma fatia da sociedade, essa pessoa vai ser isenta na hora de julgar? Aí eles, não e tal, e eu falei: Hoje, por acaso a Justiça... ela realmente usa o que está escrito lá? Que todos são iguais perante a lei? Aí o pessoal, 'Ah, não', e tal, e lembrou o caso do índio lá que botaram fogo, esse tipo de coisa, entendeu? Então essas discussões rolam aqui..."*

Roberto – contextualizações, problematizações, construções conceituais, analogias e exemplificações

O outro professor que participou da pesquisa, Roberto, desenvolve suas aulas dentro de um estilo próximo ao de Marcos, assumindo um papel de fundamental importância na condução das explicações e da mobilização dos alunos para a participação e reflexão crítica conjunta. Observei oito aulas, durante os meses de maio, junho e início de julho, em uma turma de primeira série do ensino médio, no curso noturno.

Os temas abordados foram:
- Feudalismo e mundo feudal (revisão)
- Idade Média: período de trevas?
- Idade Média: período de trevas? O mundo feudal – a baixa Idade Média
- Idade Média: período de trevas?
- Tempo de formação: a baixa Idade Média e o reaparecimento do comércio
- Vídeo: 'A morte negra'
- Os conceitos: Estado, nação, país, povo
- Tempo de formação: o mundo moderno: soluções para a crise do século XIV

Roberto tem um jeito muito próprio de dar aula. Ele se preocupava muito em "puxar" a participação dos alunos, chamava-os pelos nomes, lia os nomes quando ainda não os tinha memorizado, porque era o início do ano letivo. Mesmo sendo muitos, ele fazia perguntas a vários deles e insistia até o aluno responder. Roberto não parava, movimentava-se na sala e provocava, desafiava, estimulava os alunos a pensarem e refletirem sobre o que estava ensinando. Perguntado sobre os motivos da opção por trabalhar assim, num estilo que acaba por ser extremamente cansativo, ele disse:

> "É, primeiro porque eu acho que a aula deve ser interativa. Quer dizer, eu gosto de ter uma aula que é construída dentro da sala de aula... Eu dou o norte, eu dou a orientação, vejo lá o que eu quero trabalhar, sei aonde eu quero chegar, tenho uma preocupação com o meu tempo de aula, para eu não me perder. Mas quero que dentro disso eu tenha a maior participação possível dos alunos e isso é uma coisa que eu... não sei, da minha própria condução de aula sempre foi assim... sempre foi, sempre foi... Desde o meu primeiro momento de trabalho assim... nunca trazer as coisas totalmente prontas, mas construir com eles e puxar com eles, porque eu acredito que é esse o

tipo de trabalho que deve ser desenvolvido. Eu realmente não sei da onde veio isso, ainda vou descobrir..."

Roberto fazia perguntas aos alunos, o tempo todo, e procurava aproveitar suas respostas, embora eles ficassem muitas vezes intimidados para responder. As perguntas, as respostas dos alunos, os exemplos e situações da atualidade eram articulados para criar um contexto que permitisse aos alunos compreenderem o significado do tema em discussão. O exemplo abaixo, extraído de uma aula gravada, ajuda a compreender o seu jeito de ensinar.

"É... Júlio, Júlio, na Idade Média, nesse período, presta atenção nisso agora, que isso já foi dado, isso aqui não é muito complicado, Júlio... Eu queria saber de você qual é o modo de vida, a forma de organizar a vida europeia que predominou neste período que a gente chama de Idade Média?"

Aluno: "O modo feudal?"

Roberto: "Isso, muito bem Júlio, é o que nós chamamos de feudalismo, que é um personagem da aula de hoje. A gente vai trabalhar um pouco com ele... Júlio, você ainda, até porque, presta atenção... o feudalismo é uma forma de ser, uma forma de se organizar, da sociedade daquela época, predominou na Idade Média... Eu queria saber, Júlio, qual a forma de organização social que nós temos hoje, que predomina no nosso mundo ocidental?"

Alunos: "O capitalismo."

Roberto: "Ah, muito bem, Júlio... o capitalismo. É uma outra forma de se organizar, então, espera aí, Júlio, quer dizer que a Europa e o Mundo Ocidental hoje... Na Europa, por exemplo, não predomina mais o modo de vida feudal... predomina o capitalismo ou o modo de vida feudal?"

Alunos: "O capitalismo."

Roberto: "Mas ainda existem coisas do feudalismo lá?"

Alunos: [Falaram muito baixo.]

Roberto: "Existem. Por exemplo, a Igreja está reunida lá no Vaticano, você também viu isso? Alguém viu? Nos jornais, na televisão?... Tem bispos do mundo inteiro reunidos no Vaticano, junto ao papa, ninguém viu isso? No jornal, ninguém viu na televisão?"

Alunos: [Falaram muito baixo.]

Roberto: "Sabe o que eles estão fazendo lá? Alguém sabe?"

Alunos: [Falaram muito baixo.]

Roberto: "Mas o que é isso? Vocês não veem nada, não veem televisão, jornal não leem? Renata, sabe onde estão reunidos os bispos do mundo inteiro? Estão lá reunidos na Europa, no Vaticano..."

Alunos: [Falaram muito baixo.]

Roberto: "Uma reunião católica, mas por quê?"

Alunos: "Porque o Vaticano é..."

Roberto: "Discutindo duas coisas basicamente, os destinos que a Igreja vai tomar a partir de agora... Sabe que a Igreja está passando por uma crise com a evangelização de outras igrejas, centenas de fiéis e a sucessão do papa. Não é? O papa já está idoso, já está com dificuldades de exercer as suas funções, ele está envelhecendo... A Igreja precisa de um novo chefe, a autoridade máxima e essa reunião tem por objetivo começar a indicar esse novo papa. Estão lá bispos de esquerda, bispos de direita, pessoas que veem a Igreja de uma maneira, pessoas que a veem de outra maneira. Eles querem chegar a um consenso. Mateus, a escolha desse chefe é fundamental para a Igreja, por quê?"

Alunos: [Falaram muito baixo.]

Roberto: "Porque ele vai decidir os rumos que a Igreja vai tomar, mas, vem cá, quem decide é o papa?"

Alunos: [Falaram muito baixo.]

Roberto: "São todos, mas quando ele assume, a palavra do papa dentro da Igreja, ela é questionável? Ela é discutível pelo clero?"

Alunos: "Não."

Roberto: "Não, quando o papa decide alguma coisa como chefe da Igreja, isso passa a ser uma determinação da Igreja. Desde quando, Mateus?"

Alunos: [...]

Roberto: "Desde a Idade Média... o papa decide, o papa decide, dentro do clero."

Alunos: "Existem pessoas que questionam?"

Roberto: "Não... tudo bem, mas a palavra é dele, a palavra é dele, a palavra papal ainda é um marco na Igreja. Isso é medieval, não é verdade? Isso é uma permanência da Idade Média que nós temos hoje, essa autoridade de um cara, não é, o papa, capaz de percorrer países em guerra, de fazer os países pararem a guerra para que ele *possa falar nos territórios em guerra, como ele fez agora no Oriente Médio... **Isso é medieval, é uma autoridade, é um reconhecimento, é um reconhecimento medieval, não é? Então, a gente ainda tem coisas da Idade Média para a gente ter como referência hoje...** Tem outras que eu poderia falar, como o casamento monogâmico, que é, se instituiu nos germânicos e outras, e outras, mas..."*

"Júlio, o que acontece é que o feudalismo não existe mais como sistema. A gente vai discutir isso daqui a pouco... Eu queria saber de você o seguinte: quando foi que as relações de produção feudais, esse modo de vida começou a deixar de ser predominante na Europa? Quando realmente ele começou a deixar de existir e ser substituído pelo capitalismo?"[73]

Neste exemplo, Roberto retomou com os alunos aspectos sobre a Idade Média e o feudalismo que já tinham sido abordados, buscando fazê-los distinguir a época feudal da moderna com o desenvolvimento do capitalismo. Trabalhando as diferenças entre as épocas, ele destacou um aspecto de permanência do modo de vida feudal na atualidade. Lembrou aos alunos que estava acontecendo uma importante reunião no Vaticano e aproveitou para explicar o papel do papa na Igreja católica e os problemas enfrentados por ele hoje em dia. Ele destacou a permanência de aspectos característicos da época feudal ainda presentes na atualidade.

Roberto é, assim, o professor que deixa muito clara a preocupação em contextualizar os temas abordados na "realidade do aluno", para usar uma expressão muito comum no campo educacional. Essa foi uma aula inicial, de retomada e revisão do assunto, na qual ele não aprofundou as discussões. Percebe-se que ele queria situar os alunos em relação às questões que seriam abordadas, inserindo-as no seu mundo (dos alunos) e, ao mesmo tempo, trazendo-as para eles (muitos não estavam a par dos acontecimentos por ele citados).

Identifico aqui uma construção nitidamente escolar, realizada para o ensino desses alunos, na qual os temas são recontextualizados, deslocados de suas problemáticas de pesquisa, para servirem de elementos de configuração do contexto educativo. Nessa aula, como nas seguintes, Roberto discutiu o conceito de Idade Média e o significado a ele atribuído no senso comum, de idade das trevas. Durante seis aulas ele foi trazendo elementos para que os alunos pudessem compreender a complexidade da vida social nesse período, questionando com eles concepções que traduzissem uma ideia de atraso.

Com exceção da primeira aula, quando ele trouxe uma proposta de atividade de revisão com consulta no livro didático[74], Roberto trabalhou com base na exposição oral entremeada de questões com o objetivo de fazer o aluno refletir, repensar e/ou descobrir novos ângulos dos temas abordados.

Em uma das aulas observadas, Roberto trabalhou com um vídeo: "A morte Negra". Ele passava a fita, interrompia e, com a imagem parada, fazia comentários, perguntas e explicações, revelando um grande domínio da atividade que realizava. No início da aula, ele fez uma revisão de assuntos abordados anteriormente:

> *"Porque todo o comércio na Europa Ocidental relacionado aos produtos que vêm do Oriente depende dos genoveses e venezianos, dos italianos. Não é à toa que portugueses e espanhóis, assim que se estabelecerem enquanto Estado, nos séculos XIV e XV, vão tentar quebrar o monopólio dos italianos. Como, Clarice? Como tirar dos italianos o controle do comércio europeu com o Oriente?*
>
> *É simples, buscando rotas que não passem pelo Mediterrâneo... Os portugueses começam a fazer isso lá... Em 1415 já conquistam Ceuta,* **assunto de agosto, que a gente vai ver a expansão marítima, não é?** *Então a gente está começando já a entrar no mundo da modernidade, a busca de soluções para aquele mundo fechado, medieval, com pouco desenvolvimento do comércio. Então os genoveses e venezianos... as rotas deles, o que eles fazem? Atenção agora, eles vão ao Oriente, trazem de lá tapetes, porcelanas, ouro, prata, escravos... incenso, produtos que a Europa não tem, e as especiarias, que são os temperos: cravo, canela, noz-moscada, gengibre, produtos que são tropicais, não são europeus, estão nas Índias..."*

É possível perceber aqui uma outra característica que permite configurar como escolar o conhecimento ensinado. Ele mencionou as conquistas portuguesas, Ceuta e disse: "assunto de agosto". O assunto não seria explicado naquele momento, e sim em agosto. A sequência de abordagem seguia o "programa" que definiu que este assunto deveria ser estudado depois da crise da baixa Idade Média e da expansão comercial. Esse procedimento atende à exigência da **programabilidade**, citada por Chevallard, quando afirma que o "texto do saber ensinado" segue uma norma de progressão do conhecimento, progressão esta que pressupõe um começo e um fim (provisório) e opera por encadeamento de razões (Chevallard, 1991, 73).

Como já comentei anteriormente, esta programabilidade, além de atender exigências do calendário escolar, tem como pressuposto a concepção de que esse caminho atende a exigências de aprendizagem dos alunos. Analisando com mais atenção, no entanto, podemos identificar a matriz que sustenta esta programação de conteúdos e que se revela muito marcada pela linearidade cronológica, pelo europocentrismo e, mais especificamente neste caso, voltada para o estudo que tem por preocupação caracterizar o modo de vida feudal e como, a partir de contradições que nele se desenvolvem, discutir as origens do capitalismo. As aulas por mim observadas estavam estruturadas, em última instância, para o estudo da transição do feudalismo para o capitalismo, na sociedade europeia ocidental. Mas não foram aulas pautadas na História econômica exclusivamente. Roberto procurava abordar os diferentes aspectos da sociedade, numa perspectiva mais global, embora fosse possível perceber um fundamento marxista orientando a análise voltada para a compreensão do desenvolvimento das forças produtivas e suas contradições com as relações de produção. A categoria "relações de produção" foi, inclusive, utilizada quando Roberto analisou com eles as transformações ocorridas durante a baixa Idade Média e que deram origem a novas relações de produção capitalistas, para o que ele montou um quadro comparativo que foi completado durante a aula, junto com os alunos.

O quadro organiza, com base na racionalidade analógica, aspectos/características que vão sendo identificados no contexto das relações de produção feudais e capitalistas. A comparação é feita a partir de uma estrutura comum que configura a categoria 'relações de produção' e que se apresenta de formas distintas no contexto feudal e no capitalista.

Essa atividade revela outra forma de realizar a análise comparativa que opera por identificação das diferenças em relação ao modelo abstrato criado para analisar as sociedades. Ela foi destacada para análise porque ilustra um modo de mobilizar os conteúdos ensinados muito comum entre os professores de sua geração.

A organização de conteúdos que fundamenta o trabalho assim realizado e que substituiu a programação proposta pela História tradicional, principalmente a partir da década de oitenta no Brasil, acabou por substituir o ensino da História da nação por uma História da evolução do capitalismo, conforme foi analisado por Bittencourt (1997, 23:24).

Destaca-se no trabalho de Roberto a sua metodologia de ensino, a forma como ele busca contextualizar os assuntos abordados na "realidade dos seus alunos". O trecho abaixo reproduz um dos momentos da aula no qual ele discute com os alunos o que foi a peste negra. Para isso faz comparações com doenças e epidemias da atualidade, criando um contexto muito particular, que relaciona as informações sobre a Idade Média com fatos e acontecimentos atuais, bem como com simbologias medievais ainda presentes no nosso imaginário.

Roberto: "Então, olha só, ele (o vídeo) falou do mundo europeu da baixa Idade Média, do comércio, como é que estava, dos termos mais importantes, as rotas em volta. Agora ele vai falar dos fatores, o primeiro deles é a peste. Eu queria saber do colega ali, atrás do Júlio, qual é o seu nome?"

Aluno: "Felipe."

Roberto: "Felipe, Felipe, essa figura que está representada... ela é conhecida nossa até hoje, ela está no nosso imaginário, ela representa o que, esse símbolo aí?"

Aluno: "A morte..."

Roberto: "A morte, você pode descrever ela para a gente? Como é que ela está representada, é um esqueleto... que é um esqueleto, que é o que sobra de nós após a morte, não é verdade? Ela está representada pelo esqueleto, não é... e ela carrega o quê?"

Aluno: "Uma foice..."

Roberto: "Uma foice, que é um instrumento agrícola medieval, que ceifa o feno e que ceifa a vida... Esse símbolo, esse imaginário criado na Idade Média... ele ficou para nós, para o mundo até hoje, não é? Ela pode aparecer..."

Aluno:...

Roberto: "É, seria como aquele que ela vai atingir, digamos assim, não é? Ela pode aparecer com uma roupinha assim mais leve, não é? Grega, como ela pode aparecer usando o hábito do padre medieval, geralmente ela aparece assim para a gente, não é? Isso até hoje está no nosso imaginário... isso é uma simbologia da Idade Média, cristã, não é? Cristã, está no imaginário do homem medieval."

Fita: "31 milhões morreram por causa da peste negra, somente na Europa, muitas cidades viam como morria lentamente a sua população."

Roberto: "Então, observa, o cenário é urbano, não é rural, não é? Estou trabalhando com a baixa Idade Média. A população está muito mais concentrada, isso é um fator importante, não é? E eu queria lembrar que na semana passada nós estávamos tendo um problema, se eu não me engano em Nova Iguaçu, num bairro em Nova Iguaçu, um bairro mesmo onde já haviam morrido 15 pessoas, desculpe, 11 pessoas. E praticamente não se sabia a causa da morte dessas pessoas, seria o quê... a população estava em pânico. Por quê? Estavam morrendo crianças, homens, independentemente, e a saúde pública, a Secretaria de Saúde, já tinha ido lá e já tinha verificado que poderia ter tido três causas: hepatite, leptospirose, que é transmitida pela urina do rato, ou meningite... todas as três doenças são doenças por falta de saneamento básico... Isso demonstra que essa área não tem o tratamento de saneamento adequado para que essa população viva lá... Muito bem... se aqui, no século XXI, nós ainda encontramos isso, a falta de conhecimento por parte da população de como lidar com certas questões de saúde pública, questão de saneamento básico, para não contrair certas doenças... A gente teria vários casos para contar, eu já vi criança tomando banho na saída de esgoto da praia do Flamengo, com a mãe sentada na areia e ela acha que o filho dela não está se expondo a nenhum perigo, não é? E ela deixa isso acontecer isso porque, para ela, a poluição tem que ser visível: sacos de lixo, tal, a poluição não é microscópica, não é? A hepatite não é microscópica? As doenças que estão ali não são microscópicas? Então, a criança pode tomar banho no mar. Isso demonstra que ela ignora esse tipo de doença. Imagina naquela época, quando as pessoas morriam em 72 horas, era uma doença altamente transmissível, não havia uma Medicina que desse conta dessa questão e as pessoas entraram em verdadeiro desespero...

Bem, voltando é, é... essa epidemia, essa epidemia que vai se instalar na Europa... eu queria saber, Júlio, o que é uma epidemia?"

Aluno: "Ué!"

Roberto: "Eu tenho endemia, epidemia e pandemia, qual é a diferença?"

Aluno: "É que uma é maior, a outra é média, e..."

Roberto: "Isso... qual é a diferença entre elas?"

Aluno: "A epidemia, no caso, é menor?"

Roberto: "Não."

Aluno: "É a maior."

Roberto: "Não, a epidemia ela pode ser uma coisa local, a endemia, a endemia é local, a epidemia é regional, seria isso? E a pandemia?"

Aluno: "A epidemia era superficial..."

Roberto: "Não, não é essa a questão, é questão de abrangência... Por exemplo, a Aids hoje já é uma pandemia... Ela está no mundo inteiro. Em alguns casos, ela tem maior incidência e em outros, menos, mas ela está no mundo inteiro. Ela está colocada em todos os continentes. Hoje, já se sabe como tratar a Aids, sabemos que a transmissão é por esperma e por sangue. E, se a transmissão é assim, a gente teria que então tratar essa transmissão... e a gente aprende a evitar essa doença... Quem não evita é louco... Naquela época não se tinha noção do que transmitia a doença, e a gente vai ver o que é que acontecia, e como é que essa doença se espalhou tanto..."

Fita: *"Alguns mosteiros perderam todos os seus monges, exceto um ou dois... essa foi a razão pela qual a morte se converteu numa obsessão, fora de qualquer controle ou compreensão..."*

Roberto: *"É interessante essas pinturas (mostradas no vídeo) que mostram a morte levando os nobres, que a peste... ela não tinha distinção, como a Aids não tem distinção... Já se disse que era uma peste gay, quando na realidade foi descoberto... se disse que era uma doença homossexual... hoje se sabe que a Aids, indiscriminadamente, atinge jovens, velhos, homens, crianças, heteros, homos, independentes da sua opção sexual... A Aids hoje não é uma questão apenas de um grupo ou outro grupo, ela hoje... até se soube por uma entrevista na "Super interessante". Grupo de risco hoje é quem não usa preservativo, isso aí... Foi a coisa mais interessante, como é que se evoluiu, grupo de risco já foi homossexual, grupo de risco já foi hemofílico, grupo de risco já foi tal, hoje grupo de risco é quem não se preserva nas relações sexuais, esse é grupo de risco. Lógico que os hemofílicos estão dentro de uma outra condição... mas os que não são, têm uma saúde normal, esse é o maior grupo de risco, não tem idade, não tem sexo, certo, não tem discriminação... Essas imagens mostram isso, como é que a peste atacava a todos."*

Fita: *"Algumas aldeias foram totalmente banidas do mapa... aldeias abandonadas, das quais hoje em dia só restam apenas alguns campos e relevos sulcados..."*

Interessante a elaboração feita por Roberto, em que sua atuação[75] e narração tiveram o papel preponderante – os alunos participam a partir das questões por ele apresentadas –, e que articula baixa Idade Média – peste negra – morte e sua representação com questões relacionadas à morte e epidemias hoje – a Aids, hepatite – com as condições que as originam – falta de saneamento básico, como no exemplo de Nova Iguaçu. Ele aproveita a oportunidade para orientar os alunos sobre a prevenção, no caso da Aids, e sobre a ação de responsabilizar o Estado quanto à necessidade de melhorar a estrutura de saneamento básico. Destaca-se, entre outros, o exemplo em que o vídeo mostra nobres e membros do clero sendo atingidos pela doença, sem distinção, e que serve de "gancho" para ele comentar a mudança do perfil dos grupos de risco para a Aids. Ao final, cabe perguntar se a aula era sobre a baixa Idade Média e a peste negra ou sobre as doenças e epidemias no mundo atual.

Nesse caso, Roberto utilizou a racionalidade analógica ou não? Ele comparou doenças medievais com as da atualidade para facilitar aos alunos a compreensão da peste negra? Ou partiu do exemplo do passado para comentar e explicar aspectos da epidemia da Aids hoje? Parece-me que aqui ele trabalhou mais na perspectiva de contextualizar na realidade do aluno situações que comportam semelhanças – tratam de doenças –, mas que são diferentes por se referirem a tempos históricos distintos. Como ele próprio explicou:

"A outra questão é a questão relacional... procurar trabalhar com as relações, sempre buscando as relações, minha formação é estrutural... Então, eu continuo nessa formação ainda, trabalhando um pouco ainda essa coisa, sem dar, digamos assim, uma ênfase maior a uma estrutura, se é econômica, se é política, tal, tal, tal... Isso depende muito das aulas, do tema que você está abordando... Mas a questão relacional para mim é fundamental... quando eu monto as minhas aulas... A questão da contextualização, para mim, é fundamental. Contextualizar os temas, sejam eles do passado ou do presente, não importa, tentar contextualizar o mais próximo da realidade do aluno mesmo, né? Quer dizer... eu posso contextualizar uma situação da Idade Média hoje, né? Com algumas questões, a questão da religião, a questão do teocentrismo, né? Eu posso trabalhar o contexto daquela época, buscando no contexto de hoje. Trabalhando passado e presente, né? E isso é fundamental..."

Entrevistadora: É.

Roberto: "Contextualizar é importante."

Entrevistadora: Como é que... você não acha que tem um perigo aí de um certo anacronismo, de você... ele entender o passado com uma visão do presente... Você se preocupa com isso? Ou não? Como é que isso se passa na sua cabeça? Quando você usa um exemplo atual para explicar um acontecimento do passado?

Roberto: "É, nunca é para explicar, ele é uma referência, ele é uma referência, né? Por exemplo, quando a gente trabalha, acho que você viu isso acontecer, trabalhando com a peste bubônica no século XIV, né? O que seria hoje..."

Entrevistadora: Você falou da Aids...

Roberto: "A questão da peste que se coloca hoje para nós, né? É, qual seria essa peste? Essa peste é a Aids, aí dá para discutir a Aids, né? Sem tentar, trabalhando nisso, um paralelo, ou buscar semelhança com a peste bubônica, não... a peste bubônica é a peste bubônica no século XIV, contextualizada lá, tal, tal, tal. Hoje, ela é uma doença controlada pela medicina tal...Outra coisa é a Aids, né? Que ela é uma doença do final do século XX, né? É uma outra coisa, né? Então, assim, eu acho que é difícil, fica difícil para o aluno fazer... confundir essas coisas, né?"

Roberto demonstra segurança para explicar o que faz, deixando claro que reconhece os riscos do anacronismo e que a contextualização, para ele, é utilizar os fatos e informações para inseri-los na realidade do aluno e auxiliá-los a sair do senso comum, superando concepções equivocadas ou ideológicas. Ao mesmo tempo, a racionalidade analógica aparece quando ele identifica que está analisando a peste – na Idade Média e hoje, cada uma com suas características. Percebe-se a construção do conceito de peste e doença que está sendo desenvolvida.

Em uma outra aula por mim acompanhada, Roberto perguntou a uma aluna o que era tecnologia. Um aluno respondeu que eram os melhoramentos, instrumentos para melhorar, coisas que o homem faz para melhorar a vida dele. Uma outra aluna disse, então, que ela achava que tecnologia era só coisa atual, como a microeletrônica. Ele então disse: *"É isso que eu quero "quebrar" na sua cabeça! Quero "quebrar" alguns conceitos na cabeça de vocês."*

Percebe-se, portanto, a preocupação de Roberto com a dimensão educativa do ensino. Os conhecimentos ali ensinados são selecionados e mobilizados para produzir um contexto que auxilie os alunos a superarem visões equivocadas e assumirem posicionamentos mais conscientes diante dos problemas do mundo atual. É numa perspectiva formativa, correspondendo ao que propõe Chervel: "... essa instrução está inteiramente integrada ao esquema educacional que governa o sistema escolar, ou o ramo estudado. As disciplinas escolares estão no centro deste dispositivo. Sua função consiste, em cada caso, em colocar um conteúdo de instrução a serviço de uma finalidade educativa" (Chervel, 1990:188). Embora eu não esteja trabalhando na perspectiva trabalhada por Chervel, numa História da disciplina escolar, reproduzo aqui esta citação, já apresentada em outro momento deste trabalho, porque ela reafirma a dimensão educativa fundamental do ensino na instituição escolar e que considero a característica principal para configurar o conhecimento escolar.

A aula sobre peste negra e Aids não discute novas questões de pesquisa, mas cria um contexto que possibilita a divulgação de informações e a compreensão de sua época em confronto com outras sociedades e outras épocas.

Nas aulas do Roberto ocorreram situações em que ele fez indicações de livros e filmes que deveriam ser vistos pelos alunos, rompendo com a despersonalização característica do saber escolar. Ele fazia isso utilizando trechos selecionados de historiadores que constavam do livro didático adotado: "Diálogo entre dois mundos", de Maria Yedda Linhares, sobre o islamismo (p.76); recomenda a leitura do livro *As cruzadas*, de Zoé Oldembourg; um texto de Le Goff definindo feudalismo, constante do livro didático; *A revolução industrial na Idade Média*, de Jean Gimpel, que discute as inovações tecnológicas deste período. Recomenda que os alunos vejam o filme *O sétimo selo*, de Ingmar Bergman, para conhecerem melhor a visão sobre a morte na medievalidade.

Roberto mostra a preocupação de que os alunos aprofundassem os estudos e soubessem que por trás daqueles assuntos havia pesquisa. Ele solicitou inclusive que, na última aula que eu assisti, eu explicasse para os alunos os objetivos da minha pesquisa e a metodologia. Isso foi feito, tendo os alunos demonstrado grande interesse.

Mesmo assim, no conjunto das explicações, os assuntos eram abordados despersonalizados, compondo um contexto didatizado e axiologizado dentro da dimensão educativa. Eles "entravam" para compor o contexto, como que trazendo a voz de outros sujeitos históricos para dialogar com os alunos e contribuir para a construção conceitual, e não tanto como pesquisadores expressando visões diferenciadas sobre o tema em questão.

Quanto ao trabalho com a noção de tempo, Roberto seguiu uma ordenação cronológica linear na medida em que ele abordou primeiro a alta Idade Média, depois a baixa Idade Média, depois iria abordar a expansão marítima e comercial etc. Mas havia em suas aulas um aspecto importante, resultante do fato de que ele constantemente fazia referências e comentários sobre o tempo presente. A abordagem não ficava refém de uma factualidade, mas, sim, contemplava o estudo e discussão de conceitos que serviriam como instrumentos para análise das sociedades.

"... É, não, não, eu acho que tempo está dentro de contextualizar, né? É preciso, inclusive é uma coisa que eu cobro muito deles, é quando eles escrevem, né? Nas provas, nos trabalhos, nas avaliações, assim, eles têm uma falha de não situar os fatos, quando eles estão citando os fatos, os momentos, e local e onde e quando, então eu boto mesmo lá, onde e quando, então eu falo: Olha, não existe História sem onde e quando, você tem que ter o onde e quando pra se situar, não é? Isso é fundamental, né? Da mesma maneira que na Língua Portuguesa

o sujeito tem que aparecer em algum momento, né? Você tem que saber de quem você está falando e pra quem você está falando; na História, além disso, você tem que dizer o onde e quando, sempre, né? Eu até cito o exemplo pra eles, a ponte caiu, não me interessa a ponte caiu e acabou, agora se a ponte é o único acesso para minha casa e ela caiu ontem, eu não estou em casa, eu não vou entrar em casa... ela ganha uma outra importância pra mim, né? Então, é... o tempo é uma questão fundamental de ser trabalhado com eles o tempo todo, de estar sempre situando essa questão do tempo, se eu vou para o passado, se eu fico no presente, agora, a categoria tempo ser trabalhada com eles é uma coisa muito ampla, muito difícil também, eles vão se dando conta..."

Entrevistadora: *Não é tanto saber a data?*

Roberto: *"Não, é saber a contextualização, de época, localizar no tempo e no espaço, isso é fundamental."*

Entrevistadora: *Você se preocupa com as permanências? Em mostrar mudanças e permanências?*

Roberto: *"Com certeza, né? Esse é outro ponto, conceito, legal de trabalhar, a questão das permanências e das rupturas, eu acho que é fundamental, pra ele perceber que História é processo mesmo, né?"*

Esses exemplos foram selecionados porque os considero representativos como configurações possíveis do conhecimento escolar em História. Não realizei uma análise que fosse verificar rigorosamente se estavam certos ou errados do ponto de vista historiográfico, mas, sim, como construções realizadas para o ensino desta disciplina escolar. Acredito que foi possível identificar, nestas criações, características apontadas por Chevallard e Develay, mas com especificidades próprias a esta disciplina. Entre estas, destacam-se aquelas envolvidas no processo de dessincretização e recontextualização que, como foi visto, se realiza com muita frequência buscando dialogar com "a realidade dos alunos", ou seja, seus saberes referentes ao tempo presente e oriundos do senso comum. Esta prática, observada de forma mais radical nas aulas do Roberto, trazia como pressuposto a necessidade de "quebrar conceitos ou concepções na cabeça do aluno", ou, podemos supor, baseava-se na concepção bachelardiana de corte epistemológico. Percebia-se em suas aulas que a contextualização, mais do que tornar o assunto compreensível para o aluno, trazia a preocupação de utilizar o conhecimento de origem científica para superar as visões equivocadas.

Nas aulas de Marcos, a recontextualização voltava-se prioritariamente para o ensino dos temas do "programa", para fazê-los compreensíveis para os alunos. As comparações e analogias se faziam com situações do presente, pressupostamente familiares ou conhecidas, ou outras do passado e por eles já estudadas. Não ficou muito evidente uma preocupação em superar visões equivocadas, mas, sim, ensinar o que precisava ser aprendido para o vestibular. A contextualização visava tornar familiar para tornar compreensível. Podemos reconhecer aqui a realização de abordagem em consonância com os princípios das ciências humanas, caracterizadas como compreensivas na perspectiva de Dilthey (1942 apud Japiassu, H., 1994, 36:37).

Alice e Lucia, trabalhando com a 6ª. série, tinham como preocupação maior contextualizar os alunos numa metodologia de pesquisa escolar. Tudo o que era realizado, inclusive os conteúdos estudados, estava subordinado ao objetivo de auxiliar os alunos a aprenderem a fazer pesquisa, na perspectiva do "aprender a aprender".

Em todos os casos, a dimensão educativa salta aos olhos, reorientando e redefinindo a seleção e organização dos conteúdos e submetendo-se à lógica da cultura escolar com seus imperativos relacionados ao calendário e exigências de avaliação, e não a questões de pesquisa para produção de conhecimento novo.

Convém lembrar o que nos diz Moniot sobre a função da História escolar:

"... fornecer conhecimentos, referenciais para compreender o mundo e seu caos, compreender as diferenças, os conflitos, avaliar as mudanças e as permanências, ver na longa duração o jogo das instituições. Ela fornece um método, não aquele dos historiadores *stricto sensu*, mas um método geral de análise e avaliação crítica para aprender a lidar com os acontecimentos em sua complexidade, pelo exame dos discursos e das crenças, nos diferentes contextos" (Moniot, 1993,37).

Assim, o ensino da História contribui para fazer o aluno reconhecer a existência da **"história crítica e da história interiorizada** e a viver conscientemente as especificidades de cada uma delas" (Moniot, 1993, apud Bittencourt, 1997:27).

"O estudo de sociedades de outros tempos e lugares pode possibilitar a constituição da própria identidade coletiva na qual o cidadão comum está inserido, à medida que introduz o conhecimento sobre a dimensão do "outro", de uma "outra sociedade", de "outros valores e mitos", de diferentes momentos históricos. Identidade e diferença se complementam para a compreensão do que é ser cidadão e suas reais possibilidades de ação política e de autonomia intelectual no mundo da globalização, em sua capacidade de manter e gerar diferenças econômicas, sociais e culturais como as do nosso país" (Bittencourt, 1997:27).

A História alimenta a memória coletiva, não apenas da forma manipulatória imposta pelos estados e vencedores, mas "a contrapelo" (Benjamin, 1987: 225), compondo memórias de grupos e coletividades que possam resistir, se opor às dominações políticas exteriores. Assim, a História ensinada – que é apenas uma das versões disponíveis do passado – contribui para fazer os jovens compartilharem da memória atual dos adultos, tal como eles a reelaboram hoje e que, por sua vez, é objeto de disputas e conflitos entre diferentes versões presentes no cotidiano e na cultura.

A História escolar contribui para formar identidades e a memória coletiva, mas não é a responsável por isso como um saber que está formalizado em textos de manuais didáticos. Para além dos conteúdos ali selecionados, modos de agir, de ensinar, de se relacionar com os alunos e de vê-los, modos de agir e de expressar a satisfação (ou não) de ensinar, definições de prioridades, ênfases, omissões e ocultações contribuem para a apropriação e desenvolvimento da história crítica e da história interiorizada. Os desafios estão postos. Estes professores aqui pesquisados a eles respondem com seus jeitos de ser e de agir. A História escolar só existe na relação construída cotidianamente pelos professores, seus alunos e os saberes. Militantes anônimos, travam cotidianamente o bom combate pela História que, assim, continua...

CAPÍTULO 5

OS SABERES DOCENTES

"Aqueles que sabem, fazem.
Aqueles que compreendem, ensinam."
Shulman[76]

Os saberes docentes como campo de pesquisa

A relação entre os professores e os saberes que mobilizam quando ensinam tem sido objeto de grande interesse e atenção em diferentes programas de pesquisa em Educação. Esse movimento se desenvolveu, principalmente, a partir da segunda metade do século XX, tendo experimentado uma grande expansão nas décadas de oitenta e noventa, na América do Norte, com repercussões em outros países e no Brasil.[77] Em grande parte, buscava-se atender a demandas do campo educacional para encontrar alternativas que pudessem contribuir para melhorar o desempenho de professores e escolas na educação das novas gerações, de forma a viabilizar avanços e usufruir as benesses do desenvolvimento científico.

Essa relação foi compreendida de formas diferenciadas, expressando concepções teóricas distintas sobre o que é ser professor e sobre os saberes que são ensinados. Durante muito tempo foi focalizada, nas pesquisas educacionais, pelo ângulo das características pessoais e naturais dos docentes. O foco sobre os saberes é uma perspectiva relativamente recente.

Assim, por exemplo, e como já foi visto no primeiro capítulo deste trabalho, os programas de pesquisa desenvolvidos nas décadas de cinquenta e sessenta associavam eficiência do ensino a certos traços de personalidade do professor, buscando identificar esses atributos, característicos de personalidade ou de comportamento – interesse, entusiasmo, imparcialidade, capacidade para acolher os alunos etc. –; outros, que buscavam avaliar o rendimento dos métodos utilizados, "se revelaram inoperantes porque não conseguiram relacionar, de maneira inequívoca, um comportamento específico do professor ao desempenho escolar" (Medley, 1979 apud Gauthier,1998:47). Confundiam-se os efeitos do método com as diferenças existentes entre os professores. Esses programas podem ser incluídos dentro de uma concepção da profissão docente como um "ofício sem saberes" e que inclui perspectivas que valorizam a vocação, o talento, a intuição, a experiência, a cultura ou o domínio dos conteúdos (Gauthier, 1998:20-25).

Foram realizados, também, estudos de natureza sociológica, que enfatizaram a ideia de que o ensino não era uma variável importante para explicar o desempenho dos alunos, e sim a influência do meio social. Em outra perspectiva, nos anos sessenta, pesquisas voltaram suas atenções para a investigação sobre a aprendizagem, sob influência de Piaget e do behaviorismo, deixando, ambas as perspectivas de abordagem, de considerar o papel do professor no sentido de propiciar a aprendizagem (Gauthier et alii, 1998: 43-55).

A partir dos anos setenta, começou o desenvolvimento de pesquisas voltadas para a análise do desempenho do professor. Dentre elas, destaca-se o programa "processo-produto", que procurava estabelecer uma correlação entre as performances no ensino, os "processos" e as diferenças de aprendizagem dos alunos, os "produtos". O principal objetivo era identificar a eficiência do professor e a eficácia do ensino.[78] Nesse programa de pesquisa, o professor era visto como um gestor de comportamentos que devia organizar para a aprendizagem dos alunos. Ele gerenciava saberes, seus saberes não eram investigados. De acordo com o paradigma da racionalidade técnica, que orientava esta concepção, o professor era considerado um "técnico" responsável pela transmissão de saberes produzidos por outros – os cientistas, os pesquisadores. Cabia a ele dominar técnicas e recursos que viabilizassem a realização dessa transmissão com a maior eficiência e eficácia possíveis. Conhecimentos de Psicologia, de Sociologia e de fundamentos filosóficos da Educação, na verdade rudimentos selecionados numa perspectiva aplicacionista bastante pragmática, complementavam o conjunto de saberes necessários para a sua boa atuação (e aí temos o currículo do curso de formação pedagógica das licenciaturas no Brasil, vigente desde o final dos anos sessenta do século XX).

Esse programa de pesquisa[79], que se voltava, primordialmente, para a análise do que os professores fazem e não daquilo que eles sabem, deu origem a outros: *academic learning time* e o *students mediation,* que representam variações da abordagem processo-produto com diferentes contribuições da Psicologia. O primeiro voltava-se para as interações em aula para avaliar os efeitos do ensino. Já o *students mediation* centrava-se no conhecimento dos alunos a partir da ação dos professores. Configurava-se como intermediário entre as primeiras abordagens citadas e as estratégias qualitativas, que passaram a predominar a partir dos anos oitenta, com influências da sociolinguística e da antropologia, na busca de instrumentos para analisar as mediações entre o social e o cognitivo e melhorar a aprendizagem dos alunos (Borges, 2001, 64).

Dentro da classificação de Gauthier, o programa processo-produto, e seus desdobramentos, era orientado pela concepção da profissão docente como a "manipulação de saberes sem ofício" (Gauthier, 1998:25-27).

No entanto, a crise social e cultural que se desenvolveu a partir do final dos anos sessenta, e que incluiu, entre outros fatores, a crise dos paradigmas, e as transformações econômicas e sociais, que provocaram um processo de urbanização acelerada com os problemas dela decorrentes, começaram a revelar a incapacidade da escola e dos professores, formados dentro do modelo da racionalidade técnica, em lidar com essa nova realidade. Um novo instrumental teórico passava a ser exigido para a compreensão da sua complexidade e para a superação das visões daqueles que, ao responsabilizar os professores pelo fracasso da escola, permaneciam paralisados frente aos novos problemas educacionais.

O programa de pesquisas *classroom ecology*, por exemplo, começou a investigar o sentido que os atores – professores e alunos – dão às suas ações. A questão não era mais eficiência ou eficácia, e sim a problematização e/ou a crítica do ensino. "A sala de aula, inserida em um contexto mais amplo, por exemplo, a comunidade, é vista como um ecossistema, um espaço organizado social e culturalmente, um lugar de comunicação e interações construídas cotidianamente" (Borges, 2001:65). Esse programa deslocava o foco para questões contextuais e não para os saberes.[80]

Posteriormente, a partir dos anos setenta, um outro programa de pesquisas mudou o foco de abordagem, que deixou de ser "o que fazem os docentes", para se voltar, efetivamente, para "o **que sabem** os docentes". O professor passou a ser visto como um profissional dotado de razão, que toma decisões, faz julgamentos, no complexo contexto da sala de aula, um autor que pensa, julga. As pesquisas voltaram-se para os processos cognitivos do professor nos diferentes momentos de sua atuação: planejamento, ação, avaliação, reflexão na e sobre a prática. Destacam-se, neste programa, os estudos sobre o pensamento dos professores, *teachers' thinking*. Esse programa trouxe para discussão, também, a questão do conhecimento prático do professor, o que envolveu esforços no sentido da constituição de uma epistemologia da prática.[81]

Um outro programa de pesquisa, conhecido como *knowledge base*, teve origem nos anos oitenta: um projeto norte-americano que tinha o objetivo de identificar um repertório de conhecimentos do ensino que serviriam para a elaboração de novos programas de formação de professores. Assim, antes de se constituir propriamente num problema teórico, o *knowledge base* assumiu a forma de uma solicitação social: era preciso melhorar a formação dos docentes e favorecer sua profissionalização para melhorar a educação. Pode-se perceber aqui o deslocamento do enfoque: da pesquisa sobre desempenho, eficiência e eficácia, em que eram muito importantes as características pessoais do professor, passava-se para a investigação dos saberes dos professores, saberes especializados, próprios, como em outras profissões. A questão dos saberes passava a se apresentar vinculada à profissionalização. Além de cumprir um papel estratégico na formação de professores, serviria, também, para a constituição de um núcleo de saberes profissionais que facilitaria a socialização profissional (Gauthier, 1998:60).

A socialização profissional dos professores passou a merecer, então, grande atenção, na crença de que ela propiciaria a constituição de um repertório de conhecimentos, base de formação de uma comunidade de pensamento, e constituído através da adesão dos membros às regras, normas e atitudes que definem o que se poderia chamar de consciência profissional (Bourdoncle, apud Gauthier, 1998:60).

Desenvolveu-se, então, nos Estados Unidos, um amplo movimento de pesquisa sobre a *knowledge base*, o "repertório de conhecimentos", ou seja, o conjunto de saberes, conhecimentos, habilidades e atitudes de que um professor necessita para realizar seu trabalho de modo eficaz num determinado contexto de ensino (Gauthier, 1998:61).

Pode-se perceber, então, como, ao longo desse processo, os saberes dos docentes passaram a ocupar um lugar central nas pesquisas, expressando uma mudança radical em relação às concepções que fundamentavam o programa processo-produto e aqueles voltados para características pessoais. No entanto, percebe-se, ainda, a preocupação com a eficácia, numa perspectiva marcada por um pragmatismo que, aos poucos, foi sendo abandonada por aqueles que trabalham nos programas baseados no enfoque interacionista-subjetivista e que compreendem "o ensino como uma forma de interação simbólica, um processo no qual os sujeitos agem em função daquilo que os conhecimentos significam para eles. ...Para isso, é necessário conhecer os contextos no qual eles interagem" (Borges, 1998:71).

O programa voltado para a *knowledge-base* implicou um esforço coletivo de pesquisa de grande monta, que envolveu diversos grupos. Com isso tornou-se necessária a elaboração de sínteses de pesquisas em que eram feitas meta-análises, para delas se poderem extrair resultados passíveis de guiar a prática docente, prolongando e atualizando, de certa maneira, as pesquisas processo-produto (Shulman, 1986b; Martin 1992; Gauthier et alii, 1998).

Um outro programa, desenvolvido por Shulman (1986), aprofundava a análise dos conhecimentos dos professores, voltando-se para a pesquisa da "compreensão cognitiva dos conteúdos das matérias ensinadas pelos professores e das relações entre estes conteúdos e o ensino que os professores realizam" (Borges, 2001:66). Esses estudos de Shulman contribuíram para consolidar a corrente do *knowledge base/base des connaissances*, numa perspectiva compreensiva dos conhecimentos e ações dos docentes.

Shulman (1987), ao fazer uma avaliação do programa *knowledge-base*, comenta que a tendência predominante no início de suas atividades tinha por base a ideia de que esta *knowledge-base* era constituída de habilidades, conhecimentos das disciplinas e habilidades pedagógicas gerais, o que, no entendimento de Shulman, trivializava o ensino, ignorava sua complexidade e reduzia suas demandas. Mesmo assim, essa perspectiva levou os formuladores das políticas de formação de professores a considerarem os comportamentos eficientes observados nas pesquisas de campo como competências desejáveis para os professores. Essas então foram transformadas em critérios de avaliação profissional ou guias de formação, o que não produziu os efeitos esperados porque simplificava processos de grande complexidade ou produzia generalizações a partir de casos particulares.

Shulman desenvolveu então um programa de pesquisas voltado para a investigação das operações realizadas pelos professores no processo de ensino em que a mobilização dos saberes a serem ensinados ocupa um lugar central. Ele aprofundou a análise dos conhecimentos dos professores, voltando-se para a pesquisa da "compreensão cognitiva dos conteúdos das matérias ensinadas pelos professores e das relações entre estes conteúdos e o ensino que os professores realizam" (Borges, 2001:66). Ele criou o conceito de "conteúdo pedagogizado" que expressa essa criação específica e própria dos saberes dos professores e que permanecia como o *missing paradigm* nas pesquisas educacionais (Shulman, 1986a, 1987).

As pesquisas sobre os saberes dos professores mereceram grande atenção também no Canadá, França e Inglaterra, sendo que os trabalhos de Shulman (1986, 1987); Bourdoncle (1991, 1993); Nóvoa (1992, 1995a, 1995b); Tardif, Lessard e Lahaye (1991), Schon (1995) Gauthier et alii (1998); Tardif, Lessard e Gauthier (1998); Tardif e Lessard (1999), Tardif (1999); Perrenoud (1993, 1996, 1999a, 1999b), entre outros, focalizaram os saberes considerando a profissionalização em perspectiva fenomenológica e/ou histórica.[82]

No Brasil, essas novas orientações tornaram-se mais presentes nos anos noventa, sendo que os primeiros estudos e análises articulando essas proposições com a realidade brasileira foram publicados em teses, congressos e publicações no final desta década.[83]

Os saberes docentes e sua formação

Para a realização desta pesquisa, que tem como objetivo a investigação dos saberes e práticas de professores de História, e que focaliza as formas como estes mobilizam os saberes que dominam para lidar com os saberes que ensinam, procuramos, entre os autores que estudam os saberes docentes, aqueles que poderiam oferecer contribuição teórica relevante.

Em seu artigo de 1991, "Os professores face ao saber. Esboço de uma problemática do saber docente", Tardif, Lessard e Lahaye destacam que os estudos e pesquisas sobre os saberes dos professores constituem um campo novo e inexplorado, inclusive pelas Ciências da Educação. O objetivo no artigo é discutir a problemática do saber docente, o que fazem a partir de três eixos: a formação e composição dos saberes docentes; a discussão sobre os motivos de sua desvalorização no corpo dos saberes sociais; e a discussão do estatuto particular que os professores conferem aos saberes da experiência.

Os autores afirmam que o saber docente é plural, estratégico e desvalorizado. É plural porque se constitui de um amálgama, mais ou menos coerente, de saberes oriundos da formação profissional, dos saberes das disciplinas, dos currículos e da experiência. Os primeiros têm sua origem na contribuição que as Ciências Humanas oferecem à Educação e nos saberes pedagógicos (concepções sobre a prática educativa, arcabouço ideológico, algumas formas de saber-fazer e algumas técnicas) (op.cit, 1991:219). Os saberes das disciplinas são aqueles difundidos e selecionados pela instituição universitária, correspondendo aos vários campos de conhecimento; os saberes curriculares, os que a instituição escolar apresenta como aqueles a serem ensinados, resultado de um processo de seleção cultural, ou de transposição didática, como quer Chevallard.[84]

Os saberes da experiência ou da prática são aqueles constituídos no exercício da prática cotidiana na profissão, fundados no trabalho e no conhecimento do meio.

"São saberes que brotam da experiência e são por ela validados. Incorporam-se à vivência individual e coletiva sob a forma de *habitus* e de habilidades, de saber fazer e de saber ser" (1991:220). "Esses saberes não provêm das instituições de formação ou dos currículos, esses saberes não se encontram sistematizados no quadro de doutrinas ou teorias: eles são saberes práticos (e não da prática: eles não se aplicam à prática para melhor conhecê-la, eles se integram a ela e são partes constituintes dela enquanto prática docente)... *são a cultura docente em ação*" (1991:228). (Grifo adicionado.)

Para explicar que o saber docente é estratégico e desvalorizado, os autores fazem uma interessante discussão sobre a relação dos professores com seus saberes, o que, de certa forma, me inspirou para a realização desta pesquisa. Eles afirmam que, embora os professores da educação básica ocupem uma posição estratégica no interior dos diferentes grupos que intervêm no campo dos saberes porque são responsáveis por sua divulgação e publicização, esta posição é socialmente desvalorizada, vista como de segunda mão. "A relação dos professores com os saberes é de "agente de transmissão", de "depositário" ou de "objeto de saberes", mas não de produtores de um saber ou saberes que poderiam impor como instância de legitimação social de sua função, e como espaço de verdade de sua prática" (Tardif, Lessard e Lahaye, 1991:221). Eles chamam a atenção para o fato de que os saberes das disciplinas que eles possuem ou transmitem não são o saber dos professores ou o "saber docente". Aqueles situam-se numa "relação de exterioridade" com a prática docente. São produzidos por cientistas, técnicos educacionais ou são oriundos de tradições culturais, incorporados nas disciplinas escolares, programas e conteúdos. Portanto, os "saberes científicos e pedagógicos integrados à formação dos professores precedem e dominam a prática da profissão mas não são provenientes dela" (Tardif et alii, 1991:222).

Isso explica a desvalorização dos saberes dos professores, uma vez que eles são vistos como técnicos, meros transmissores de saberes produzidos por outros, saberes estes que estão sob constante ameaça de serem distorcidos ou objeto de confusões e erros.

Os autores concluem sua análise defendendo a tese da importância do saber da experiência dos professores como "o núcleo vital do saber docente", condição de um novo profissionalismo. "A prática provoca assim um retorno crítico (*feedback*) aos saberes adquiridos antes ou fora da prática profissional. *Ela filtra e seleciona os outros saberes e por isso mesmo ela permite aos professores retomar seus saberes, julgá-los e avaliá-los, e então objetivar um saber formado de todos os saberes retraduzidos e submetidos ao processo de validação constituído pela prática cotidiana*" (Tardif et alii, op cit, 231). (Grifo adicionado.)

Assim, os saberes da experiência surgem como o núcleo vital do saber docente, "a partir do qual os professores transformam as relações de exterioridade com os saberes em relações de interioridade com sua própria prática" (op. cit. 232).

Destaca-se, assim, nesses autores a originalidade de sua análise ao revelar o caráter plural do saber docente e o papel estratégico do saber da experiência em sua formação, o que permite superar o modelo da racionalidade técnica. Ao identificar os saberes próprios desta profissão, eles oferecem contribuição importante para o avanço da pesquisa sobre a docência e para a constituição da identidade profissional.

Eles operam com a categoria de *habitus* de Bourdieu, como disposições adquiridas na e para a prática real e que permitem ao professor enfrentar os desafios e imponderáveis da profissão, constituindo a condição básica para um novo profissionalismo, parte fundamental da socialização profissional, na formação dos saberes da experiência. "Os saberes da experiência não são saberes como os demais, eles são, ao contrário, formados de todos os demais, porém retraduzidos, 'polidos' e submetidos às certezas construídas na prática e no vivido" (1991:232).

Em texto posterior, de 1999, Tardif aprofunda sua reflexão sobre os saberes docentes e propõe uma epistemologia da prática profissional dos professores com implicações significativas para a pesquisa neste campo. A finalidade desta epistemologia é "revelar esses saberes, compreender como são integrados concretamente nas tarefas dos profissionais e como estes os incorporam, produzem, utilizam, aplicam e transformam em função dos limites e dos recursos inerentes à sua atividade de trabalho" (Tardif, 1999:15). Essas implicações referem-se a:

- ser necessária uma volta à realidade, dentro da perspectiva fenomenológica, daí estudar os professores "em situação real de trabalho", "em aula", portanto;
- distinguir saberes profissionais dos saberes da formação universitária;
- realizar a investigação nos locais de trabalho;
- considerar os professores como autores e atores e não "idiotas cognitivos";
- realizar a pesquisa de forma não-normativa e considerar o que os professores são e fazem, e não o que deveriam ser ou fazer;
- realizar a pesquisa numa "perspectiva ecológica" que leve em conta o contexto escolar como um todo e não apenas a sala de aula.

Nesta pesquisa, conforme já foi discutido na primeira parte do trabalho, utilizei esses critérios como norteadores da metodologia utilizada. Fui a uma escola pesquisar os saberes dos professores em ação e nas representações que elaboram a partir de reflexões propiciadas pelas entrevistas. Nesses momentos, situações de sala de aula por mim observadas eram objeto de discussão e explicação, em que meu posicionamento era voltado para ouvir e registrar o que era dito e não tentar aproveitar a oportunidade para mudar as práticas realizadas.

Tardif, neste mesmo texto, aprofunda a análise dos saberes docentes, incluindo outras características por ele não mencionadas no texto de 1991. Assim, os saberes dos professores são *temporais*, adquiridos através do tempo em que a vida escolar exerce um papel muito significativo para a constituição de crenças e modelos de ação. São temporais também porque os primeiros anos da carreira são marcantes para a edificação das certezas sobre os modos de agir.

Os saberes são plurais e heterogêneos porque provêm de diversas fontes e porque não formam um repertório de conhecimentos unificado e homogêneo. *São ecléticos e sincréticos.* "*Um professor raramente tem uma teoria ou uma concepção unitária de sua prática*; ao contrário, utilizam muitas teorias, concepções e técnicas, conforme a necessidade, mesmo que pareçam contraditórias para os pesquisadores universitários" (Tardif, 1999:22). Se os saberes têm alguma unidade, esta é pragmática: estão a serviço da ação e é na ação que assumem seu significado e utilidade.

Os saberes são *personalizados e situados*, ou seja, são saberes apropriados, incorporados, subjetivados, saberes que são difíceis de separar das pessoas, de sua experiência e de sua situação de trabalho. "Os saberes profissionais não são construídos e utilizados pelo seu potencial de transferência e generalização; eles estão encravados, embutidos, encerrados numa situação de trabalho à qual devem atender" (op. cit., 24).

Os saberes dos professores carregam a marca dos seres humanos que são e dos alunos com que trabalham. Assim, expressam sensibilidade para lidar com as diferenças humanas e contam sempre com um componente ético e emocional (op. cit., 25 e 26).

Utilizando o instrumental proposto por Tardif, Lessard e Lahaye e por Tardif isoladamente, realizamos a análise dos depoimentos e dos registros das aulas observadas para identificar e caracterizar os saberes docentes em situação "real".

No capítulo 2 deste trabalho, em que os professores participantes da pesquisa foram apresentados, considerei, fundamentalmente, as características da temporalidade e da personalização. Não seria possível realizar a pesquisa nesta perspectiva metodológica sem conhecer um pouco da história de cada um dos professores. Nas entrevistas, indaguei sobre o curso de História e sobre a formação pedagógica, buscando identificar as contribuições para sua formação e prática docente. Como ficou claro, em sua maioria, eles registram graves deficiências em sua formação que, em linhas gerais, não deu conta das necessidades que o trabalho docente apresentou na prática e que os levou a expressar a importância estratégica do saber da experiência. Até mesmo Marcos, que foi o professor que de forma mais clara reconheceu a contribuição de sua formação específica em História na universidade, deixa emergir em seu depoimento o papel desempenhado pelo *saber da experiência* como avaliador e avalista, a partir do "filtro" da prática profissional.

> "Então tivemos excelentes professores, então eu acho que assim, em termos teóricos, eu tive uma formação assim, que não... Lógico, tem um caso ou outro que talvez não tenha sido o que eu esperava, mas no geral acho que foi importante na minha formação, entendeu? É evidente que hoje, passado algum tempo, eles têm um olhar mais crítico, a gente vê que, por exemplo, é... No meu ponto de vista, talvez uma falha que eu via na UFF... é esse negócio, de, por exemplo... eles, é... como diria... Eles não nos viam enquanto alunos... como pessoas cuja maioria ia para o magistério... eles nos olhavam como futuros pesquisadores... Então acho que faltava um pouco desse equilíbrio; talvez uma atenção maior na área da Educação, da preparação do magistério, isso acho que foi uma falha muito grande, que eu acho que... Uma lacuna muito grande que eu tive lá. Eu acho assim... O que eu tive que aprender pra trabalhar em sala de aula... eu aprendi assim, muito mais por minha conta, do que eu aprendi lá. Lá valeu o quê? Na faculdade de História mesmo pelo... Como é que eu vou dizer?... Pelo arcabouço teórico que eu tive, isso foi fundamental. **Agora, na hora de colocar isso em prática, acho que a minha vivência foi muito mais fundamental do que a preparação que eu tive lá.**
>
> ...O que eu tive que aprender para lidar em sala de aula, trabalhar com aluno, foi uma coisa que veio da minha prática, entendeu?"

Alice também expressa, de forma clara, como os saberes dos professores são personalizados, e que o saber da experiência tem muita importância, experiência esta que mescla vida pessoal e profissional. Além disso, tem uma visão muito clara sobre sua vida profissional e sobre o significado social da posição que ocupa:

> "...Eu tenho 52 anos, quer dizer, tem toda uma experiência ali, tem um gostar de fazer isso, embora não encare isso como sacerdócio... sou profissional... não é nesse sentido... E agora, eu tenho também um tempo pra fazer isso, o meu filho está criado. O que eu ganho... não dá

para ser rica, mas também não passo fome, também não tenho desejo de ter carros do ano e tal... isso é uma questão ideológica minha... Então tem tempo para fazer isso, não que eu comece a fazer agora... eu acho que isso aí é resultado de tudo que eu fui vivendo, e agora eu acho isso... de tentar um pouco o trabalho e isso..."

Entrevistadora: E é uma coisa que você aprendeu no seu trabalho e na sua vida?

Alice: *"Isso é..."*

Entrevistadora: Com a sua experiência?

Alice: *"É que me sobra tempo agora para fazer isso, não é... Eu posso pagar uma empregada para cuidar dos meus afazeres domésticos, não preciso ter essa dupla jornada, a não ser como um administrador e tal... um filho que não precisa mais de mim... Então eu tenho tempo para me dedicar a esse trabalho... Eu acho que o menino e a menina que estão começando, que são boias-frias no colégio e têm que dar aula em um montão de lugares, e que vão perder o emprego daqui a pouco, são profissionais temporários na escola... Acho que eles vão usar o livro didático mesmo, entendeu, a escola não investe. Não tem investimentos que possam mudar as causas disso... O colégio não está interessado nisso, na verdade, não está..."*

A percepção de que o trabalho e o saber do professor são **desvalorizados** é muita clara para Lucia:

"... O mérito é a pesquisa... a sala de aula não é o mérito, mas não é o mérito para História, não é o mérito para Química, não é o mérito para Física, para ninguém... mas a maioria... Em História você não tem muita opção além disso, de dar aula, então, eu tive contato agora com uma menina que está fazendo Mestrado em História... Então sabe... aquela coisa assim... você fala em sala de aula... parece que arrepia... então é o negócio que é um... ela está fazendo pesquisa e tal... Mas é uma coisa que ela está no Mestrado, mas isso aí, né, a gente sabe que essa coisa da pesquisa na História aqui não é um negócio que... não é a maioria das pessoas que vai fazer esse caminho."

Entrevistadora: Você concorda comigo, eu vejo até um pouco uma tendência elitizante. De buscar uma distinção através disso?

Lucia: ... *"E é o tal negócio se você trabalha num..."*

Entrevistadora: São opções, não é...?

Lucia: "São, são opções, com certeza... O professor não é opção, eu acho que isso dificulta, dificulta porque às vezes você vai para a sala de aula... Você se desencanta... e aí você parte para fazer os seus Mestrados, os seus Doutorados e usar na sala de aula o que... é como se você estivesse tratando com a academia, como se estivesse dando aula para alunos universitários."

Entrevistadora: É uma inadequação estrutural?

Lucia: "Com certeza, então você traz um texto maravilhoso, sensacional, só que isso aqui não é para a 6ª. série não... me poupe..."

O trabalho é uma construção das professoras, elas são autoras, o trabalho surgiu das necessidades postas pela situação concreta vivenciada, das demandas de suas turmas. Ao mesmo tempo, dialoga com a dinâmica da instituição. Os saberes são situados e personalizados, embutidos na situação de trabalho.

Retomando a explicação de Alice para a opção pela realização do projeto que desenvolve com Lucia:

"A gente este ano está dando continuidade a um trabalho que já foi diferente no ano passado, e as razões da mudança, elas ocorreram basicamente por três fatores: primeiro pela avaliação das crianças no final do ano, que a gente fazia sempre desde 1997. A gente vem trabalhando com turmas de 5ª. série, eu e a Lucia, e ao final de cada ano, a gente dava uma avaliação pros meninos falarem, o que é que tinha sido legal, o que é que não tinha sido legal, o que é que poderia mudar. E a gente percebeu na fala deles uma palavra... a gente queria que as aulas fossem mais dinâmicas, fossem mais com movimento, eles usavam umas expressões assim e... nós estávamos de saco cheio também de estar repetindo o trabalho sempre. Então a gente começou a estudar, aproveitou que a gente ainda não tinha lido o que estava posto nos Parâmetros Curriculares... A gente começou a estudar a fundamentação teórica, lendo texto, e quando as crianças disseram isso, a gente pensou... acho que está na hora de a gente tentar alguma coisa, então no ano passado a gente pegou e trocou o trabalho todo..."

Ela continua explicando, destacando a percepção que ela tem de que é autora do trabalho que faz, que domina e produz saberes:

Entrevistadora: Então foi uma iniciativa de vocês?

Alice: *"Nossa."*

Entrevistadora: *Que emergiu das contradições, das necessidades do trabalho?*

Alice: *"Do trabalho."*

Entrevistadora: *Não foi imposta ou induzida pela direção do colégio?*

Alice: *"Nada, nada, nada."*

Entrevistadora: *Quer dizer, o projeto é fruto da experiência de vocês?*

Alice**:** **"Nossa, somos autoras dele inteiro, a gente é quem cria as atividades, a gente, enfim, vai ensaiando fora do horário da escola... Ontem a gente ficou a tarde inteira... não era dia de trabalho... a gente ficou a tarde inteira produzindo material que vai dar continuidade ao trabalho, ele é todo produzido por nós..."**

A personalização dos saberes se expressa também através da afetividade que está impregnada no trabalho e nas falas dos professores:

"... E o momento mágico pra mim é o momento do meu envolvimento com eles, então o que me dá prazer é... perceber que eles gostam que a gente tem uma relação que passa pelo afeto, eu acho que isso me gratifica bastante, e quando eu consigo depois que eu elaboro alguma coisa, bom, vou fazer isso e quando dá certo, não é, eu acho que aí... É bom demais... bom, deu certo... que legal..."

Não é uma afetividade piegas ou "populista". Ela não vem em discursos fabricados, e sim transparece nas falas revelando a dimensão educativa presente; não de forma doutrinária ou manipuladora, e sim como um compromisso social e político, expressão do seu profissionalismo. Roberto assim resume este sentimento:

Roberto: *"Eles sentem a afetividade."*

Entrevistadora: *Eles sentem, eles não tinham medo de você...*

Roberto: *"Engraçado que, quando a gente veio da excursão agora... a gente estava avaliando, os professores, sobre justamente isso, como é que não foi difícil trabalhar com oitenta adolescentes dois dias e uma noite em Ouro Preto... e teve hora que teve que falar grosso com alguns... mas falar grosso, e aí, não é... e alguém falou isso: falou grosso, mas com afetividade... e essa coisa da afetividade é fundamental... primeiro, porque eles veem que eu sou feliz ali, eu gosto de estar ali, apesar de todas as contradições, eu gosto de estar ali... gosto de estar na frente deles, conversando com eles, conhecendo eles..."*

> *Entrevistadora: Você está inteiro ali, não é..."*
>
> *Roberto: "Eu estou inteiro ali, é, realmente eu estou inteiro, eu estou ali... eu esqueço o resto e eles percebem isso... eles respeitam isso e sabem que a gente está... que eu pelo menos estou ali, gostando deles e querendo gostar, também assim não... eles gostam disso, eles gostam dessa coisa do e eles respeitam pelo menos..."*
>
> *Entrevistadora: Eu acho que isso aí faz uma... faz a diferença.*
>
> *Roberto: "Uma diferença enorme... e quantos ganhos que isso traz, eu sinto que nas minhas aulas tem ganhos... eu sinto, eu vejo os olhinhos brilhando assim com algumas coisas e isso é legal, não é, Ana?"*

A temporalidade dos saberes, ou seja, a sua construção ao longo do tempo em que a vida escolar desempenha papel estratégico, em que a experiência vivida como aluno serve como referência para orientar o trabalho desenvolvido, é assim explicada por Marcos:

> **"... É quando eu trabalho em sala de aula... eu procuro lembrar do tempo que eu era aluno, entendeu?** *Então eu, quando era aluno, por exemplo, eu acho que eu sempre... eu acho que eu nunca tive muita dificuldade para enfrentar avaliações, o estudo foi aprendido porque eu me considerava organizado, entendeu? E, aliás, quando eu estudei na escola militar, isso me ajudou muito a me obrigar a se organizar... Então, o que eu na minha aula... eu procuro fazer ela o mais organizada possível... para que o aluno também tenha uma compreensão organizada. Se ele, por exemplo, pegar o caderno dele do começo do ano até o final, o caderno dele vai ter uma lógica de estudo, entendeu?"*

Esses trechos dos depoimentos dos professores dizem muito dos seus fazeres que expressam e implicam saberes e como eles percebem esses saberes. Daí a repetição dessas falas em nossa análise. Muito do que é dito vem ao encontro das proposições de Tardif. A dimensão **estratégica** dos saberes e do trabalho dos professores é percebida por Marcos, quando ele fala de sua realização como professor:

> *"... Nos lugares que eu trabalhei até hoje, o lugar que eu mais gosto é aqui... tanto que eu optei por acumular aqui, até por isso, entendeu? Porque você ainda vê resposta para o teu trabalho, sabe... é gratificante, por exemplo, você... é... você dá um texto para o aluno e você vê que ele tira conclusões daquilo, entendeu? Você vê que ele sabe relacionar uma coisa com a outra, entendeu? Que ele tem uma, uma clareza no*

que ele está expondo, então, quer dizer, quando você vê o resultado prático do teu trabalho é que eu acho que é a realização... e lógico, tem outras realizações, quer dizer, pois você às vezes encontra com um aluno aí, que você não vê há algum tempo, e você vê que ele está estudando... ou está trabalhando, está uma pessoa bem, e você vê que aquela pessoa, que, de alguma forma, você contribuiu para que aquela pessoa, né... isso é uma coisa pra mim boa... Por exemplo, teve uma aluna nossa, há alguns anos atrás aí, numa turma minha, que ficou uns três anos aqui, 1º., 2º. e 3º. ano... aí a turma foi bem, passou no vestibular, e uma dessas alunas formou o ano passado na Uerj aqui, em Pedagogia... Aí me ligou, fui na formatura dela. Sabe, ela é extremamente grata aqui ao colégio, e ela é filha de um porteiro de edifício, entendeu? É... Certamente, é a primeira pessoa na família dela que tem um curso universitário concluído... Então, esse tipo de coisa eu acho gratificante..."

São saberes estratégicos que contribuem para mudar vidas, fazer escolhas, ascender socialmente, revelando aqui outro aspecto da dimensão educativa do trabalho docente. Por outro lado, a pluralidade dos saberes que se expressam de forma sincrética é assim expressa por Alice que, ao mesmo tempo, fala de sua constituição no tempo e na prática. O trecho a seguir, já citado, expressa esse processo de forma exemplar.

"... É, olha só, eu acho que essa questão ali... eu aprendi numa coisa que a academia normalmente vê com maus olhos, que é a questão da formação do primário, do primeiro segmento do ensino fundamental... Então esse... quando eu fui professora de 1ª. a 4ª., e que eu tive que dar conta de... não só da área de conhecimento ligada à História, mas de Português, Matemática, de Ciências... que eu trabalhava isso tudo... Ali, naquele momento, eu fui obrigada a descobrir formas de fazer isso... então, aí, eu fui procurar... porque eu trabalhava dando Língua Portuguesa e Estudos Sociais na 4ª. série e fiquei meio de saco de cheio daquele trabalho com Língua Portuguesa, de ficar o ano inteiro reclamando que as crianças escrevem mal, que elas não sabem interpretar, de qualquer... deve ter um jeito de se fazer isso... Então eu fiz vários cursos com pessoas ligadas à área de Língua Portuguesa, com... contação de história, como é que se trabalha um texto? E é essa experiência de 1ª. à 4ª. que eu estou jogando, essa questão de conversar com o texto, lê e conversa com ele, agora fecha e diz: Como é que você entendeu? Isso aí foi uma coisa que não foi no viés

da História da universidade, foi... lá, lá atrás, que também não foi na Escola Normal, na verdade foi na prática, ali quando eu tive que dar aula ali... para meninos de 1ª. à 4ª."

Entrevistadora: Os cursos que você fez?

Alice: "Cursos fora, também... fui buscar, o pessoal que fazia, é... de Língua Portuguesa, me lembro de algumas pessoas... que saí pagando do meu próprio bolso também, que era a Heloísa Vilas Boas, que trabalhava a questão do tempo, Maria Lucia Lirio Gurgel, que é uma pessoa que trabalha com texto na Uerj, com contação de histórias e aí foi... comecei a gostar de História, de ler e ler legal, e aí, isso aí que rolou ali na sala foi... misturar esse conhecimento todo..."

É interessante observar o papel atribuído por Alice à sua experiência como professora de 1ª. à 4ª. série. Diferentemente de muitos professores brasileiros, ela reconhece a contribuição dessa experiência e a valoriza. Concordo com ela e vejo aqui uma questão que mereceria uma investigação: o papel da experiência como professora das séries iniciais do fundamental para o desenvolvimento do ensino nas séries posteriores. Não é este o objetivo desta pesquisa, mas fica aqui registrada esta observação. A habilidade dessa professora para encaminhar as atividades com os alunos era admirável, mas seria muito pouco dizer que era uma habilidade natural. Pela sua fala, podemos perceber que ela expressa um saber que foi sendo constituído de várias fontes, entre elas a prática, numa mistura que reúne, num amálgama, conteúdos, pedagogia e experiência profissional.

Os trechos dos depoimentos aqui registrados oferecem material que ilustra e confirma as proposições de Tardif, Lessard e Lahaye sobre as características e formação dos saberes docentes. Mas a contribuição desses autores, embora extremamente significativa, me parece insuficiente para a análise que é meu objetivo realizar: como os professores de História mobilizam os saberes que dominam para ensinar os saberes que ensinam. Certamente, as proposições referentes ao saber docente, e discutidas anteriormente neste trabalho, vêm ao encontro das minhas preocupações. Elas me permitiram obter um instrumental de análise que reconhece a existência de saberes próprios dos professores tendo por base a crença de que os docentes são sujeitos, com uma história de vida e profissional, e que produzem saberes na sua prática profissional, em que a dimensão educativa representa uma dimensão estratégica e fundamental.

Esses saberes são possíveis de ser identificados, como já o fizemos e, pelo que foi verificado, eles são saberes sobre os quais os professores encontram, muitas vezes, dificuldades para explicar, teorizar. Mas discordo daqueles que afirmam que os saberes docentes são saberes tácitos, que emergem nas situações da prática, de forma quase inconsciente. Se isso (ainda) acontece com grande parte dos professores, que assim reproduzem práticas introjetadas a partir dos modelos de seus professores e experiências como alunos, é porque a formação de professores tem sido realizada de forma muito precária, insuficiente, conforme afirma Shulman (1987:12), fato este confirmado pelos professores participantes desta pesquisa em vários momentos dos seus depoimentos aqui transcritos.

Acredito que pesquisas precisam ser realizadas para que possamos melhor conhecer os processos em curso nas atividades de ensino, pesquisas em que as categorias de análise articulem referenciais do campo educacional com aqueles dos campos disciplinares envolvidos e que reconheçam a especificidade dos saberes docentes. Como afirma Shulman, "ensinar exige um tipo especial de "expertise" ou arte, para a qual explicar e demonstrar são características centrais. Conhecimento tácito entre professores possui um valor limitado se os professores tiverem que explicar o que fazem e por que fazem, para seus alunos, suas comunidades e seus pesquisadores" (Shulman,1987:12). Saber explicar por que faz o que faz é condição essencial para a profissionalização da docência e melhoria da qualidade do trabalho realizado.[85]

Assim, para a análise que é objeto desta pesquisa, identifico em Shulman (1986a,1987) o autor que oferece a contribuição mais pertinente para a compreensão desses processos e de sua epistemologia, uma vez que a "compreensão cognitiva dos conteúdos das matérias ensinadas pelos professores e das relações entre estes conteúdos e o ensino que os professores realizam" é objeto de suas pesquisas no contexto do programa *knowledge base,* conforme já foi discutido anteriormente neste trabalho.

Shulman (1986a) estuda os diferentes tipos e modalidades de conhecimento que os professores dominam, configurando uma epistemologia própria. Sua contribuição é importante, em meu entender, porque traz de volta ao centro da discussão a questão do conhecimento que os professores têm dos conteúdos de ensino e do modo como estes conteúdos se transformam no ensino, destacando o papel estruturante da dimensão educativa neste processo. Ele afirma que a atual separação entre conteúdos de ensino e conteúdos pedagógicos é um desenvolvimento recente na área da Educação, e que tem levado docentes e pesquisadores a valorizarem em seus trabalhos muito mais os aspectos de ordem psicológica e/ou metodológica, deixando de lado a relação orgânica com o conhecimento de referência e que é a fonte de exemplos, explicações e formas de lidar com os erros e mal-entendidos dos alunos. Identificando essa questão como o *missing paradigm,* ele se propõe a investigar o que sabem os professores sobre os conteúdos de ensino, onde e quando adquiriram os conteúdos, como e por que se transformam no período de formação e como são utilizados na sala de aula.[86]

No seu artigo de 1986a, o autor distingue três categorias de conhecimento de conteúdos que se desenvolvem nas mentes dos professores:

1. Conhecimento do conteúdo da matéria ensinada (*subject matter content knowledge*) – Refere-se à quantidade e organização do conhecimento por si mesmo na mente do professor. Para ele, nas diferentes áreas de conhecimento, os modos de discutir a estrutura de conhecimento são diferentes. Para bem conhecer os conteúdos, é preciso ir além do conhecimento dos fatos e conceitos de um determinado domínio, sendo necessário compreender a estrutura da matéria utilizando, por exemplo, as categorias estrutura substantiva e estrutura sintática.

A estrutura substantiva é aquela na qual os conceitos básicos e princípios da disciplina estão organizados para incorporar os fatos. A estrutura sintática de uma disciplina é o conjunto de modos pelos quais verdade ou falsificabilidade, validade ou invalidade são estabelecidas. A sintaxe é um conjunto de regras para determinar o que é legítimo num domínio disciplinar e o que quebra as regras.[87] Shulman defende que os professores deveriam conhecer e compreender teorias de interpretação e crítica alternativas, e como estas se relacionam com os problemas do currículo e do ensino.

O conhecimento da matéria da disciplina ensinada implica a compreensão dos processos de sua produção, representação e validação, um domínio de natureza epistemológica. Mais do que saber, é preciso **compreender** a matéria que vai ser ensinada, para se poder criar formas para o seu ensino. Além disso, a maneira como essa compreensão é comunicada faz os alunos perceberem o que é essencial e o que é periférico de tudo aquilo que é ensinado, o que é verdadeiro e válido no campo, bem como expressa um conjunto de atitudes e valores que influenciam a compreensão dos alunos. "Quem sabe faz, quem compreende ensina" (Shulman, 1986a).

2. Conhecimento dos conteúdos pedagogizados (*pedagogical content knowledge*) – É um segundo tipo de conhecimento de conteúdo que vai além do conhecimento da matéria do assunto por si mesma, para a dimensão do conhecimento da matéria do assunto para ensinar. Inclui as formas mais comuns de representação das ideias, as analogias mais poderosas, as ilustrações, os exemplos, explicações e demonstrações, ou seja, os modos de representar e formular o assunto de forma a torná-lo compreensível para os outros. Inclui também aquilo que faz a aprendizagem de um determinado assunto, fácil ou difícil (aqui a pesquisa sobre o ensino coincide muito de perto com a pesquisa sobre a aprendizagem), possível.

3. Conhecimento curricular (*curricular knowledge*) – Conhecimento sobre o currículo, que "é o conjunto de programas elaborados para o ensino de assuntos específicos e tópicos em um nível dado, a variedade de materiais instrucionais disponíveis relacionados a estes programas", e sobre o conjunto de características que servem como indicações ou contraindicações para o uso de um currículo em particular ou programas em circunstâncias particulares (1986a, 9-10).

Esse trecho nos permite perceber que, para Shulman, saber acadêmico e saber escolar são expressões de um mesmo saber. Ele não utiliza o conceito de transposição didática, cuja formulação é contemporânea ao seu texto, nem trabalha com a concepção nele subjacente. O conceito de conhecimento escolar, como utilizo na pesquisa (com epistemologia diferente daquela do saber de referência), não é mencionado e, portanto, ele não problematiza a historicidade do conhecimento curricular. Este é citado como conhecimento que os professores precisam dominar para ensinar, da mesma forma que um médico precisa conhecer os remédios disponíveis para serem receitados. Seria como que uma seleção feita do saber de referência para definir o que precisa ser ensinado.

Posteriormente, em artigo publicado em 1987, Shulman elabora e refina suas categorias de análise. Ele amplia os conhecimentos que configuram a *knowledge base*:

- conhecimento dos conteúdos;
- conhecimento pedagógico geral, especialmente os princípios gerais e estratégias de controle e organização das turmas que parecem transcender a matéria ensinada;
- conhecimento do currículo;
- conhecimento pedagógico dos conteúdos, o "amálgama especial de conteúdo e pedagogia que é território particular dos professores, sua forma própria de compreensão profissional";
- conhecimento sobre os alunos e suas características;
- conhecimento dos contextos educacionais, indo das atividades profissionais do grupo, formas de gestão e financiamento às características das comunidades e de suas culturas;
- conhecimento dos fins educacionais, objetivos e valores, bem como seus fundamentos filosóficos e históricos (Shulman, 1987:8).

Ele cita então as principais fontes que contribuem para formar essa *knowledge base*:

- conhecimento das disciplinas de conteúdo (já comentado acima);
- estruturas e materiais educacionais, criados para possibilitar a realização dos objetivos educacionais e que incluem: currículos, instrumentos de avaliação, as instituições com suas hierarquias, seus sistemas de regras explícito e implícito, as organizações de professores, as agências governamentais em suas diferentes instâncias, "porque os professores agem dentro da matriz criada por estes elementos, usando e sendo usados por eles, é evidente que os princípios, políticas, fatos de seu funcionamento configuram uma das maiores fontes de conhecimentos para a *knowledge base*" (op. cit., 9);
- estudo da educação formal, que inclui a compreensão dos processos de escolarização, ensino e aprendizagem. Essa literatura inclui os resultados e métodos da pesquisa empírica nas áreas de ensino, aprendizagem e desenvolvimento humano, como também os fundamentos éticos, normativos e filosóficos da educação;
- o saber da prática, que constitui o menos codificado de todos. São as máximas que guiam ou fornecem recursos para uma racionalização reflexiva das práticas dos professores mais competentes. Shulman afirma veementemente que "uma das mais importantes tarefas da comunidade de pesquisadores é trabalhar com professores na prática para desenvolver representações codificadas do saber pedagógico da prática de professores competentes" (op. cit., 11). Embora possamos identificar as diferentes categorias de conhecimentos que compõem a *knowledge base*, elas precisam ainda ser investigadas, descobertas e refinadas.

É possível perceber que Shulman apresenta um conjunto de fontes que é basicamente o mesmo proposto por Tardif, Lessard e Lahaye,[88] quando explicam que o saber dos professores é plural: "Se constitui de um amálgama, mais ou menos coerente, de saberes oriundos da formação profissional, dos saberes das disciplinas, dos currículos e da experiência" (Tardif et alii, 1991: 218).

Mas os artigos de Shulman são anteriores e oferecem um instrumental para pesquisa mais rico e refinado. Além disso, o papel atribuído por Shulman aos conteúdos ensinados abre perspectivas para a análise da relação dos professores com os saberes que ensinam, análise esta que tem permanecido obscura e pouco conhecida, embora seja central para e na ação docente, nos moldes em que é realizada na sociedade contemporânea.

Shulman cria uma classificação para os conhecimentos necessários **para** formar os professores, e que ele chama de saber dos professores – *teacher knowledge* (saber docente), criado pela experiência dos professores ou "das formas do saber dos professores", ou seja, as formas nas quais os saberes dos conteúdos, os saberes curriculares e os saberes pedagógicos podem ser ou estar organizados para serem ensinados aos professores (1986a:10-11):

- Conhecimento proposicional – Aquele que a investigação sobre o ensino e a aprendizagem pode oferecer quando estabelece considerações sobre as implicações de seus resultados sobre a prática docente. Esse conhecimento geralmente é expresso sob a forma de proposições e que são fundamentalmente de três tipos: princípios, máximas e normas. Os **princípios** são oriundos de pesquisas empíricas; as **máximas** são oriundas da experiência da prática, não possuem confirmação científica (ex: quebre um pedaço de giz antes de escrever, para evitar que ele provoque ruídos no quadro); as **normas** referem-se aos valores, compromissos ideológicos e éticos de justiça, equidade etc. Eles não são teóricos nem práticos, mas, sim, normativos. Ocupam a essência do que o autor chama de saber dos professores. Eles guiam o trabalho do professor porque são eticamente ou moralmente corretos.
- Conhecimento de casos – Conhecimento de eventos específicos, exemplos que auxiliam a compreensão da teoria. Podem ser de três tipos: **protótipos** – exemplificam os princípios teóricos; **precedentes** – expressam as máximas; e **parábolas** – expressam normas e valores;
- Conhecimento estratégico – Como agir em situações dilemáticas, contraditórias, em que princípios contradizem máximas e/ou normas.

Essa classificação não foi retomada no artigo de 1987, mas certamente ela foi elaborada a partir das considerações desenvolvidas principalmente do "conhecimento pedagógico dos conteúdos".

O conhecimento dos conteúdos pedagogizados –
pedagogical content knowledge

Dentro do programa de pesquisa proposto por Shulman, certamente a categoria de análise 'conhecimento dos conteúdos pedagogizados' se revela como a mais importante, permitindo atingir a questão central do saber docente. Ele enfatiza isso em seu artigo de 1987, no qual aprofunda a discussão sobre este conceito, realizando uma exegese do processo de sua constituição na ação. De acordo com Shulman, os professores desenvolvem um processo de racionalização pedagógica que inclui diferentes momentos: **compreensão, transformação, instrução, avaliação, reflexão e nova compreensão** (Shulman, 1987:15-19).

O primeiro e segundos momentos são fundamentais. Para Shulman, "ensinar é antes de tudo compreender". O professor precisa compreender como uma ideia se relaciona a outras ideias da mesma matéria de ensino e com ideias de outras matérias também. E mais, além de compreender o conjunto de ideias a ser ensinado, é preciso compreender os objetivos educacionais envolvidos em sua ação. As ideias e os textos utilizados são veículos para o alcance de objetivos educacionais. Mas não é só compreender conteúdos e objetivos. O que distingue a *knowledge base* para o ensino "é a interseção de conteúdo e pedagogia, a capacidade do professor de transformar o conhecimento de conteúdo que possui em formas que são pedagogicamente poderosas e adaptadas às variações de habilidades e conhecimentos prévios de seus alunos" (Shulman, 1987:15).

É importante destacar, portanto, que Shulman, ao valorizar o momento e o ato da **"compreensão"** do professor, início e fim do processo, reconhece que o saber a ser ensinado não é um dado objetivado, pronto e acabado. O processo de ensino começa quando o professor se aproxima do objeto a ser ensinado e se apropria dele, o que vai gerar sua compreensão. É a partir dela que ele vai então elaborar e desenvolver o ensino.

Além disso, o momento da compreensão é complexo e estratégico porque implica reconhecer a articulação dos conteúdos a serem ensinados com a dimensão educativa que não deve criar um elemento superposto, mas, sim, deve estar imbricado, amalgamado na compreensão e atuação do professor.

Para a realização desta pesquisa tive oportunidade de aprofundar a discussão dos instrumentos conceituais disponíveis para a investigação do ensino e da ação docente. No segundo capítulo deste trabalho, discuti e analisei o conceito de saber escolar, ferramenta que possibilita indiscutível avanço para a pesquisa do ensino ao reconhecer a existência desta construção específica da cultura escolar e que é orientada pela dimensão educacional.

Já os autores que trabalham com a categoria 'saber docente' abordam esta questão a partir de outra perspectiva que leva em conta o papel do professor. Nesse sentido, considero que o conceito de conteúdo pedagogizado, de Shulman, se revela uma ferramenta teórica mais refinada porque permite revelar a presença e ação do professor como elementos estruturantes de sua construção, reconhecendo aspectos relacionados à sua subjetividade e ao seu fazer na mobilização dos saberes a serem ensinados.

No capítulo 3 deste trabalho identifiquei algumas construções do conhecimento escolar dos professores pesquisados. Agora vou retomar algumas delas, e apresentar outras, buscando identificar expressões de conteúdos pedagogizados conforme a perspectiva de Shulman. As construções serão analisadas a partir dos depoimentos dos professores, em que eles explicam o que fazem e por que fazem, depoimentos estes obtidos em entrevistas realizadas após a finalização da etapa de observações das aulas. Optei por analisar os depoimentos e não situações da sala de aula porque, como já afirmei, nesta categoria de análise a ação do professor está implícita. Seu depoimento revela sua compreensão sobre o processo e a sua percepção sobre a sua autoria e participação na construção das aulas.[89]

O projeto que Lucia e Alice desenvolveram foi pensado para buscar uma forma alternativa de ensinar História que pudesse dar conta de inúmeros problemas já identificados pelos professores, em diferentes ocasiões. Entre eles, o problema da dificuldade de leitura e compreensão dos textos, atividade fundamental para o aprendizado de História, se destaca.

Como já foi descrito no capítulo 3, as duas professoras realizaram um trabalho primoroso, em que articulavam o desenvolvimento da leitura com a construção de conceitos.

Lucia assim explica o que fazem:

"... É, a gente já pensou nisso, agora, tinha coisas, por exemplo: há uma reclamação do professor de História muito comum... que o aluno não sabe ler texto, que ele tem dificuldade de interpretação. Mas o professor de História joga isso como uma tarefa do professor de Língua Portuguesa... o aluno tem que aprender a compreender e interpretar em Português, na disciplina Português, e a gente acha que não... Até porque existem determinadas especificidades do conteúdo de História mesmo, que muitas vezes a compreensão não é do texto em si. Ele sabe muito bem compreender e interpretar um texto de Língua Portuguesa. Mas, quando ele pega um texto específico da matéria... Ele tem dificuldades porque aí entram os conceitos da matéria... A gente fez uma experiência disso há uns três anos atrás, aquela história de escrever frase historicamente corretas, depois constrói um parágrafo, depois constrói um texto. A maior dificuldade do aluno em fazer isso... Mas, gente, eles sabem fazer, eles trabalharam isso de 1ª. à 4ª., eles sabem fazer uma frase... Aí a gente começou... fizemos várias atividades diferentes... (e vimos) que o problema não era fazer as frases, o problema era o conteúdo de História... Porque ele

não conseguia relacionar os conceitos que a gente queria... Então, a gente conseguiu detectar isso, e ficamos absolutamente tranquilas, no sentido de que o problema não é só questão de Língua Portuguesa, existe a especificidade da História, dos conceitos..."

Entrevistadora: *Você acha que é o conteúdo histórico que ele não dominava?*

Lucia: "*Alguns conceitos ele não dominava, o que dificultava a compreensão do texto. Então, não necessariamente, o aluno que tem dificuldade na compreensão de texto em História, não é uma coisa direta que ele não sabe, é porque, às vezes, as palavras-chave que ele não consegue entender, na verdade, são conceitos históricos, e são esses conceitos que ele não está dominando... É com esse material que a gente tem... a gente tem oportunidade de fazer esse tipo de coisas, de fazer atividades... em que ele vai trabalhar o texto, pegar a ideia principal. Ele desconstrói o texto, ele reconstrói o texto..."*

Entrevistadora: *E aquilo que você faz de ir ao quadro... aquela atividade de tirar as ideias principais do texto que você insistiu muito...*

Lucia: "*Pois é..."*

Entrevistadora: *Não queria cópia, que eles teriam que dizer, e que você fez com eles a primeira, quer dizer, aquilo é muito interessante...*

Lucia: "*Que é um caminho dele não ficar na cópia, porque agora a gente está exigindo que ele produza um texto, e a gente está dizendo para ele que não pode ser cópia."*

Entrevistadora: *Pois é, eu acho muito bom, porque muita gente diz: Não quero que copie o texto, mas não diz como é que faz para não copiar o texto...*

Lucia: "*Pois é, a questão é essa porque tudo que a gente está fazendo... **acho que é o grande barato dessa forma de trabalhar, é isso... é você ensinar como fazer. Então se eu ensino como eu quero e você faz uma atividade, você aprende...**"*

Aqui temos um exemplo que oferece indicações sobre o processo de construção de conteúdos pedagogizados (ou do saber ensinado), em que aspectos referentes à disciplina estão amalgamados com a pedagogia, "uma compreensão de como tópicos, problemas ou questões particulares são organizados, representados e adaptados à diversidade de interesses e capacidades dos alunos" (Shulman, 1987:8).

Lucia revela a sua compreensão sobre a matéria a ser ensinada quando destaca que o problema não é domínio de informações nem de português, e sim de domínio de conceitos históricos. Ela sabe explicar as opções e soluções adotadas. Ela identifica a dificuldade do aluno numa questão que mescla aspectos do conhecimento específico – os conceitos históricos com sua expressão e demandas para o ensino. Aqui, questões do campo historiográfico são articuladas com aquelas relacionadas ao domínio da leitura e escrita. "Ele (o professor) precisa compreender como uma ideia se relaciona com outras no mesmo campo disciplinar e com ideias em outros campos também" (Shulman, 1987:14).

Lucia compreende que é preciso ensinar como fazer, avançando em relação a muitos colegas que se limitam a explicar os acontecimentos, os processos históricos, na crença de que, ao ouvir a explicação, os alunos automaticamente serão capazes de compreendê-la. Ela percebe que o desconhecimento do significado de conceitos históricos pelos alunos dificulta a compreensão do texto e que, portanto, é necessário ensinar-lhes, o que elas fazem na perspectiva construtivista, oferecendo subsídios para que os alunos cheguem às suas conclusões.

No depoimento, pode-se perceber também como a professora lida com o erro do aluno, não como deficiência, e sim como subsídio para rever encaminhamentos do trabalho que possam superar as dificuldades.

O conceito cujo trabalho de construção foi por mim acompanhado mais de perto foi o de **escravo**, embora em suas falas elas se referissem ao conceito de escravidão. Alice explica as suas preocupações durante a concepção do trabalho para possibilitar a construção de conceitos pelos alunos e que, na verdade, expressam sua metodologia, o processo de mediação didática, uma construção em que ela busca de certa forma "traduzir" para os alunos o que eles precisam aprender (traduzir aqui no sentido de adequar aos alunos, para que eles possam compreender).

> "... *Eu acho que são duas preocupações sempre que eu tenho: uma, é **de tentar traduzir para eles**, no que eles podem alcançar. E a outra preocupação, e talvez seja essa que perpasse mais o trabalho, é a questão de que, nessa faixa de idade, é muito importante o fazer deles juntos, entendeu?* **Em substituição à descrição,** *acho que a preocupação é isso,* **utilizar algum recurso que ele possa ser levado a chegar à conclusão, a pensar sobre aquilo e o nome... aquilo que se dá...** *Isso é feito depois, depois que eu tenho, mais ou menos, um encaminhamento que ele talvez tenha entendido... aí eu digo que nome que aquilo tem. Pois é, isso se chama isso, então acho que são basicamente essas duas*

coisas: colocar o menino pra fazer atividade, elaborar coisas que ele possa, é, ir construindo junto, para depois dar o nome, dizer como é que se chama. E a outra coisa, tentar adaptar isso a uma forma que ele entenda, que seja a linguagem dele, que é um trabalho que é difícil..."

Pode-se perceber aqui o domínio de Alice sobre o processo que desenvolve. É um saber oriundo da fonte que Shulman denomina "estudo da educação formal", e que inclui resultados das pesquisas sobre ensino e aprendizagem. Ela vai montando os elementos a partir do objetivo que determinou, de forma que os alunos cheguem às conclusões que ela deseja que eles cheguem, dentro da lógica do construtivismo. As perguntas vão conduzindo, dando o fio de sentido...

Para isso, as ideias compreendidas pelo professor precisam ser transformadas para serem possíveis de serem compreendidas pelos alunos, dando continuidade ao processo de elaboração do conteúdo pedagogizado. Para Shulman, **"transformação"** é o "processo pelo qual a matéria de ensino conforme ela é compreendida pelo professor chega até as mentes e motivações dos alunos" (Shulman, 1987:16). A transformação inclui a **"preparação"** – interpretação crítica e análise dos textos, estruturação e segmentação de um repertório curricular, clarificação de objetivos; a **"representação"** – uso de um vocabulário representacional que inclui exemplos, analogias, metáforas, explicações, demonstrações etc.; **"seleção"** – escolha no repertório de ensino que inclui modos de ensinar e organizar; **"adaptação e adequação às características dos alunos"** (Shulman, 1987:15-17). O autor consegue identificar diferentes momentos e processos realizados para a criação do saber a ser ensinado. Note-se, no entanto, que ele não discute aspectos relacionados às diferenças entre saber acadêmico, saber a ensinar – curricular e saber ensinado. Esse processo é desenvolvido pelo professor em todas as suas etapas.

No trecho acima selecionado, Alice descreve, em linhas gerais, o processo de transformação.

Como Alice e Lucia selecionaram e organizaram o material para o ensino? Quais as formas de representação das ideias escolhidas? Que metodologias escolheram? Estas levaram em consideração as características dos alunos e os objetivos educacionais?

Os trechos apresentados a seguir ilustram o processo em seus diferentes momentos. É interessante observar, também, como elas aproveitaram o material oferecido pelo aluno, o que revela a sua capacidade para identificar a relevância da contribuição que veio ao encontro das necessidades criadas pelo processo de representação, ao mesmo tempo que valorizavam a participação do aluno na elaboração do trabalho.

Explicando com mais detalhes, Alice diz:

> *"... Quer dizer o meu percurso... acho que foi o que eu falei, da outra vez, é assim... eu primeiro, eu construo a rede, assim, eu faço um trabalho inteiro tendo, assim, como eixo, os conceitos que eu quero trabalhar, que foram definidos pela escola... Eles estão todos ali no lugarzinho onde a gente tem eles marcados... Aí, eu vou e construo o texto, eu escrevo mesmo como é que eu faria isso no todo, botando todo o meu conhecimento que eu tenho de História, que é maior do que aquilo que eu estou querendo passar..."*

Vemos, acima, na explicação da professora, como ela avança no caminho da **"compreensão"** para a **"preparação"**, primeiro momento da fase de **"transformação"**.

> *"Aí eu tenho um entendimento, eu construí a rede, aí eu vou buscar qual a melhor forma, que perguntas que eu posso fazer para aquele material que eu selecionei, para que eu possa chegar lá, na verdade é isso, o trabalho com sociedades no ano passado, que já foi feito, é com as sociedades caçadoras e coletoras... Um aluno, uma vez, chegou na escola com um livro, que eu não vou saber te dizer qual é a referência bibliográfica agora, mas posso depois incluir, que era um livro feito com imagens que representavam a vida de caçadores e coletores... Quando eu vi aquele livro, eu disse: Caramba, está tudo aqui... se eu trabalhar essas imagens, são belíssimas as imagens, eu acho que eu posso arrumar isso com imagem e não com texto... Aí, a gente escaneou todo aquele material, fizemos uma seleção das imagens, é... separando por conceitos de desigualdade social, trabalho coletivo, divisão natural do trabalho... tudo que a gente queria trabalhar... e fomos selecionando as imagens... e daí a gente foi fazendo perguntas que eram encadeadas para ele... ou observar aquele material que era a representação, a gente sabe do que a gente estava querendo tratar... **e aí a gente foi construindo as questões...**"*

Entrevistadora: Quer dizer, as perguntas vão de uma certa forma conduzindo...

Alice: *"Conduzindo, é, vão conduzindo, é, é..."*

Entrevistadora: Conduzindo o raciocínio para que eles...

Alice: *"Para que possam chegar ali onde eu quero..."*

Temos aqui ações dentro do momento que Shulman chama de "**representação**", seleção de opções dentro de um repertório representacional para o ensino e de "**seleção**", ou seja, a escolha dentro de um repertório instrucional que inclui modos de ensinar, organizar, coordenar as atividades para a aprendizagem dos alunos.

Essa compreensão se articula com a compreensão dos objetivos, objetivos educacionais que se voltam, entre outros, para o desenvolvimento da leitura e da escrita na perspectiva do letramento, do desenvolvimento da responsabilidade, da liberdade para usar e usufruir de suas escolhas, do respeito ao outro e da capacidade de investigar e construir seus próprios conhecimentos. "A chave para identificar a base de conhecimentos do ensino reside na interseção entre conteúdo e pedagogia, na capacidade do professor transformar o conhecimento que possui em formas que são pedagogicamente poderosas mas adequadas à variedade de habilidades e contextos apresentados pelos seus alunos" (Shulman, 1987:15).

Como foi realizado este processo pelas professoras?

Respondendo à pergunta sobre por que elas optaram por escravidão, Alice explica:

> "... Porque era para continuar... Na verdade, a gente trabalhou no ano passado. A gente terminou exatamente depois que viu as relações e o trabalho... Viu e o referencial ainda é linear... Dentro da Antiguidade... O próximo passo foi trabalhar... as sociedades clássicas e a relação de trabalho era... em cima da escravidão e então aí a gente trabalhou ali... a gente parou ali. A gente precisava continuar..."
>
> Entrevistadora: E aí vocês retomaram?
>
> Alice: "Nós retomamos do final do ano passado e daí..."
>
> Entrevistadora: Mas eles já tinham estudado a escravidão em Roma?
>
> Alice: "Em Roma, sim."
>
> Entrevistadora: Então foi um pouco uma revisão?
>
> Alice: "Uma revisão... de Roma, sim, sim...
>
> Aí a pergunta, o gancho era esse... Em mais, em outro lugar teve a questão da escravidão? Aconteceu de novo essas relações de trabalho, da pessoa ser tratada como mercadoria, de ser a base econômica da sociedade e tal... Algumas coisas que a gente tinha visto lá... E aí a gente foi e pegou o livro para trabalhar a questão da escravidão no Brasil..."

> *Entrevistadora: Então você, você estava trabalhando conceitos ali? Você considera isso?*
> *Alice (dúvida): "É... eu acho que sim..."*
> *Entrevistadora: Estava querendo que eles construíssem esses conceitos?*
> *Alice: "É, de... que era mercadoria, de que... eu acho que sim... Era esse o objetivo..."*
> *Entrevistadora: Era mais entender o que é ser escravo ou entender o que era aquela sociedade da Antiguidade, a sociedade romana com suas relações...*
> *Alice: "Não, não... Não era o que era ser escravo... Aliás, esse conceito, trabalhar o que é que era ser escravo, em alguns momentos, em algumas turmas... por exemplo, eles diziam: Mas que horror... o tratamento que se dispensava ao escravo... E aí eu dizia para eles: Mas poderia ser de outro jeito? A relação de uma sociedade que tem o escravo é... Eu não aceito... Mas ela é completamente compreensível... Se é uma mercadoria... que o tratamento seja esse... Então isso era uma coisa que a gente trabalhava para eles não ficarem só com aquela coisa piegas da escravidão."*

Ao descrever a construção realizada para ensinar o conceito de escravo, revela sua preocupação de que os alunos pudessem compreender o significado da escravidão naquilo que ela representa de desigualdade social e injustiça. Não basta saber o que era ser escravo, é preciso saber o significado social e ético desta relação social, o que é uma expressão do "amálgama entre conteúdo e dimensão educativa".

Alice também expressa a sua dificuldade para organizar o trabalho, quando reconhece que precisa "brigar" com a sua formação que instituiu em sua mente uma racionalidade linear. Vemos aqui como a sua compreensão inicial interfere sobre as opções que precisa realizar para elaborar sua proposta de ensino.

> *"... A gente está trabalhando com o conceito de escravidão, mesmo... em diferentes momentos, que é o conceito lá da Antiguidade e tal... primeira coisa, essa do plano é uma coisa que não está resolvida ainda na cabeça da gente... Na verdade, a gente tem uma proposta de trabalho e a gente tem uma formação que é uma formação em História que é linear, de progresso... e quer tirar qualquer peça dessa engrenagem, do jeito que ela está posta, e rearrumar... é um exercício fantástico e a gente se pega... todas as vezes que a gente vai voltar para essa questão... a gente se pega no referencial que a gente tem..."*

Além da dificuldade em superar a racionalidade cronológica linear, percebe-se também uma falta de clareza se o trabalho é com o conceito de 'escravo' ou de 'escravidão'. Ela nega que é o conceito de escravo, afirma que é escravidão. Na verdade, elas estão construindo o conceito de escravo. Não estão analisando as demais instâncias políticas e jurídicas da sociedade que legitimam esta instituição. Mas ela percebe que precisa do contexto socioeconômico para explicar o conceito e daí a confusão. E isso porque os conceitos em História precisam ser contextualizados para serem compreendidos.

A racionalidade analógica foi uma das formas de representação por elas escolhidas e utilizadas para propiciar a compreensão do conceito, comparando o ser escravo na Antiguidade com ser escravo na Modernidade. Ao operar dentro da perspectiva analógica, elas criam condições para a percepção das diferenças e semelhanças, e para o uso do conceito em sua generalidade.

Como é preciso utilizá-lo para se referir a situações diferenciadas, torna-se necessária uma adjetivação: moderna e antiga.[90] Isso tudo é feito para que os alunos compreendam o significado do que foi ensinado, significado este que emerge do eixo que articula a construção didática, expresso nas diferentes configurações criadas e questões orientadoras. Este eixo auxilia a compreensão do sentido pelos alunos:

> *Entrevistadora: Quer dizer, as perguntas vão de uma certa forma conduzindo...*
> *Alice: "Conduzindo, é, vão conduzindo, é, é..."*
> *Entrevistadora: Conduzindo o raciocínio para que eles...*
> *Alice: "Para que possam chegar ali onde eu quero..."*

Este trabalho, que se baseia nos PCNs, no eixo temático do 3º. ciclo, 'História das relações sociais, da cultura e do trabalho', vem ao encontro de demandas percebidas por elas quanto à aprendizagem dos alunos. O trabalho de compreensão de conceitos vem dar conta do esclarecimento de dúvidas ou erros dos alunos: aquilo que Shulman chama de **"seleção"** e **"adequação"**.

Alice, assim, explica o que aconteceu e a solução dada por elas:

> *"... É que nas avaliações que a gente tinha feito no final do ano... é, por exemplo, o aluno... aquele aluno que... ele estuda ali na hora da prova... ele se distancia ali na aula... ele não presta atenção e tal, não acompanha. Ele não vai junto nesse processo, ele sai dele algumas horas... Então, uma pergunta que tinha na avaliação no final do ano passado... eles diziam que os escravos em Roma, por exemplo, eram*

todos negros. Então, ele trazia isso da 1ª. à 4ª., onde ele tinha estudado a questão da escravidão no Brasil e transpôs essa coisa, essa característica para lá. Aí a gente, eles não estão entendendo... Então talvez seja um momento bom pra gente mostrar que elas são diferentes, que houve diferenças entre elas e algumas semelhanças. **Então, pegando o eixo do que é que foi igual, do que era diferente além do tempo, as variáveis que foram diferentes... a ideia... o trabalho foi montado assim..** *E por que é que a gente caiu no feudalismo? Porque o que a gente vai fazer é retomar lá atrás a substituição da escravidão e a gente vai ver agora como ela se deu. Ela vai introduzir a questão dos servos, são as relações servis que vão prevalecer, né, e eu estou sugerindo à Lucia... não sei como é que a gente vai dar conta... É que a gente retome de novo... E no Brasil, essas relações de escravidão que eles já... Professora, uma pergunta, quanto tempo que durou... a escravidão? A gente outro dia estava conversando sobre isso numa turma. Aí eles disseram 16, 17, 18, 19, 400 anos... Poxa, professora, o Brasil tem 500... 400 foi com escravidão... Pois é... Então a ideia era... ainda não está pronto... A gente vai tentar discutir agora qual vai ser o caminho depois que a gente terminar a questão das relações servis, da servidão... Da característica mesmo do feudalismo. O que que aconteceu no Brasil.* **É de ficar fazendo meio um pingue-pongue tendo como eixo a questão das relações sociais e as relações de trabalho."**

Os trechos selecionados ilustram o processo de construção do conteúdo pedagogizado em diferentes momentos. A **"preparação"**, **"representação"**, **"seleção"** e **"adequação"** levaram-nas a escolher a racionalidade analógica para organizar o trabalho de construção do conceito de escravo, o que possibilitou que os alunos percebessem as semelhanças e diferenças entre a escravidão antiga e a moderna, para daí extraírem características comuns fundamentais para a elaboração conceitual. Cabe lembrar os aspectos referentes à necessidade de adequação às características dos alunos e que já foram analisados quando as professoras comentaram que o projeto surgiu, entre outros motivos, da solicitação dos alunos.

A **"preparação"** pode ser identificada, também, nos primeiros momentos de elaboração, quando elas relatam o trabalho com os documentos curriculares, no caso os PCNs e o PGE, e como a partir deles foram construindo sua proposta inicial do projeto, em que podemos ver claramente a dimensão de autoria das duas professoras na construção dos conteúdos pedagogizados, embora com uma autonomia relativa, trabalhando na transposição didática, conforme afirma Chevallard e já foi discutido no Capítulo 2.

Entrevistadora:... Esta organização está sendo baseada no eixo dos PCNs? É isso?

Alice (som confirmando): "Foi nele, a gente leu os parâmetros... trabalho, aí a gente fez, é... tem isso numa exposição que a gente fez, também tem num vídeo isso... Assim, era um trabalho de quebra-cabeça, a gente leu, foi para o computador, digitou tudo que eles davam de objetivos e com relação aos eixos, pro 3º. ciclo e para o 4º. ciclo, fez daquilo um quebra-cabeça, colocando em envelopes... **Aí, a gente pegou uma folha de papel pardo no chão da minha sala, sentamos as duas...** *a gente ainda tem isso, e nós formos montando como quebra-cabeça, então a gente tinha pregado na parede quais os conceitos que o plano nosso da escola queria que a gente fizesse, o que o PCN estava dizendo, a nossa experiência, que era a linearidade progressiva e tal... Vira e mexe, a gente se esbarrava nisso, e a gente montou, foi montando um quebra-cabeça, e dividimos em 5ª., 6ª., 7ª. e 8ª., já que a escola não tinha a opção do ciclo, tinha que trabalhar com série...* **Esse trabalho a gente tem, para a gente mostrar, a gente andava com ele, é uma folha de papel pardo inteira com todo o PCN recortadinho, com os objetivos..."**

Entrevistadora: Aqueles tópicos de conteúdos, todos?

Alice: "Todos, todos, rearrumados, eu vou trazer para você ver, aí foi um quebra-cabeça. A gente ficou uma tarde, mais de uma, a gente fez umas quatro, cinco reuniões nas férias, a gente queria fazer isso... foi um trabalhão... Eu lembro que deu 10 horas da noite, estavam os pedacinhos no chão, todos eles arrumadinhos já do jeito que a gente tinha que tirar e eu com a casa toda fechada porque não podia ter vento... Se ventasse, aquilo ia sair tudo do lugar e aí a Lucia foi embora para Niterói... E eu fiquei ali sentada com a cola para arrumar tudo, porque aquilo não podia voar... Se voasse, a gente tinha mandado o trabalho todo para o espaço... Aí, a gente andava com aquilo mostrando para as pessoas... como é que a gente tinha chegado..."

O momento da **"instrução"** – a aula propriamente dita – já foi, de certa forma, objeto de análise no Capítulo 3 deste trabalho, quando focalizamos o saber ensinado. Ao discutir a construção realizada para o ensino, não pudemos deixar de mencionar os diversos encaminhamentos, opções e estilos. O saber ensinado não existe de forma autônoma, objetiva e descontextualizada. Ele é sempre o resultado de uma construção, mesmo quando o professor sai de cena e atua nos bastidores preparando e orientando as atividades.

A despersonalização citada por Chevallard refere-se aos pesquisadores responsáveis pela sua produção no campo científico. Realmente, na maior parte das vezes, o saber ensinado é apresentado como um saber descontextualizado de suas origens.

No entanto, é possível afirmar, a partir da análise feita aqui, que essa despersonalização ocorre duplamente, na medida em que fica oculto o papel do professor na sua construção, mesmo sabendo-se que este opera numa dimensão de autonomia relativa, trabalhando na transposição didática e não fazendo a transposição já iniciada por membros da noosfera.

A análise aqui realizada permite perceber a complexidade de sua atuação na construção e realização do ensino, estruturado pela sua compreensão e capacidade para encontrar e dar conta de alternativas de realização.

Os demais momentos citados por Shulman – **avaliação, reflexão e nova compreensão** – não foram objeto de atenção direta nesta pesquisa. Assim, não acompanhei nem analisei procedimentos de avaliação da aprendizagem dos alunos. A **reflexão** e a **nova compreensão** de alguma forma foram propiciadas pela própria participação na pesquisa. A necessidade de responder às perguntas certamente levou os professores a refletirem sobre o que fazem, conduzindo-os a uma visão renovada sobre suas práticas.

Vejamos agora como o processo de "**comprensão**" e "**transformação**" é realizado pelos dois outros professores, Marcos e Roberto, que, como já foi visto, têm outro estilo de trabalhar. Suas aulas são dominadas pelas suas falas, suas explicações.

Assim Marcos explica quais são as preocupações que orientam a organização de suas aulas:

> *"Bom, o que eu sempre procuro trabalhar é o seguinte: duas coisas, é integrar o que acontece, é... ao nível mundial, com o que acontece aqui no Brasil, a nossa História com a História da civilização da qual a gente faz parte; e, além disso, sempre resgatar o que houve lá atrás com o que está acontecendo hoje... Então, por exemplo, você chegou a assistir uma aula que falou sobre o encilhamento... Então eu trabalhava com isso... naquela época eu trabalhava com o sistema da emissão monetária da inflação e tal trazendo essas preocupações para hoje em dia. Por que o governo tem essa preocupação? Por que isso provoca às vezes a recessão? Um combate à inflação?... Então eu sempre procuro trazer o que eu estou explicando para a realidade do cotidiano, entendeu? Então, uma coisa que eu trabalho muito com eles, por exemplo,*

no caso de História do Brasil é... eu sempre tento resgatar com eles a pouca vida democrática que o Brasil teve e quanto que isso nos afeta hoje. Quer dizer, eu acho que hoje muitos dos problemas que nós temos aqui no Brasil provêm de nós não termos uma vivência democrática muito enraizada... aí eu sempre procuro puxar esse assunto com eles..."

Marcos faz referência ao processo de contextualização que realiza: relaciona o que acontece no mundo com o que acontece no Brasil e os acontecimentos do passado com aqueles da atualidade, relações que operam na dimensão espacial – aqui e não aqui; e temporal não-agora e agora. Há uma racionalidade analógica básica norteando seu trabalho, as relações são possíveis porque existem elementos estruturais semelhantes que possibilitam alguma forma de comparação e que facilita a compreensão dos alunos.

Ele revela aqui a sua **"compreensão"** sobre o que é importante no conhecimento histórico para ser aprendido pelos alunos, ou seja, relacionar acontecimentos do passado com aqueles do presente para possibilitar a atribuição de sentido, tanto ao passado quanto ao presente. Essa **"compreensão"** influi sobre o seu processo de **"preparação"**, levando-o a definir o caminho de interpretação e a escolha de elementos curriculares, bem como a clarificação da dimensão educativa como a reduzida tradição democrática que nos afeta ainda hoje.

Trazer para o cotidiano não necessariamente facilita a compreensão. Perguntado sobre isso, Marcos responde:

Entrevistadora: Como é que se faz essa relação com o presente, é... porque isso é do conhecimento deles, porque, veja bem, nem sempre o que é atual é claro...

*Marcos: "Olha, o que eu sempre busco, **a minha ideia de buscar isso com eles é de desenvolver com eles uma visão plural, entendeu?** Do que está acontecendo, porque nós temos um acesso à informação hoje que é um acesso muito dirigido... Então, hoje se tem quase um pensamento único que é predominante... Então, eu tento mostrar para eles é sempre uma visão plural das coisas... Então, por exemplo, quando eu trabalho guerra fria eu sempre tento trabalhar que não é um conflito entre o bem e o mal, não é? Que você tinha duas potências que usavam a mesma prática, entendeu? Práticas que são as mesmas com o objetivo muitas vezes equivalente, embora com ideologias diferentes. Porque eles só têm acesso a um tipo de ideologia... Por exemplo, se* *eu estivesse agora em aula, não estivesse em greve, eu provavelmente trabalhasse com eles a questão do Afeganistão, entendeu? Para trabalhar com eles o que que algumas pessoas, e o Bin Laden, como foi o próprio Saddam Hussein, eles foram pessoas que numa certa época foram financiados pelos Estados Unidos, entendeu? E que agora se voltaram contra eles, e por que isso acontece... Então, não é você entender como é... disse o presidente americano que é o bem contra o mal... Mas eles, um tempo atrás, não representavam o mal, provavelmente para o governo americano representariam o bem. Então, como às vezes a gente recebe informações muito estanques e como, na maioria das vezes, são direcionadas, eu procuro transmitir isso numa visão plural, para que eles não tenham uma visão maniqueísta das coisas que estão acontecendo... A minha preocupação maior é essa..."*

Destaca-se nesta resposta a dimensão educativa que ele atribui aos conteúdos ensinados, não de forma dogmática ou doutrinária. Muito pelo contrário, ele mesmo diz, procura desenvolver nos alunos uma visão "plural", que os liberte do maniqueísmo do pensamento único. Temos aqui outro exemplo de conteúdos pedagogizados, construções elaboradas pelos professores nas quais suas características e preocupações pessoais são elementos estruturantes do saber, em que sua **"compreensão"** do conhecimento a ser ensinado orienta a compreensão do aluno, na realização da **"transformação"**. Esse processo o orienta na escolha dos exemplos e argumentos porque ilustram e justificam os conceitos que desejam explicar – **"representação"**.

Marcos afirma que suas aulas se baseiam em fundamentação marxista:

"... Por exemplo, quando eu falo... até de questões culturais... Por exemplo, eu sempre faço uma ponte com eles quando eu vejo Era JK, por incrível que pareça, com o renascimento... Então eu falo o seguinte para eles: o renascimento era uma arte basicamente otimista, quer dizer, os artistas da época, de qualquer área que ele fosse ou os intelectuais, eles tinham uma visão otimista em relação ao futuro, acreditavam que o homem, é aquilo que Shakespeare até falou... Eu sempre trabalho esse negócio do Shakespeare com eles, Shakespeare até nas tragédias, era sempre o bem que acabava vencendo... porque você tinha uma visão sempre otimista em relação ao futuro... Aí eu mostro para eles, que você viveu uma época do ponto de vista econômico de expansão... uma época em que a produção de riquezas vem aumentando... embora isso não fosse necessariamente uma riqueza distribuída para todos... Mas havia um movimento em que a Europa se

afirmava, que a economia estava crescendo... a expansão marítima... novas descobertas... Então, quer dizer, essas bases de mudanças econômicas, quer dizer... e sociais... acabaram gerando um clima na cultura para provocar uma cultura, uma atividade cultural mais otimista... Por quê? Porque também se vivia uma época otimista... Quando eles chegam em JK, por exemplo, o Brasil tinha uma taxa de crescimento econômico altíssima, não é isso? Aí você vai ter o reflexo disso na cultura, a bossa-nova retratava o quê? O amor, o prazer pela vida... não é isso, aí eu venho para a década de oitenta, por exemplo, aí eu mostro para eles o quê?... Que aquele sonho do Brasil de que seria a grande potência do futuro, aquele negócio ruiu... O Brasil é um país endividado... com uma hiperinflação... problemas sociais cada vez maiores... e aí você gerou o quê, uma arte pessimista... Aí eu mostro o exemplo do Cazuza que fala que a burguesia fede... aquele negócio todo, uma crítica meio que anárquica, digamos assim... Então, eu falo, você tinha uma arte já bem mais pessimista porque você vivia num momento econômico, social pessimista aqui no país, entendeu?"

Marcos estabelece uma relação entre a economia e a vida cultural, a partir da lógica do materialismo histórico. Essa lógica permite que ele estabeleça comparações entre épocas distintas, sociedades distintas, buscando identificar as semelhanças: desenvolvimento econômico/"produção cultural otimista"; crise econômica/"produção cultural pessimista". Podemos discordar desta comparação, que simplifica em demasia os processos e fenômenos socioculturais. Fica como exemplo de mais um tipo de explicação baseada em comparações. Aqui se revelam outros exemplos de construções do conhecimento pedagogizado, na dimensão do que Shulman chama de **"representação"**.

Em outro momento, Marcos explica a forma como ele discute os conceitos, aprofundando as significações, contextualizando numa dialética que, ao mesmo tempo que discute o conceito, usa o conceito para explicar um determinado contexto histórico e faz comparações com outros contextos que ajudam a explicar a partir das diferenças explicitadas.

"...O negócio do Estado Novo... se ele era fascista, se não era, esse tipo de coisa eu não trabalho com eles, entendeu? Vocês vão ver que o ainda tem livro que o caracteriza como estado fascista, por exemplo... a grande discussão... a legislação social, que muito na escola a gente fala que era fascista, não era bem assim... Os direitos sociais... eles não se inspiraram no fascismo, o que se inspirou no fascismo foi

> *o corporativismo, no que afetava os sindicatos, entendeu? Então, eu mostro para eles o que houve na Era Vargas que você pode identificar como fascista, não é isso? O corporativismo, principalmente, o negócio do controle da propaganda, o culto à personalidade... Mas eu mostro para eles, também, que a União Soviética era comunista e o Stálin também fazia culto à personalidade, os sindicatos não eram livres... então aí eu mostro que... o que eu procuro mostrar para eles, quando eu falo disso, é que conceituar o Estado Novo como estado fascista é você querer importar uma... é... europeizar demais uma análise aqui no Brasil... Aí é que eu conceituo com eles o que é populismo... aí já mostro como um fenômeno tipicamente... latino-americano."*

Marcos comenta aqui o momento da **"instrução"**, conforme Shulman (1987,15) e que resulta do processo de **"compreensão" e "transformação"** por ele realizado. Fica muito claro como a sua **"compreensão"** influencia a **"preparação" e a "representação"**. Esta, baseada na racionalidade analógica, possibilita que as semelhanças e diferenças percebidas em determinados contextos sejam discutidas para a identificação das características e construção do conceito, processo fundamental para o raciocínio histórico.

Roberto também revela ter as mesmas preocupações que Marcos: construir conceitos.

> *"... Nas minhas aulas, geralmente, assim... **o que eu procuro trabalhar na História com o ensino médio, para mim o básico é a questão conceitual**... eu ainda estou nessa questão e quero ver uma forma diferente de trabalhar que dê certo porque eu acho que tem outras formas... **A questão do conceito para mim é fundamental**... inclusive, eu me lembro que em São Cristóvão a gente trabalhou com metodologia da História... no início. E que a História, trabalhando com metodologia, a gente chegava a discutir o que era conceito, tinha até um texto, o que é conceito... que eu me lembro... que eu trabalhei isso com o professor Dirceu... o que é o conceito e tal, tal, tal... porque o aluno perceber que o conceito na verdade é uma ideia que você tem sobre determinadas questões e que estão ali... que é muito mais do que uma palavra simplesmente... o conceito... e isso é muito legal porque você pode trabalhar isso com a linguagem... Então essa questão do conceito para mim, quer dizer, na verdade eu este ano, eu não discuti o texto, o que é conceito com eles, mas a gente fez uma discussão do que era o conceito e eles conseguiram perceber... Até peço que eles*

levantem alguns conceitos, apresentem alguns conceitos, não só em História... E é engraçado que tem uma resistência imensa dos professores de História na primeira série, no nosso programa, em discutir a metodologia da História. Os professores não querem... Uma semana eu ficar discutindo o que é História, o que são fontes históricas... eu não, eu gasto às vezes um bimestre discutindo isso porque eu acho que isso é fundamental para o aluno se situar, eu acho até um pouco desonesto com o aluno você não... Eu estou começando o ensino médio, quer dizer, eu estou pensando em imprimir um outro ritmo, de resgatar o que ele já adquiriu, eu quero ver se ele tem essa noção, da particularidade da ciência, da pesquisa, da História e tal, então eu acho que isso é fundamental, e infelizmente eu tenho sido vencido. Tem professor que já está lá na frente do programa porque passou por isso em uma semana. É dar as fontes, tipos de fontes, mas aluno não percebe o que é a fonte, um ou outro percebe isso, né? Mas é legal você trabalhar isso um pouco mais, então é a questão de conceito, para mim é um elemento fundamental, não é?"

Sua preocupação com os conceitos é mais teórica, discutir o que é conceito com os alunos, discutir a produção do conhecimento histórico. Logo em seguida ele revela a sua segunda grande preocupação que, na verdade, abarca os eixos estruturantes do seu trabalho.

"... A outra questão é a questão relacional, procurar trabalhar com as relações, sempre buscando as relações, minha formação é estrutural, então eu continuo nessa formação ainda, trabalhando um pouco ainda essa coisa, sem dar, digamos assim, uma ênfase maior a uma estrutura, se é econômica, se é política. Isso depende muito das aulas, do tema que você está abordando, mas a questão relacional para mim é fundamental quando eu monto as minhas aulas; a questão da contextualização pra mim é fundamental, contextualizar os temas, sejam eles do passado ou do presente, não importa, tentar contextualizar o mais próximo da realidade do aluno mesmo, né? Quer dizer, é... eu posso contextualizar uma situação da Idade Média hoje. Com algumas questões, a questão da religião, a questão do teocentrismo. Eu posso trabalhar o contexto daquela época, buscando no contexto de hoje. Trabalhando passado e presente, né? E isso é fundamental..."

Entrevistadora: Como é que, você não acha que tem um perigo aí... de um certo anacronismo, de você... ele entender o passado com uma visão do presente... Você se preocupa com isso? Ou não? Como é que você pensa isso? Quando você usa um exemplo atual pra explicar um acontecimento do passado?

Roberto: "*É, nunca é para explicar, ele é uma referência. Por exemplo, quando a gente trabalha, acho que você viu isso acontecer, trabalhando com a peste bubônica no século XIV, né? O que seria hoje...*"

Entrevistadora: Você falou da Aids.

Roberto: "*A questão da peste que se coloca hoje pra nós, né? É, qual seria essa peste? Essa peste é a Aids, aí dá pra discutir a Aids. Sem tentar trabalhar nisso um paralelo, ou buscar semelhanças com a peste bubônica. Não, a peste bubônica é a peste bubônica no século XIV, contextualizada lá, tal, tal, tal. Hoje ela é uma doença controlada pela Medicina tal, outra coisa é a Aids. Que ela é uma doença do final do século XX. É uma outra coisa. Então, assim, eu acho que é difícil, fica difícil para o aluno confundir essas coisas.*"

Entrevistadora: Eu me lembro o que você fez, você usou exemplos da... do gari, que hoje você tem limpeza pública, e...

Roberto: "*Isso do saneamento, da informação, das campanhas. E aí é legal que você discute um pouco com ele a questão da prevenção, porque também faz parte, quer dizer, eu acho que a aula também é isso.*"

Entrevistadora: É, eu vi que você teve o cuidado de trabalhar com a questão da prevenção.

Roberto: "*Isso, eu acho que a aula, independente de História, mas História propicia isso, dá pra você passear por vários outros campos. No campo da Medicina, no campo da Biologia, no campo da Física, no campo da Matemática [risos] e eu acho que dá pra fazer isso, e o aluno gosta disso.*"

Contextualizar para Roberto é o segundo eixo estruturante, na verdade o que mais se expressa em suas aulas. E **contextualizar significando trazer para o presente, para a realidade do aluno**. Roberto mostra segurança ao explicar que não está trabalhando em perspectiva presentista, de explicar o passado pelo presente, e sim que procura usar o presente como referência de comparação, dentro da racionalidade analógica. Roberto, diferentemente de Marcos, se preocupa muito em aprofundar aspectos do presente para levar os alunos a refletirem sobre questões atuais e, assim, desenvolverem a dimensão crítica.

Mais uma vez podemos ver aqui como a sua **"compreensão"** sobre o saber ensinado orienta o processo de **"transformação"** em seus diferentes momentos, com implicações na **"preparação"** – escolha de formas de estruturação e interpretação dos textos curriculares, na seleção de formas de **"representação"** – mais uma vez comparações com acontecimentos do presente, utilização de exemplos: a peste e a Aids; na **"seleção"** – opção por modos de ensinar, e na **"adequação"** aos alunos: *"Os alunos gostam disso, não é?"*

A dimensão educativa é expressa de forma muito intensa nas palavras e aulas de Roberto. Contextualizar na realidade do aluno para desenvolver a capacidade crítica, para superar a visão do senso comum, para que eles possam atribuir sentido ao vivido na perspectiva de uma cidadania ampla e que inclui aspectos políticos, sociais, culturais, ambientais e também aqueles relacionados à saúde.

Roberto utiliza exemplos de histórias da literatura, como o Pinóquio, para ilustrar o trabalho do artesão...

> *"... Ah, sim, o Pinóquio é ótimo, é para falar do artesão... que ali você vê... que aí vem uma coisa que eu tinha dito para você na outra entrevista... que eu afirmei isso lá em Ouro Preto... que o professor precisa viajar, o professor precisa ler, o professor precisa ir ao teatro, precisa ir ao cinema, o professor precisa estar inteirado das coisas que os outros homens fazem porque, quanto mais você tiver... mais você é capaz de ilustrar... Você quer coisa melhor que aula ilustrada? Onde você está ilustrando o conhecimento com outras coisas? Isso é muito legal e, para você ilustrar, você tem que conhecer, você tem que poder falar sobre aquelas coisas, você quer ver..."*

Roberto comenta aqui outra característica do conteúdo pedagogizado em História: a necessidade de ilustrar, dar exemplos das situações vivenciadas, oriundas da pesquisa histórica e articuladas com o vivido de professores e alunos. Essa criação, própria do ensino de História, é tanto mais rica quanto mais rica for a experiência do professor.

Roberto continua seu depoimento:

> *"Essa semana eu assisti Hans Staden, que eu não tinha visto ainda, eu peguei o vídeo para assistir. Sabe a história do Hans Staden, não sabe? O filme é muito interessante para você trabalhar com essa relação do português, do francês com o índio brasileiro, como que isso se dá, e toda vez que eu estou vendo um filme, que eu estou vendo isso, aí a coisa fica, de repente na sala de aula, quando eu estou dando aula, aquilo vem e sai..."*
>
> *Entrevistadora: Muitas vezes você nem preparou...*

*Roberto: "Nem preparei, aquilo está embutido e isso é o legal da aula, é esse é o legal da aula, você está de um lado, **quando de repente, quando você vê, você está criando alguma coisa a partir dos conhecimentos que você tem e eu acho que a aula é um pouco isso. É você conversar um pouco, trabalhar um pouco em cima, uma troca de experiência mesmo, só que ali você troca menos com o aluno, mas você pode trocar mesmo com ele...**"*

Acredito que as palavras de Roberto sintetizam muito bem esse saber do professor que realiza construções muito próprias, particulares, num diálogo rico com os diversos saberes que domina para ensinar o que ensina. Expressões de uma "cultura profissional", certamente algumas tendências e características observadas o são. A linearidade temporal na abordagem é uma delas, e que é inclusive percebida pelos professores; a preocupação com o desenvolvimento do espírito crítico é outra; a compreensão da História como processo é outra.

Nos trechos selecionados acima, temos exemplos de momentos de construção do conteúdo pedagogizado por Roberto e Marcos, e que revelam tanto a **"compreensão"** dos conhecimentos a serem ensinados quanto o processo de **"transformação"**: a **"preparação"**, através da definição da estruturação e organização do material e que, nos casos de Roberto e Marcos, obedecem a eixos estruturantes: construção de conceitos e estabelecimento de relações com o presente, a contextualização, o que possibilita o desenvolvimento de uma perspectiva crítica e plural. Esses eixos orientam o processo de **"representação"**: a seleção de exemplos em diferentes contextos, tendo por base a racionalidade analógica.

No que se refere à **"adequação"**, vemos que esta é permeada, no caso de Marcos, pelas exigências e constrangimentos postos pelo vestibular. A turma que eu acompanhei era da 3ª. série do Ensino Médio, vivenciando um processo no qual a lógica do concurso era preponderante.

Roberto, com uma turma de 1ª. série do Ensino Médio, demonstrava enorme preocupação em ser compreendido pelos alunos e de instigá-los no movimento pelo desenvolvimento do raciocínio histórico. Suas aulas eram completamente dominadas pelo esforço para obter a participação dos alunos por meio de perguntas com o objetivo de fazê-los refletir e repensar, tornando-as, algumas vezes, um pouco lentas.

O momento designado por Shulman como de **"instrução"**, quando se desenvolve a ação, a aula propriamente dita, foi objeto de análise no Capítulo 3. Alice e Lucia, desenvolvendo o projeto "Que país é esse?", preparavam atividades que eram realizadas pelos alunos nas aulas. Elas procuravam explicar o mínimo possível, criando situações para que os alunos aprendessem a buscar informações, descobrissem, estabelecessem relações, tirassem conclusões, construíssem conceitos. Elas, como protagonistas do processo de ensino, deliberadamente saíam da cena, ficavam nos bastidores orientando a ação dos alunos como protagonistas do processo de aprendizagem.

Marcos e Roberto desenvolviam aulas nas quais agiam como orientadores do processo de aprendizagem através de suas explicações, seus discursos, seus questionamentos, numa construção narrativa em que eles, como narradores, desempenhavam um papel fundamental na atribuição de sentido aos eventos narrados, embora estes fossem apresentados como manifestações do processo histórico, da história vivida que era ali objeto de estudo.

Acredito que tenham sido explicadas, através dos depoimentos selecionados e das análises realizadas, diferentes formas como alguns professores de História mobilizam os saberes que dominam para ensinar os saberes que ensinam. A autoria se expressa nos saberes criados a partir de um amálgama em que a matéria a ser ensinada e os objetivos educacionais estão relacionados numa configuração que é própria da cultura escolar, oriunda de diferentes fontes, entre elas o conhecimento científico, as práticas sociais de referência e o saber da experiência, a partir da ação do professor que, assim, emerge como sujeito e autor, mesmo que com autonomia relativa, nas práticas que desenvolve.

Embora Shulman não mencione explicitamente a diferença entre o saber escolar e o saber acadêmico, porque este não é o foco de suas preocupações, podemos perceber que indiretamente ele a reconhece ao apresentar os saberes que os professores dominam: disciplinares, dos conteúdos pedagogizados e curriculares. Mas ele os vê como saberes que se desenvolvem nas "mentes dos professores." Para ele, a questão da apropriação é que é fundamental, o que implica necessariamente reconhecer a subjetividade dos professores e contribui para uma análise mais afinada com os meus objetivos de pesquisa.

CAPÍTULO 6

NARRATIVAS E NARRADORES*

" Na verdade, se dizer a palavra é transformar o mundo, se dizer a palavra não é privilégio de alguns homens, mas um direito dos homens, ninguém pode dizer sozinho a palavra. Dizê-la sozinho significa dizê-la para os outros, uma forma de dizer sem eles e, quase sempre, contra eles. Dizer a palavra significa, por isso mesmo, um encontro de homens. Este encontro que não pode realizar-se no ar, mas tão-somente no mundo que deve ser transformado, é o diálogo em que a realidade concreta aparece como mediadora de homens que dialogam."

Paulo Freire

Ao investigar os professores, seus saberes e suas práticas numa perspectiva que reconhece sua subjetividade e autoria no processo de ensino, uma questão emerge com força, tela sobre a qual se inscrevem saberes e práticas: como eles próprios veem esse processo, que aspectos são por eles mais valorizados? Qual o significado do ensino de História?

Ao responder a essas questões, os professores falaram sobre seus modos de ensinar e, indiretamente, sobre objetivos e fins do ensino:

"... que ele entenda o processo, as condições históricas que permitiram aquele processo... que os fatos, acontecimentos, os movimentos,

---

* Este capítulo está publicado com pequenas alterações e com o título "Narrativas e narradores no ensino de História". In: Gasparello, A.M.; Monteiro, A.M.; Magalhães, M.S. (orgs.). *Ensino de História: sujeitos, saberes e práticas*. Rio de Janeiro: Mauad Editora, 2007.

eles não estão soltos, não estão sozinhos, eles têm relação... e é muito difícil para o aluno estabelecer relações..." (Lucia)

"... Nas minhas aulas, geralmente, assim... o que eu procuro trabalhar... a História com o ensino médio, para mim o básico é a questão conceitual... eu ainda estou nessa questão e quero ver uma forma diferente de trabalhar que dê certo porque eu acho que tem outras formas, mas a questão do conceito para mim é fundamental..." (Roberto)

"A outra questão é a questão relacional, procurar trabalhar com as relações, sempre buscando as relações... a questão relacional para mim é fundamental... Quando eu monto as minhas aulas, a questão da contextualização para mim é fundamental, contextualizar os temas, sejam eles do passado ou do presente, não importa, tentar contextualizar o mais próximo da realidade do aluno mesmo... Quer dizer, é... eu posso contextualizar uma situação da Idade Média hoje com algumas questões, a questão da religião, a questão do teocentrismo... Eu posso trabalhar o contexto daquela época, buscando no contexto de hoje... trabalhando passado e presente..." (Roberto)

"... Eu acho que, quando a gente mostra principalmente a evolução política do Brasil, aquilo que eu procuro puxar muito com eles... de nós termos um passado político muito mais de regimes autoritários do que de regimes democráticos, não é? Que isso talvez até explique por que nós temos hábitos de cidadania tão... limitados ou até distorcidos, digamos assim, entendeu? Então essa coisa eu puxo com eles sim... eu acho que o que a gente tem que tentar mostrar para eles é que tudo pode mudar, entendeu? Quer dizer, não... nada vai ficar eternamente da mesma forma, então não é porque o Brasil tem uma tradição assim é assim que ele vai ser assim para sempre, entendeu?" (Marcos)

"... Você fala que na História ele é sujeito da História, e na aula ele é absolutamente passivo, você chega ali e fala, fala e acabou, então eu sempre procurei buscar alternativas de participação do aluno, que eu acho que aí envolve o aluno na matéria, ele não está só ouvindo, ele está fazendo alguma coisa, então pôr o aluno para efetivamente participar da aula, em 'n' formas possíveis, seja uma pergunta que eu faça, seja alguma coisa que ele tem que concluir, a partir de um texto, seja fazendo exercício, que a minha participação não seja aquela participação do professor que chega ali e dá a matéria..." (Lucia)

> *"... Que a gente consiga que esses meninos gostem de História, que eles mudem a visão que eles têm de História, enfadonha, chata, pra ser uma coisa viva, esse era o objetivo maior nosso..." (Alice)*

Visões, concepções que mesclam conteúdo e método, saberes e práticas, saberes a ensinar e saberes sobre o como ensinar, mesclados com a compreensão sobre as finalidades do ensino que, por sua vez, expressam valores e a dimensão educativa estruturante. Falas, expressões dos saberes dos docentes sobre os saberes ensinados, expressões do saber escolar, conteúdos pedagogizados.

Em suas aulas, falas, diálogos, questionamentos foram realizados, promovidos. Narrativas foram construídas buscando atribuir sentido às experiências humanas que ali eram objeto de estudo.

Essas falas e narrativas possibilitaram novas leituras do mundo? Podem ajudar a compreender ou transformar o mundo? Ou serviram para impor o silêncio, para calar alunos, memórias, histórias?

Essas questões, relacionadas com as construções discursivas elaboradas durante as aulas de História, merecem atenção, na medida em que este trabalho focaliza a problemática do saber escolar e de sua **mobilização** pelos professores.[91]

Por outro lado, como analisar o saber escolar implica, necessariamente, pensar suas relações com o saber acadêmico de referência, torna-se possível perguntar qual o papel que a **narrativa histórica** desempenha nessa mobilização. Nesse sentido, é importante recuperar alguns aspectos dos debates que têm sido travados em torno do significado da narrativa para a escrita da História.

Como já foi discutido, a história narrativa, forma de expressão encontrada para a construção do discurso historiográfico no momento de sua constituição como disciplina no século XIX, foi muito criticada e negada por historiadores da escola dos Annales, a partir dos anos trinta do século XX.

Na defesa de uma história-problema, propunham o abandono da história narrativa, vista como sinônimo de história *'evenementielle'* dos acontecimentos, em oposição às propostas de construção científica do conhecimento histórico.[92]

Assim, as críticas à história narrativa se multiplicaram até a década de setenta, por parte daqueles que buscavam trabalhar com História na perspectiva do rigor metodológico científico e considerando aspectos de ordem estrutural. Quando o "retorno à narrativa" foi anunciado (Stone,1980), provocou grande impacto e questionamentos.

O anúncio desse retorno ocorreu no contexto do movimento de crítica à concepção de história-processo-progresso e às propostas de histórias totalizantes;

da retomada de importância do historiador; da necessidade da identificação de suas premissas e instrumental teórico, como produtor de um determinado conhecimento; e do impacto do *linguistic turn,* tendências estas presentes no contexto do movimento pós-moderno.

Se, por um lado, os historiadores estruturais mostravam que a narrativa tradicional passava por cima de aspectos importantes, sendo incapaz de relacionar os acontecimentos com a estrutura econômica e social e de considerar a experiência e os modos de pensar das pessoas comuns, do outro lado, os defensores da narrativa observavam que a análise das estruturas é estática e, portanto, a-histórica (Burke, 1992:330-331).

Na verdade, de acordo com Burke, os historiadores dos dois campos diferem não apenas naquilo que consideram significativo, mas também no modo de realizar a explicação histórica. Enquanto os estruturalistas denunciam a superficialidade da história narrativa dos acontecimentos, seus opositores denunciam a análise estrutural como determinista e reducionista.

Burke chama a atenção para o fato de que, primeiro, seria preciso criticar ambos os lados por acharem que distinguir acontecimento de estrutura seja uma questão fácil. Segundo, citando Ricoeur (1984), que afirma que toda história escrita, inclusive a história estrutural, assume algum tipo de forma narrativa, ele lembra que, na verdade, esse debate resulta da necessidade sentida por historiadores quanto ao tipo de narrativa a ser escrita, expressão do reconhecimento de que as velhas formas são inadequadas aos novos propósitos.

Avançando nesta direção, Burke identifica trabalhos de alguns historiadores que representam opções distintas de realizar a explicação histórica e que dão origem a formas narrativas que, ao buscarem inspiração na literatura e na linguagem cinematográfica, podem apresentar soluções para problemas com os quais os historiadores vêm lutando há muito tempo.

Uma delas se baseia no uso da heteroglossia – conjugação de vozes variadas e opostas. No lugar da Voz da História, apresenta os diferentes pontos de vista dos atores em confronto.

A outra propõe que os historiadores, narradores históricos, deixem claro em suas narrativas que eles não estão ali reproduzindo "aquilo que verdadeiramente aconteceu", mas apresentando aquela que é a sua interpretação, havendo outras possíveis.

Assim, muitos estudiosos consideram que a escrita da História foi empobrecida pelo abandono da narrativa, estando em andamento uma busca de novas formas de expressão que se mostrem adequadas às novas histórias que os historiadores gostariam de contar. Estas novas formas incluem a micronarrativa, a narrativa de frente para trás e as histórias que se movimentam para frente e para trás, entre os mundos público e privado, ou apresentam os mesmos acontecimentos a partir de pontos de vista múltiplos (Burke, 1992:347).

Nesse sentido, é possível perceber que a narrativa emergiu como problema a partir do esgotamento da concepção moderna de História e da busca da forma textual mais adequada para a escrita do conhecimento histórico, capaz de expressar a racionalidade que sustenta a explicação nas diferentes formas propostas pelos historiadores.

Da polêmica deflagrada, algumas conclusões podem ser tiradas, entre elas, as que nos levam a perceber que mais do que a narrativa em si, o que os historiadores dos Annales criticavam era a concepção de história-acontecimento, a ideia de acontecimento como postulada pelos historiadores positivistas, como expressão de uma realidade imanente, independente e exterior ao historiador, manifestação do tempo de curta duração, na dimensão cronológica e que seria possível de ser recuperada pelo historiador na forma como verdadeiramente aconteceu.

O conceito de acontecimento se modificou ao longo do tempo.

> "Acontecimento não é sempre, ou simplesmente, esse resplandecer breve, limitado ao terceiro nível, onde o acantona, contudo, Braudel. Com funções diversas, o acontecimento pertence a todos os níveis e pode ser mais precisamente definido como uma variante do enredo" (Hartog, 1998:201).

Portanto, o longo prazo, a longa duração, não exclui o acontecimento que pode ser analisado como manifestação de uma dinâmica social com origens estruturais e conjunturais. Assim, nem a longa duração nem o acontecimento são incompatíveis com a narrativa.

Como afirma Hartog, autor em quem nos baseamos para apresentar essas considerações, na verdade, a narrativa não deixou de existir.

> "A história não cessou de dizer os fatos e gestos dos homens, de contar, não a mesma narrativa, mas narrativas de formas diversas. Da história-retórica à história-Geschichte e para além, as exigências, os pressupostos e as formas de empregá-los variaram sem dúvida amplamente, mas a interrogação acerca da narrativa (a narrativa enquanto tal), esta é recente. Tornaram-na possível, a saída ou o abandono da história-Geschichte, processo e progresso, e a reintrodução do historiador na história; mas, também, a partir do papel preponderante ocupado pela linguística nos anos 1960, as interrogações voltadas para o signo e a representação. Também a história pode ser tratada como (e não reduzida a) um texto" (Hartog, 1998,201).

A História como um conhecimento, acrescento eu.[93]

No processo de constituição do conhecimento histórico, processos reflexivos e analíticos, mobilizados e articulados por diferentes metodologias, permitem compreender ou explicar práticas e representações de sujeitos humanos, históricos, que estabelecem relações entre si e com a natureza, e que são registradas em documentos de diversos tipos, sendo percebidas através de diferentes dimensões temporais (sucessões, durações, simultaneidade, ritmos). Da relação entre o real e o discurso, os historiadores elaboram, fabricam a História, criando a historiografia – história e escrita, expressando o paradoxo do relacionamento de dois termos antinômicos – o real e o discurso (de Certeau, 2000:11).

Como essa construção se dá no conhecimento histórico escolar?

Como já foi amplamente discutido no Capítulo 3, a História escolar é uma configuração própria da cultura escolar, oriunda de processos com dinâmica e expressões diferenciadas, mantendo, na atualidade, relações de diálogo e interpelação com o conhecimento histórico *strictu senso* e com a história viva, o contexto das práticas e representações sociais. Fonte de saberes e de legitimação, o conhecimento histórico "acadêmico" permanece como a referência daquilo que é dito na escola, embora sua produção siga trajetórias bem específicas, com uma dinâmica que responde a interesses e demandas do campo científico e que são diferentes daquelas oriundas da escola onde a dimensão educativa expressa as mediações com o contexto social.

Mas o conhecimento de aspectos estruturais, princípios da organização conceitual e de investigação dos saberes disciplinares, que permitem identificar as principais ideias, habilidades e paradigmas que orientam a produção de conhecimento no campo, são importantes para a realização da prática pedagógica com autonomia, possibilitando romper com o senso comum e propor alternativas ética e cientificamente fundamentadas.

Quando da realização da análise das construções realizadas para o ensino – Capítulos 3 e 4 –, foi possível identificar marcas, referências do saber acadêmico nos processos de ensino de conceitos: contextualizações do tipo funcionalista, racionalidade analógica para a construção conceitual, a concepção de processo histórico, a problematização histórica, as lógicas explicativas que procuravam articular aspectos estruturais com conjunturas e acontecimentos, a localização temporal dos fatos abordados, que superava a simples sucessão linear para explorar as possibilidades da articulação passado-presente-passado na explicação, os conteúdos selecionados que resultam da orientação paradigmática predominante, e em que se destacavam análises referenciadas à história econômico-social e cultural, em detrimento da história política, por exemplo.

Quanto à utilização da narrativa, muitas questões podem ser levantadas: os professores, ao desenvolver suas aulas, agiam como narradores? Construíram narrativas para "contar" a História que ensinaram? Ou trabalharam na perspectiva da história-problema, problematizando e argumentando, criando oportunidades para que seus alunos desenvolvessem suas argumentações?[94] A construção discursiva elaborada pode ser considerada narrativa?

Como as aulas de História foram construídas? Elas expressavam a concepção da História *'evenementielle'* do século XIX? Qual o domínio que os professores tiveram sobre sua elaboração? Ela resultou de uma problematização? Ou elas foram a expressão da História processo-progresso cujos nexos de causalidade são dados pela dimensão temporal, pela cronologia, de forma aparentemente naturalizada?

Qual o uso feito dos relatos ficcionais e literários? Foram complementares ou constituintes do discurso? Como exemplos, analogias foram utilizados em sua construção? Qual o tratamento dado à elaboração textual e à dimensão do real? Como foi abordada a questão da verdade? E das diferentes concepções a respeito de um mesmo tema? A aula se configurou em uma narrativa ou se constituiu num discurso dissertativo em que questões foram levantadas, defendidas ou negadas?

Como foi possível observar, os professores iniciavam as aulas a partir de um tema que era explicado baseado numa estrutura temporal linear (Roberto e Marcos) ou que articulava diferentes temporalidades (Alice e Lucia).

Para desenvolverem seu trabalho, os professores se basearam em duas orientações pedagógicas principais: Alice e Lucia pautaram seu trabalho pela perspectiva construtivista, criando situações de aprendizagem que ofereciam subsídios aos alunos para construir conceitos e para auxiliá-los a "aprender a aprender", como no caso da pesquisa cujo projeto estavam auxiliando seus alunos a elaborar.

Suas aulas eram estruturadas a partir da perspectiva da história-problema – partiam de um tema, embora a problematização, algumas vezes, ficasse subordinada ou restringida por constrangimentos relacionados ao desenvolvimento das atividades. Ao colocar os alunos para fazê-las (no caso de Alice e Lucia), as orientações ocupavam muito tempo, o que reduzia a disponibilidade para explorar a problematização histórica. De qualquer forma, todo trabalho se desenvolvia a partir da questão: "Que país é esse?" O problema ajudava a dar um sentido ao estudo realizado e articulava os diferentes conteúdos abordados a partir do eixo temático dos PCNs para 3º. ciclo: História das relações sociais, da cultura e do trabalho.

É importante destacar aqui que não foi por acaso que essas duas professoras optaram por trabalhar com os eixos temáticos dos PCNs, proposta curricular que busca atualizar o saber escolar aproximando-o do saber acadêmico. Esse tipo de organização curricular vem ao encontro das tendências dominantes no campo, que negam a história linear dos acontecimentos em favor das alternativas propostas pela história-problema e pela Nova História, em que questões focalizam campos a ser investigados por diferentes perspectivas de abordagem.

Assim, dentro do eixo temático do 3º. ciclo dos PCNs, Alice e Lucia organizaram atividades que possibilitassem aos alunos construir os conceitos de escravo e de escravidão. Foram oferecidos subsídios com informações sobre a escravidão antiga e moderna – formas de obtenção do escravo, trabalho realizado, o cotidiano, a relação com os senhores, punições etc., num trabalho que se aproxima do que Levi (1992) chama de contextualização funcionalista, e que permite situar a relação social num sistema coerente que a explica. Não se apresentam as causas da escravidão. Busca-se compreender o significado desta relação em diferentes épocas e sociedades, identificando semelhanças e diferenças para reunir características comuns e compreender o conceito.

Cabe ressaltar que essa forma de contextualização, no entanto, é usada aqui com o objetivo de ensino, e não para produzir conhecimento novo no campo, a partir de hipóteses que o pesquisador pode confirmar ou não, gerando uma produção que precisa ser validada em uma comunidade científica a partir de critérios teóricos e metodológicos.

A contextualização é feita para ensinar o saber que foi selecionado, num momento dado e num determinado contexto, como aquele que é útil à formação das novas gerações, de acordo com metodologia considerada mais adequada, mas que apresenta marcas do saber acadêmico. Utiliza-se uma de suas formas como arcabouço explicativo realizado para ensino.

Portanto, é possível concluir que as professoras não trabalham com a história narrativa tradicional, na perspectiva da história *'evenementielle'*. Criam situações de aprendizagem em que os alunos, a partir dos subsídios por elas apresentados, elaboram narrativas nas quais articulam os vários elementos em jogo, aspectos estruturais com conjunturas e acontecimentos, recontextualizando-os a partir das finalidades educativas.

A dimensão temporal foi trabalhada em movimentos de idas e vindas, passado-presente-passado, articulando os diferentes momentos do passado com o presente: atualidade/Roma Antiga/decadência de Roma/séculos XVI/XVII/Europa feudal/atualidade.

Buscavam, assim, romper a naturalização da História que emerge do trabalho com a cronologia linear. Coerentemente com a abordagem adotada, a problematização, além de cotidiana, estruturava todo o trabalho a partir da questão: "Brasil, que país é esse?"

Essas professoras não contavam histórias, nem utilizaram "histórias" ficcionais para ilustrar suas aulas. A narrativa estava para ser construída pelos alunos com os subsídios obtidos através das tarefas propostas, possibilitando a configuração de um texto heteroglóssico, polifônico, que articula as vozes e falas dos diferentes sujeitos históricos estudados com as vozes e falas dos alunos, das professoras e do autor do livro didático.

Marcos e Roberto desenvolviam suas aulas a partir de suas falas, do discurso que iam construindo. Marcos perguntava e explicava, apresentava exemplos, relacionava passado e presente, tecendo um texto significativo que criasse condições para que os alunos a ele atribuíssem um sentido – o que muitas vezes se configurava na compreensão dos conceitos em estudo.

Roberto procurava problematizar todos os aspectos mencionados. A crítica e superação do senso comum eram seus principais objetivos, sendo a História um instrumento para possibilitar uma inserção cidadã dos alunos de forma crítica e consciente de sua historicidade.

O trabalho com a dimensão temporal seguia uma ordenação mais linear, embora, durante suas aulas, eles se movimentassem entre passado e presente, na busca de relacionar as questões em estudo com as vivências dos alunos, e também no trabalho com a racionalidade analógica, quando comparavam situações em diferentes épocas do passado, como, por exemplo, a servidão por contrato nos EUA e a imigração por parceria no Brasil, conforme analisamos nas aulas de Marcos.

Vimos também que esses professores utilizaram a contextualização funcionalista e a racionalidade analógica no trabalho para a formação de conceitos pelos alunos, articulando aspectos estruturais, conjunturas e acontecimentos.

> "Qualquer narrativa é uma estrutura imposta sobre eventos, agrupando alguns deles com outros e descartando alguns mais carentes de relevância. Assim não seria uma marca distintiva de qualquer espécie de narrativa que faça isso" (Danto, 1965:132 apud Lima, 1988:72).

As construções do saber histórico escolar elaboradas pelo trabalho desses professores, construtivistas ou não, tinham um objetivo, um sentido, que era primordialmente possibilitar a aprendizagem dos alunos daquilo que eles (professores) consideram válido, necessário e relevante de ser aprendido. As coisas têm que fazer sentido, dizem todos eles.

Perguntado sobre o que ele considerava fundamental no trabalho com a questão "Idade média, Idade das trevas", Roberto explicou que ele foi trazendo elementos...

"para que eles pudessem ir descobrindo essa questão... sempre tem esse norte na cabeça... nas minhas aulas, geralmente, assim o que eu procuro trabalhar a História, com o ensino médio, para mim o básico é a questão conceitual..."

Como afirma Roberto, **"... sempre tem esse norte na cabeça..."**, um objetivo – é uma atividade didática, há um sentido...

Explicando a montagem do trabalho, Alice fala:

"... Eu primeiro, eu construo a rede, assim, eu faço um trabalho inteiro tendo assim como eixo os conceitos que eu quero trabalhar, que foram definidos pela escola, eles estão todos ali no lugarzinho onde a gente tem eles marcados, aí eu vou e construo o texto. Eu escrevo mesmo como é que eu faria isso no todo, botando todo o conhecimento que eu tenho de História, que é maior do que aquilo que eu estou querendo passar, aí eu tenho um entendimento, eu construí a rede, aí eu vou buscar qual a melhor forma, que perguntas que eu posso fazer pra aquele material que eu selecionei, pra que eu possa chegar lá..."

Entrevistadora: Quer dizer, as perguntas vão de uma certa forma conduzindo...

Alice: *"Conduzindo, é, vão conduzindo, é, é..."*

Entrevistadora: Conduzindo o raciocínio para que eles...

Alice: *"Para que possam chegar ali onde eu quero..."*

Entrevistadora: Mas nunca seria uma definição que você chegaria ao trabalho com conceitos, que você chegou e definiu, é essa a definição...

Alice: *"Ela é o final, ela não é o início do trabalho. Eu não chego dizendo o que é. Na maioria das vezes tem sido assim."*

A rede é construída para que os alunos cheguem a determinadas conclusões.

Os professores não estão ensinando uma História factual, citando acontecimentos em sucessão temporal em que o antes explica o que vem depois. Eles estão preocupados com a construção conceitual. Os caminhos para chegar a ela são diferentes, mas ela está lá.

Narrativas emergem das explicações dos professores ou das construções que eles auxiliam seus alunos a produzir. **Brasil, que país é esse? Idade média, idade de trevas?** São questões problematizadoras que acabam por possibilitar a atribuição de sentido ao que é ensinado.

O fio de sentido é dado por quem narra: o professor. Pode ser rejeitado ou compartilhado. O aluno aprende, não aprende, compreende de outra forma, se apropria (ou não) do saber. A dimensão temporal está subjacente, linear ou não. A trama, o enredo é armado para a construção do sentido. Contextualizações e analogias são alternativas encontradas para possibilitar a compreensão do sentido desejado. Trazer para a realidade do aluno implica encontrar instrumentos para que a empatia abra espaços para superar a própria circunstância e compreender o outro. Desnaturalizar e historicizar o social, estas são ações que fundamentam a ruptura do senso comum e a compreensão do cotidiano com olhar impregnado de História. O saber ensinado cumpre seu objetivo de permitir a volta ao senso comum com um novo olhar, crítico e conceitualmente mais instrumentalizado.

O uso da narrativa **não** implica de modo algum que o saber escolar derive para o ficcional. Os professores têm muito clara essa distinção. O fato de que os temas sejam recontextualizados para o ensino não significa que eles sejam tratados como ficção. A fundamentação científica do saber ensinado era clara para esses professores.

Todos os professores agiam com a preocupação de dar voz aos alunos, de abrir espaço para suas contribuições e conclusões, de desenvolver uma perspectiva crítica diante do que era abordado. A História ensinada é instrumento para agir no mundo, para ampliar o potencial cognitivo sobre o processo histórico, de forma a poder nele atuar e transformá-lo. Daí tanta preocupação com o estabelecimento de relações, com a contextualização, com a visão de processo, com a compreensão dos conceitos.

Discussões sobre a verdade não estão postas para o ensino, como também aquelas sobre a relação entre História e memória. A distinção entre conhecimento científico e escolar emerge a partir das minhas perguntas nas entrevistas, distinção esta que provoca uma certa surpresa. A possibilidade de se trabalhar com os alunos as diferentes versões e concepções é vista como uma alternativa rica, mas ainda difícil de ser viabilizada.

A distinção entre História vivida e História conhecimento não aparece. História é conhecer para vivê-la. Vivê-la em perspectiva crítica é pedagógico. A concepção moderna da História revela suas marcas...

Perguntados sobre a narrativa no ensino, respondem que acham que pode ser um excelente recurso para exemplificar certas questões, como a história de Robinson Crusoé contada para que os alunos percebessem a importância do trabalho humano. Mas percebe-se neles um espanto e até um receio em lidar com esta questão.

Considerando que a estrutura narrativa articula:

- uma temporalidade: existe uma sucessão de acontecimentos em um tempo que avança;

- unidade temática: garantida por pelo menos um sujeito ator, individual ou coletivo, agente ou paciente;

- transformações: os estados e características mudam;

- unidade de ação através de um processo integrador: de uma situação inicial se chega a uma situação final, a um desfecho, através do processo de transformação;

- causalidade: há intriga, que se cria através das relações causais entre os acontecimentos (Blancafort, 2000:14-15).

Podemos reconhecer esses elementos nas construções didáticas desses professores. Eles explicam, nos depoimentos, que articulam os diferentes aspectos e informações no tempo para explicar eventos que chegam a um desfecho: para "chegarem onde querem", ou porque "têm esse norte na cabeça", o que, no fundo, é a compreensão que eles têm do fenômeno ou do processo, ou do conceito que eles desejam ensinar aos alunos. Narradores...

"Qualquer narrativa é uma estrutura imposta sobre eventos, agrupando alguns deles com outros, e descartando alguns mais carentes de relevância" (Danto, op.cit.).

Na História escolar percebe-se, assim, que a estrutura narrativa pode ser reconhecida numa dupla dimensão: como estrutura discursiva de expressão do conhecimento histórico e como estrutura de sustentação da construção didática que tem uma finalidade própria.

O risco da ideologização paira sobre o trabalho docente. A razão pedagógica precisa, assim, do constante confronto com a razão sociológica (Forquin, 1993) para que, desse diálogo, possamos obter subsídios para o nosso trabalho avançar. Pesquisa educacional e ensino em diálogo não para encontrar soluções mágicas para nossos problemas imediatos, mas para o exercício da crítica sobre as práticas em curso.

No lugar de uma conclusão, temos uma questão que precisa ser melhor investigada para que possamos ter mais clareza sobre esse aspecto bastante complexo da História escolar.

Reconheço, no entanto, que ela pode abrir caminhos para melhor compreender este mundo de características tão próprias, mas ainda tão pouco conhecido por nós.

Narradores e narrativas na busca dos sentidos da experiência humana. Narrativas de professores e alunos, juntos, dizendo a palavra para viver e transformar o mundo.

Conclusão

Realizar uma pesquisa que tem como objeto a relação de professores de História com os saberes que ensinam implicou aceitar vários desafios. O primeiro deles, trabalhar numa região de fronteira entre os campos da História e da Educação e, dentro deste último, na confluência das áreas de didática, currículo e formação de professores.

Essa focalização exigiu o mapeamento crítico da produção e das questões postas pelos pesquisadores das diferentes áreas, o que contribuiu para confirmar a relevância da questão por mim formulada: como os professores mobilizam os saberes que dominam para ensinar os saberes que ensinam?

Essa formulação implicava superar concepções oriundas do paradigma da racionalidade técnica que, ao considerar o professor um técnico que transmite saberes produzidos por outros, simplifica os processos, desconsidera subjetividades e potencialidades de alunos e professores, desqualifica o profissional. Por outro lado, significava assumir a possibilidade de autoria e de produção de saberes pelos professores na escola. Significava, também, questionar conclusões que recorrentemente acusam os docentes pelo fracasso da escola e dos alunos.

Mais ainda, significava reconhecer na cultura escolar uma criação com características e dinâmica próprias, construídas a partir de um diálogo com a sociedade onde está inserida e com os saberes que nela são produzidos e circulam, e onde os professores desempenham um papel estratégico.

Ajustando com mais precisão o foco da questão, podemos ver que os saberes emergem como eixo que articula as várias instâncias e sujeitos envolvidos. Saberes ensinados, o que implica considerar o contexto escolar como instância de produção de saberes próprios; saberes mobilizados, o que implica considerar a dimensão da prática, da ação e, portanto, reconhecer diferentes apropriações.

Assim, a noção de saber foi utilizada num sentido amplo, que engloba os conhecimentos, as competências, as habilidades e as atitudes, no que muitas vezes foi chamado de saber, saber fazer e saber ser, sentido este que expressa o que os próprios profissionais dizem a respeito de seus saberes (Tardif, 1999:15).

Essas considerações implicavam, portanto, o abandono de perspectivas que revelassem uma fetichização dos saberes, exigindo instrumentos teóricos que pudessem oferecer categorias de análise capazes de corresponder às demandas postas.

Nesse sentido, a busca teórica me levou aos conceitos que se revelaram fundamentais para a realização da pesquisa: saber escolar, transposição didática, saber ensinado, saber docente, conteúdos pedagogizados. Oriundos do campo educacional, emergindo de grupos de pesquisa com perspectivas diversas, eles permitem abordar a questão dos saberes ensinados no contexto escolar, questão essa que permaneceu por longos anos como o *missing paradigm*, deixada de lado pela ênfase que os estudos de enfoque sociológico e político mereceram após o abandono das perspectivas baseadas na racionalidade técnica.

Ao serem analisados como possíveis ferramentas teóricas, seus limites e potencialidades foram sendo descobertos, o que me levou a optar, como alternativa, pelo trabalho com as duas correntes teóricas, buscando avaliar suas potencialidades para a análise que me propus a realizar.

Ao utilizar os conceitos transposição didática e saber ensinado, relacionados à questão do saber escolar, foi possível configurar a construção diferenciada desses saberes que, no entanto, deixa transparecer as marcas do saber acadêmico de referência. Foi possível, também, confirmar a autonomia relativa deste saber que incorpora e dialoga com subsídios oriundos das práticas sociais de referência, dos saberes dos alunos, dos professores e da cultura de forma ampla, em sua elaboração.

A hegemonia do saber acadêmico, conforme proposta por Chevallard, não foi confirmada, sendo mais plausível a concepção de interpelação, de diálogo, conforme Allieu (1995) e Develay (1992), num processo em que a comunicação verticalizada pode ser substituída por redes de comunicação.

As construções analisadas revelaram criatividade e pertinência do ponto de vista pedagógico e disciplinar, confirmando que o saber escolar não é necessariamente deformado (no mau sentido), burocrático e equivocado, embora represente uma configuração epistemológica própria.

Foi possível perceber, também, como a dimensão educativa, que se revela tanto na seleção de conteúdos realizada quanto na metodologia utilizada, está presente como estruturante deste saber, o que não significa que isso crie necessariamente um saber doutrinário. A "qualidade" deste saber reside, de certa maneira, no encontro de formas que articulem valores, o desenvolvimento do pensamento crítico e emancipatório, com conteúdos socialmente relevantes e adequados do ponto de vista da fundamentação científica e ética, numa síntese que articula conteúdo e método.

Assim, foi possível concluir que essa dimensão exige dos professores uma postura autocrítica e atenta, porque nela estarão sempre trabalhando. A vigilância epistemológica, ética e política é essencial.

Caracterizar o saber escolar exigiu a discussão da relação com o saber acadêmico. Muitos estudiosos e pesquisadores demonstram desconfiança em relação ao saber ensinado – visto como distorção ou simplificação. Por outro lado, mostram-se cautelosos, e até contrários, em relação às proposições que apontam a sua especificidade, o que exige definir modelos explicativos e critérios para validação baseados em outra racionalidade, com o risco da criação de vulgatas reprodutoras do senso comum.

A pesquisa permitiu identificar construções do saber ensinado, realizadas com objetivos educacionais e que se apresentavam de forma diferenciada mas referenciada ao saber acadêmico, incorporando problemáticas e configurações que perpassavam os processos de didatização e axiologização realizados para criar e desenvolver atividades e tarefas com os alunos. A análise epistemológica do saber ensinado, portanto, possibilitou a identificação de construções deste saber em que foi possível reconhecer articulações dos processos de didatização e axiologização com as lógicas e racionalidades do saber acadêmico.

A questão da autonomia relativa dos saberes se articula com a autonomia relativa dos professores. A proposição de Chevallard, segundo a qual eles trabalham na transposição didática, a partir de matrizes elaboradas pela noosfera, e não fazem a transposição didática, foi também, de certa forma, confirmada: os professores construíram suas propostas de trabalho com base em propostas curriculares e programas de ensino. A menção a autores da historiografia foi feita por um deles apenas, mas de forma suplementar.

Mas é preciso fazer algumas considerações: primeiro, é importante reconhecer que essas matrizes são abertas, permitindo muitas interpretações e construções. Os saberes produzidos apresentam, assim, configurações próprias desses professores, das quais eles são autores, o que pode ser confirmado pelo relato da dificuldade, para não dizer impossibilidade de desenvolvimento do projeto por outros professores.

Por outro lado, mesmo verificando que as fontes de consulta dos professores foram os documentos curriculares, os programas e livros didáticos, podemos confirmar que a renovação do saber ensinado depende exclusivamente da renovação do saber a ensinar feita pela noosfera?

Embora os casos analisados de certa maneira o confirmem, considero-os insuficientes para comprovar esta afirmação. Outras pesquisas, voltadas mais diretamente para esta questão, são necessárias para que este processo seja melhor conhecido.

A relação entre o saber acadêmico de referência e o saber ensinado merece também uma pesquisa ampliada, na qual sejam investigadas construções epistemológicas utilizadas no saber ensinado, contrapondo-as com aquelas pertinentes ao saber acadêmico, para tornar possível uma análise mais aprofundada e a melhor compreensão desta relação de grande complexidade e ainda muito pouco conhecida.

As análises que são operadas com base em oposições simples, dicotômicas ou que partem de pressupostos preconceituosos em relação ao saber ensinado, visto como simplificação e distorção, se revelam insuficientes e de grande precariedade. Acrescente-se a isso a convicção de que essas pesquisas precisam considerar o campo disciplinar específico, embora impliquem aspectos de ordem mais geral, pertinentes ao campo educacional.

Considerar a mobilização dos saberes implica considerar apropriações, o que remete a aspectos subjetivos. Nesse sentido, os depoimentos analisados no segundo e quinto Capítulos ofereceram subsídios importantes para a melhor compreensão das relações desses professores com os saberes que ensinam.

Os professores da pesquisa apresentaram algumas preocupações comuns, como, por exemplo, o questionamento sobre a formação universitária no que se refere ao ensino da História e, principalmente, à formação de docentes. Esta, principalmente, considerada muito insuficiente, os leva a afirmar que aprenderam a ensinar na prática.

Apenas um deles valoriza efetivamente o ensino de História recebido na universidade, com destaque para o papel do professor Ilmar Mattos como figura referencial que os ensinou a ensinar, ensinando, no que é seguido pelos dois outros colegas que estudaram na mesma universidade. Outros poucos professores são mencionados.

Alguns citam cursos posteriores na área de Educação, relacionados a aspectos didáticos ou à atualização de conteúdos.

Identificamos aqui um ponto que precisaria ser melhor investigado. Se a formação disciplinar foi tão precária, ela fundamenta um trabalho docente bem realizado que revela marcas dos saberes disciplinares. Esses saberes foram aprendidos exclusivamente na prática? Ou foram aprendidos nas aulas, apesar das críticas feitas? Foram aprendidos com a prática de professores referenciais? Ou o foram com as experiências vividas no movimento estudantil ou com as experiências de vida ali propiciadas? Ou foi tudo isso ao mesmo tempo?

Os depoimentos e análises realizados me permitem concluir que todos esses aspectos contribuíram para a sua constituição. Esses saberes e experiências, testados, enriquecidos, questionados no exercício da atividade profissional, constituíram os saberes desses professores, confirmando que os saberes docentes são personalizados e situados, ou seja, são saberes apropriados, incorporados, impossíveis de dissociar das pessoas e de suas situações de trabalho, de suas histórias de vida (Tardif, 1999).

Reconheço, no entanto, que características mais detalhadas dos processos de sua constituição precisariam ser melhor investigados, podendo a categoria de *habitus* do instrumental teórico de Bourdieu, e que não utilizei nesta pesquisa, contribuir para a sua melhor compreensão.

Todos destacam e valorizam a dimensão educativa de seu trabalho, que assumem como o grande desafio e motivo de realização pessoal na profissão. É possível perceber que a dimensão educativa é vista por esses professores imbricada com a perspectiva política, realizando-se através do objetivo maior de formar os alunos como cidadãos críticos, atribuído ao ensino da sua disciplina. É preciso ensinar História como processo, e não como fatos do passado a serem memorizados. Conhecer a experiência humana que constitui o processo histórico é a experiência formadora, educativa por excelência, buscada e trabalhada por eles, revelando a concepção de História que fundamenta o seu trabalho. Como diz Lucia no final de seu depoimento, quando perguntada sobre a relação entre História e memória:

> *"... Eu acho que são coisas diferentes, acho que a questão da memória é alguma coisa que você... eu acho que a História para mim é um processo, para mim está presente na História a ação do homem, e na memória, aquilo ficou dessa ação, eu faço a diferença nisso, a História pra mim é uma coisa do movimento, é como aquela música: "A história é um carro alegre, sigo contente... não sei o que...", que é uma música do Milton Nascimento, que é o movimento, e a memória é o que ficou daquela ação, que tem que ser preservada, que tem que ser tratada, cuidada mas que... No ensino eu priorizo a História... a História, com certeza..."*

Os professores são professores de História. A disciplina é um fator fundamental da afirmação da identidade profissional.

Alguns depoimentos revelam, também, a preocupação com a dimensão do crescimento pessoal e ascensão social, que extrapola o espaço da disciplina, resultado que é da ação interdisciplinar realizada na escola, mas que eles reconhecem e assumem como parte de seu trabalho, embora a interdisciplinaridade não seja ainda uma prática efetiva dentro desta instituição.

A utilização do instrumental teórico relacionado ao saber escolar revelou-se, portanto, bastante profícua, na medida em que possibilitou a abordagem dos saberes ensinados, em ação, na construção própria da cultura escolar. Mas essa análise confirmou a necessidade de consideração da ação e apropriação dos professores, sujeitos e autores neste processo.

As categorias de análise relacionadas ao saber docente utilizadas na pesquisa se mostraram pertinentes, sendo que foi possível reconhecer aspectos que expressam a pluralidade, a heterogeneidade, o sincretismo, a personalização, o caráter situado e a temporalidade dos saberes, bem como a importância e valorização do saber da experiência por todos eles.

Entre os saberes que compõem o saber docente – saberes disciplinares, saberes pedagógicos, curriculares e da experiência (Tardif, Lessard, Lahaye, 1991) –, os saberes disciplinares mereceram um olhar cuidadoso, uma vez que eles são a fonte dos saberes a serem ensinados, aspecto que me interessava particularmente. Do ponto de vista da construção específica, a análise efetuada referida ao conceito de saber ensinado ofereceu subsídios importantes, conforme já foi discutido aqui. No entanto, verificamos que a formulação teórica apresentada pelos pesquisadores canadenses se mostrava insuficiente para uma análise que tivesse por objetivo focalizá-los na perspectiva de sua mobilização pelos professores.

Nesse sentido buscamos, então, as categorias propostas por Shulman para compor o paradigma de pesquisa que faltava, o *missing paradigm*, para pesquisa do ensino na perspectiva dos saberes ensinados. Entre elas, a categoria "conteúdos pedagogizados", que se refere aos saberes construídos para o ensino e que assume a ação dos professores na seleção, criação e desenvolvimento de alternativas dentro de um repertório que remete a aspectos de ordem epistemológica, se revelou uma ferramenta teórica importante.

Shulman não está preocupado com o saber em si, e sim com a construção realizada pelo professor para o ensino, e na qual ele reconhece a importância do saber de referência para a sua construção. Ele não discute fluxos entre estes saberes, mas, sim, as criações dos professores. Considero um dos pontos altos de sua contribuição a identificação dos diferentes momentos e processos realizados para a elaboração dos conteúdos pedagogizados: a **compreensão** da matéria que vai ensinar, no que se refere aos objetivos, conceitos e princípios estruturais de explicação e processos de validação, e a **transformação**, com seus momentos de preparação, representação, seleção, adequação aos alunos, constituem-se em categorias que tanto servem como instrumentos de pesquisa quanto para o trabalho de formação de professores.

Esse processo, que muitas vezes é realizado às cegas pelos professores, intuitivamente, reproduzindo acriticamente alternativas vividas como alunos, ganha assim instrumentos que permitem sua análise e caracterização, oferecendo subsídios que tanto buscamos para superar processos de formação ainda muito baseados em aspectos psicológicos e sociológicos, que são necessários, mas não suficientes. Por outro lado, oferecem alternativas que buscamos para poder avançar com o ensino da didática, deixando de ser reféns do tecnicismo.

Esses dois momentos – compreensão e transformação – foram priorizados porque, em meu entender, são estratégicos para a compreensão das formas como os professores se apropriam dos saberes, das sínteses elaboradas e das escolhas realizadas, expressão do processo de mediação didática. O momento da instrução, da ação, que, de acordo com Shulman, inclui as formas de relacionamento com a turma, as interações, as atividades, as orientações e as formas de ensino, foi analisado no Capítulo 4 e retomado no Capítulo 5, para exemplificar as construções realizadas. Considerei válida esta opção de análise porque ela possibilitou discutir a categoria de transposição didática e de saber ensinado em sua relação com o saber acadêmico, análise que vem enriquecer a discussão feita com a categoria de conteúdos pedagogizados.

Nessa etapa da pesquisa optei por trabalhar com os depoimentos dos professores sobre o seu trabalho porque revelavam sua compreensão sobre o que fazem e porque a análise da prática já tinha sido realizada anteriormente, sendo ali ampliada e aprofundada com a incorporação da visão dos professores, sua subjetividade e autoria: o saber da experiência.

Os autores que utilizam a categoria saber docente não estão preocupados com a discussão epistemológica propriamente dita, com a afirmação da diferença entre o saber acadêmico e o saber escolar. Seu foco de análise está voltado para a mobilização dos saberes pelos professores.

Mas, ao identificar o conhecimento do conteúdo pedagogizado e os conhecimentos curriculares, de alguma forma reconhecem a distinção destes em relação ao saber acadêmico. O ponto em comum é o reconhecimento por autores de ambas as correntes da dimensão educativa como estruturante das construções realizadas.

Quanto à metodologia de pesquisa utilizada, acredito que se mostrou adequada, possibilitando a realização de um trabalho que reconheceu e respeitou os professores como profissionais, premissa que assumi desde o início deste trabalho. Reconheço, também, que a minha presença e observação das aulas foi de fundamental importância na realização da pesquisa, inclusive porque possibilitou uma interlocução mais consistente e fundamentada com os professores.

Essa perspectiva, no entanto, fez com que o risco da monumentalização de seus depoimentos pairasse todo o tempo sobre a análise. Ciente deste risco, procurei superá-lo através da contextualização de seus depoimentos com subsídios referentes às instituições formadoras e de atuação profissional. Essa contextualização, no entanto, esbarrou em alguns limites.

A contextualização de seus depoimentos e atuações no trabalho, considerando a formação, necessitaria de subsídios oriundos de pesquisa sobre a instituição formadora que pudessem servir de contraponto na análise, esclarecendo os processos de socialização profissional.

A contextualização na instituição onde trabalham foi realizada a partir de seus depoimentos e de observações que pude realizar nas minhas idas para fazer a pesquisa. Certamente, ela poderia ser melhor precisada se acompanhada de uma pesquisa que investigasse a cultura da escola e a socialização profissional em serviço, possibilitando uma caracterização mais precisa do contexto em que a prática docente se realizava.

Reconheço esses dois aspectos como limites que encontrei. Iniciativas para superá-los implicariam uma ampliação dos objetivos da pesquisa que não cabia no âmbito desta realização.

Mesmo assim, considero que, para a investigação dos modos como professores mobilizam os saberes que dominam para ensinar o que ensinam, os contextos analisados e as observações feitas sobre a ação permitiram reunir elementos que, contrapostos aos seus depoimentos, revelaram saberes e práticas.

A discussão sobre o uso da narrativa foi iniciativa que abriu a possibilidade de utilização de perspectiva original de abordagem e que possibilitou considerar a construção discursiva realizada para analisar a mobilização dos saberes pelos professores de História. Essa discussão se articulou àquela que foi realizada para a análise das lógicas explicativas desenvolvidas e que exigiu a consideração de aspectos pertinentes ao conhecimento histórico: construções conceituais, contextualizações, exemplificações, temporalidades.

Reconheço e defendo que essa perspectiva de análise possui grande potencial heurístico que precisa ser explorado com mais profundidade. Trabalhei com subsídios encontrados em trabalhos de historiadores que discutem o conceito de narrativa e suas implicações na escrita da História. Suas considerações me levaram a reconhecer nas aulas desses professores construções narrativas não-lineares e que articulavam acontecimentos com elementos de ordem estrutural de forma a configurar contextos que tornassem significativos os conteúdos estudados.

Essas contextualizações remetiam a situações atuais do cotidiano dos alunos de forma a possibilitar a familiarização, o estranhamento, a ruptura com o senso comum e a volta ao senso comum, com uma perspectiva renovada e crítica. Assim, as construções discursivas expressavam a atribuição de um sentido a vários elementos que, inter-relacionados e articulados com referenciais temporais, possibilitavam aos alunos a apropriação dos significados.

Esse aspecto mostrou-se mais um diferencial do saber ensinado em relação ao saber acadêmico. Neste, o investigador formula hipóteses mas não tem certeza sobre os resultados da pesquisa, que podem ou não confirmar suas hipóteses. No ensino, de antemão, o professor define seus objetivos e constrói sua aula para oferecer subsídios aos alunos, de forma que eles aprendam aquilo que ele considera válido e necessário. As apropriações dos alunos, diferenciadas, podem ser objeto de um controle maior ou menor através dos processos de avaliação. Mas um sentido está dado. Assim, no ensino de História, às diferentes versões que podem ser elaboradas pelos historiadores sobre os objetos de estudo, agregam-se concepções dos professores e apropriações dos alunos. Terreno de grande complexidade.

Os sentidos que orientam as construções dos professores nas suas aulas, por sua vez, interferem e contribuem para a leitura de mundo e configuração de realidades. Sem negar a existência de uma realidade, o conhecimento histórico permite compreendê-la de diferentes formas, reconhecendo a possibilidade da mudança, a superação de sua circunstância, a negação de poderes constituídos. "Dizer a palavra é transformar o mundo..."

Esses professores, ao dizerem que "História é processo" e que "História é construir conceitos", sintetizam, de certa forma, esta compreensão. Ensinar, etimologicamente, significa "fazer conhecer pelos sinais", portanto, implica promover, orientar um processo em que os alunos estarão desenvolvendo ideias a respeito dos acontecimentos, dos fenômenos, das transformações sociais, da História, ideias com diferentes significados, que se articulam umas às outras ao serem transmitidas e/ou recebidas, tudo isso no âmbito de um processo mais geral que é o da produção de sentido. Narradores e narrativas...

Concluindo, acredito que a tese defendida, de que os professores produzem, dominam e mobilizam, dentro de uma autonomia relativa, saberes plurais e heterogêneos para ensinar o que ensinam, e que este saber que ensinam é, por sua vez, uma criação da cultura escolar que apresenta marcas dos saberes de referência e de seus criadores, pode ser verificada nos diferentes depoimentos e aulas observadas.

Os professores pesquisados são autores do trabalho que desenvolvem. Sua autonomia é relativa, uma vez que agem dentro de padrões e injunções culturais, políticas e institucionais que estão postas, mas que são transitórias e transponíveis. Seus depoimentos iniciais nos oferecem alguns indícios que permitem acompanhar e compreender o processo de sua constituição nos tempos de formação familiar, escolar e profissional, revelando um pouco do que puderam fazer daquilo que fizeram com eles. Assim, não foi meu objetivo atribuir a eles capacidade isolada do contexto em que atuam, supervalorizando suas ações e iniciativas. O foco, como já comentei, foi direcionado à ação, aos saberes e práticas, no momento em que sua atuação profissional se revela de forma mais eloquente.

Suas aulas expressam configurações deste saber escolar, saberes ensinados ou conteúdos pedagogizados, que não são meras transposições do conhecimento científico, mas saberes estruturados a partir das finalidades educativas presentes no contexto escolar, com racionalidade e injunções próprias. Configuram-se em narrativas nas quais os alunos podem atribuir significados às experiências históricas estudadas.

Saberes e práticas de professores que, como tantos outros, pensam e falam sobre o que fazem e sabem, essência de um profissionalismo em construção, pouco visível para eles mesmos e para a sociedade. Professores bem-sucedidos em suas práticas docentes revelam o potencial da ação de professores como profissionais.

Acredito que essa pesquisa oferece contribuição para repensar os processos de formação de professores que, no momento atual, estão passando por uma reformulação que acentua a carga horária prática em detrimento dos aspectos teóricos. A importância da reflexão sobre os processos de elaboração do saber escolar e de mobilização dos saberes pelos professores precisa receber atenção e ser objeto de análise que articule teoria e prática. A prática pela prática não permite avanços, e sim a reprodução de modelos. O saber da experiência sem reflexão teórica apenas reproduz fazeres acriticamente.

Outra contribuição refere-se ao trabalho de análise crítica dos livros didáticos que tem ficado refém de critérios pautados em parâmetros referenciados ao conhecimento científico. A consideração da especificidade do saber escolar pode permitir um avanço esperado pelo conjunto dos professores, possibilitando a elaboração de obras mais sintonizadas com as demandas educacionais.

Por último, esta pesquisa permite verificar que a formação de professores não pode ficar restrita à discussão e ao desenvolvimento de competências, conceito que de alguma forma atualiza a proposta tecnicista, ao definir parâmetros objetivados para a ação docente. Os professores dominam e mobilizam saberes, plurais e diferenciados, entre os quais os saberes disciplinares precisam ser objeto de atenção especial para sua configuração epistemológica, sob pena de, ao não fazê-lo, continuarmos a reproduzir práticas vazias ou repetitivas, que têm como único suporte a memorização. A discussão sobre o saber docente não pode ficar restrita aos saberes pedagógicos, curriculares e da experiência. A reflexão sobre o saber escolar mobilizado pelos professores, o saber disciplinar na sua construção escolar, é o grande desafio e oportunidade para avançarmos na realização do trabalho docente, implicando o domínio dos processos de produção de saberes no campo disciplinar que confere alguma autonomia para lidar com os saberes e a mediação didática.

Essa pesquisa fica, assim, como contribuição para formar professores competentes porque dominam saberes que lhes permitem fazer o que pensam e pensar sobre o que fazem, desenvolvendo um trabalho de qualidade. Não a qualidade que exclui, que acirra a competição como única motivação para o sucesso individual. Qualidade baseada na busca do adensamento das vivências – pela variabilidade, profundidade e crítica realizadas com embasamento teórico e sensibilidade. Qualidade que possibilite formar professores que ensinem, como nos ensinou Paulo Freire, a ler o mundo com os pés no chão, com dignidade, ética e respeito pelo outro na conquista da justiça social, e a dizer a palavra para o encontro do outro e de si mesmos.

NOTAS

[1] Neste livro, apresento a pesquisa e seus resultados conforme a versão de 2002. Não estão incluídos autores ou trabalhos que avançaram nos estudos posteriormente. Algumas notas, redigidas em 2007, atualizam posicionamentos em relação a algumas questões.

[2] Não foi objetivo desta pesquisa identificar problemas e deficiências dos professores, tarefa já amplamente realizada e sem grandes impactos, além de deixar os professores cada vez mais inseguros e desmotivados. Também não trabalhei numa perspectiva que supervaloriza a ação do sujeito, mas, sim, naquela que reconhece que sua atuação se desenvolve num contexto de autonomia relativa.

[3] Por perspectiva pluralista nos referimos a uma razão plural, histórica e descontínua, que raciocina sem coagir, sendo capaz de interpretar a pluralidade do real e de questionar o monismo metodológico.Ver LOPES:1999,35.

[4] Por "currículo em ação" estamos nos referindo aos processos de desenvolvimento do currículo como prática, nas salas de aulas, onde negociações são desenvolvidas entre alunos, professores e demais atores sociais presentes no contexto escolar, tendo por base referências pré-ativas do currículo. Ver Goodson,1998,17-19.

Nesse sentido, embora voltada prioritariamente para a ação docente, nesta investigação focalizo, como um dos referenciais para análise, o modo como os professores mobilizam e articulam os saberes prévios dos alunos com o saber escolar, de forma a tornar possível sua ampliação, aprofundamento ou superação, ou seja, sua ressignificação.

[5] Lüdke, M.. "A socialização profissional de professores." Projeto integrado de pesquisa. Rio de Janeiro, PUC-Rio, 1995-1998. Na sua primeira etapa, a pesquisa apontou e discutiu os conceitos de profissão, profissionalização, socialização profissional e construção da identidade profissional numa interlocução com autores e professores. Na segunda etapa, esses conceitos foram focalizados em sua atuação no interior de estabelecimentos escolares, em sua relação com o "clima institucional". Na terceira etapa da pesquisa, o foco se voltou para as agências formadoras de professores e sua ação específica sobre o desenvolvimento da dimensão profissional do futuro professor.

[6] Esse movimento coincidiu com o fim do regime militar. O processo de redemocratização vivido pela sociedade brasileira gerou um contexto politicamente renovador,

no qual os professores tiveram um papel muito importante na proposição de alternativas engajadas para o ensino de História, visando a democratização da Educação e a incorporação das novas contribuições da produção científica.

[7] Destacamos aqui o trabalho de Cabrini (1988), em que a autora relata uma experiência para o ensino da noção de tempo numa 5ª. série em São Paulo.

[8] Em levantamento realizado em sites e bibliotecas de universidades brasileiras, focalizando os programas de pós-graduação em História e em Educação, anais da ANPEd e da SBPC, localizei 77 dissertações de Mestrado e 16 teses de Doutorado focalizando o ensino de História, produzidas nos anos de 1990 a 2000. A maior parte desses trabalhos, que apresentam o descritor ensino de História como palavra-chave, volta-se para a pesquisa do currículo, na perspectiva de investigação da construção social do currículo formal, ou de seu desenvolvimento como currículo real por professores e alunos. Alguns estudos foram feitos na perspectiva da História das disciplinas, utilizando autores do campo historiográfico. Não encontrei pesquisas que revelassem o uso de autores que trabalham com a categoria de saber escolar e de saber docente. Essa pesquisa, que se baseou na leitura dos resumos, precisaria ser aprofundada para que possamos ter um quadro mais claro dessa produção.

[9] Nias, Jennifer, 1991 apud Nóvoa (4), 1995: 15.

[10] Esse breve relato sobre as tendências das pesquisas sobre o ensino é baseado no trabalho de Gauthier (1998,43:65), que se refere ao desenvolvimento da pesquisa educacional nos Estados Unidos. O autor justifica, em nota, a opção pelo estudo da pesquisa nesse país pelo fato de que os americanos possuem uma longa tradição de pesquisa, que foram muito produtivos nesse aspecto e que ainda conservam um papel de liderança nesse campo. Não realizei um estudo mais sistemático do desenvolvimento do campo no Brasil, mas concordo com o autor quando ele afirma que essas tendências influenciaram pesquisadores no Brasil, com alguma diferença no tempo, sendo que a perspectiva fundamentada na *knowledge-base* começa a orientar pesquisas no Brasil, principalmente a partir dos anos noventa. Utilizamos, também, trabalho de Borges (2001), em que a autora apresenta algumas das diferentes tipologias e classificações das pesquisas sobre os professores, o ensino e os seus saberes.

[11] Gauthier utiliza o termo "repertório de conhecimentos" para se referir aos "saberes da ação pedagógica" que remetem diretamente aos resultados das pesquisas sobre o gerenciamento da classe e o gerenciamento do conteúdo. Para o sentido mais geral de *knowledge-base*, ele utiliza a expressão "reservatório de conhecimentos", referindo-se ao conjunto dos saberes conforme citados por Shulman (1987) (Gauthier,1998:18).

[12] Informações sobre seu trabalho me foram trazidas por alunos licenciandos que com ele fizeram estágio e também por colegas de colégio.

[13] Os nomes utilizados ao longo do texto para designar os professores são fictícios.

[14] O trabalho na Escola Nacional de Ciências Estatísticas foi uma experiência que se extinguiu com o fechamento da escola durante o Governo Collor. Ela, então, optou por ser transferida para o colégio onde já lecionava e onde está atualmente, acumulando a sua segunda matrícula.

[15] Campus da Praia Vermelha, referência ao local onde se realizavam (e se realizam ainda) os cursos da formação pedagógica na Faculdade de Educação, obrigatórios para a conclusão do curso de Licenciatura.

[16] Como se opera essa construção? É um conhecimento que se reproduz tacitamente, sem o domínio do sujeito sobre os processos vivenciados? Ou ele se produz através da reflexão e compreensão sobre o que acontece num processo que possibilita superações, rupturas e aperfeiçoamentos? Ao longo deste trabalho teremos oportunidade para voltar a essa questão e analisá-la com base nos subsídios obtidos através da pesquisa.

[17] Na entrevista, optamos por indagar sobre o que os realizava no trabalho, o que, consideramos, nos permitiria obter informações sobre o significado por eles atribuído ao seu fazer, através daquilo que eles percebem de mais concreto, efetivo e que os satisfaz.

[18] No Capítulo 3 deste trabalho teremos oportunidade de aprofundar mais essa análise, a partir de exemplos utilizados em aulas e que permitam perceber melhor essa perspectiva de abordagem.

[19] Essa discussão pode ser encontrada em textos de autores do campo da História, entre os quais destacamos, no Brasil, os trabalhos de Carvalho (2002), Proença (1999) e, na área da educação, Candau (2001).

[20] Utilizo o conceito de clima institucional, ou organizacional, conforme Brunet, Luc (1995): cada escola tem sua personalidade própria, que a caracteriza e que formaliza os comportamentos de seus membros.O clima organizacional é percebido ao mesmo tempo, de uma forma consciente e inconsciente, por todos os atores de um sistema social, tal como o clima atmosférico que nos afeta, sem que necessariamente estejamos ao corrente da sua composição. De fato, o clima de uma escola é multidimensional e seus componentes estão interligados.Os efeitos do clima são múltiplos e importantes e, nesse sentido, a avaliação do clima deve constituir um momento prévio da mudança (Brunet,1995:138, apud Nóvoa (2), 1995).

[21] Para uma análise das implicações do paradigma da racionalidade técnica na formação e atuação profissional dos professores, ver Gómez, Angel Perez (1995:95-101).

[22] Para um balanço das tendências mais recentes dos estudos e pesquisas no campo do currículo em Educação, ver Santos, 1990, Moreira, 1997 e Silva, 1999. Para uma análise da evolução recente das tendências dentro do debate sobre as relações entre escola, cultura e desigualdades sociais na França, em perspectiva sociológica, ver Forquin, 2001.

[23] Neste trabalho, optei pelo conceito de transposição didática, que atende melhor às exigências das questões da pesquisa. Portanto, embora as considere muito relevantes e férteis, não estou trabalhando com as proposições de Chervel sobre a História das disciplinas escolares.

[24] A emergência desse conceito ocorre no contexto das lutas internas pela afirmação do campo da didática na França, na década de oitenta, opondo defensores de uma didática geral e aqueles defensores das didáticas específicas. Nesse sentido, o autor não opera com o conceito de saber escolar (que traz implícita a dimensão cultural), e sim "saber a ensinar" e "saber ensinado".

[25] Uma tendência dominante entre as pesquisas educacionais nos anos sessenta e setenta do século XX focalizava os processos de aprendizagem numa perspectiva orientada pelas concepções da psicologia e da psicogênese como base para a compreensão e melhor realização dos processos de ensino. Atualmente, pesquisas orientadas pelo entendimento de que o ensino implica um processo com características próprias que precisam ser melhor conhecidas têm sido realizadas. Como afirma Berliner (1980:80), citado por Gauthier (1998:52), "assim como os princípios da arte culinária não provêm do estudo das maneiras de comer, assim também os princípios do ensino não podem derivar do estudo da aprendizagem." Ou, como afirma Moniot "a didática de uma disciplina não é alguma coisa que vem antes dela, a mais ou ao lado, para lhe dar uma espécie de suplemento pedagógico útil... A didática se ocupa de racionalizar, de muito perto, o ensino. Ela envolve as operações que se realizam quando se aprende uma disciplina, a serviço dessa aprendizagem, para melhor focalizar e dominar os problemas que se apresentam quando se ensina: em suma, exercer o ofício de ensinar, tanto quanto seja possível, com conhecimento de causa" (Moniot,1993:5).

[26] Observe-se, mais uma vez, que o autor está preocupado com a questão didática e não propriamente com a questão educativa do ponto de vista sociológico e político.

[27] Moniot vê em Martinand uma contribuição mais rica e menos preconceituosa que a de Chevallard. Assim, "no lugar da denúncia de uma perversão da referência acadêmica e ao desvelamento de uma ilusão, ele (Martinand) apresenta a criação de um terreno novo onde se pode analisar a transposição incluindo um concorrente positivo à referência acadêmica" (Moniot,1993:25).

[28] É importante observar que Verret menciona essas características referindo-se a "uma transmissão escolar burocrática" (apud Chevallard, 1991:67), o que abre brechas para supor que o autor considera possível uma transposição didática não burocrática.

[29] Segundo as regras ortográficas vigentes, utilizarei História com maiúscula para designar a disciplina e história para me referir à história que fazem os homens em sua prática social ou à história ficção.

[30] O conceito de disciplina escolar, por exemplo, como o conhecemos e usamos hoje, é recente, tendo se constituído nos primeiros decênios do século XX, atendendo às

necessidades oriundas das novas tendências do ensino, tanto primário quanto secundário, e que se voltavam para a necessidade de disciplinar as crianças e jovens. Assim, a disciplina era vista como sinônimo de ginástica intelectual; a pedagogia, uma ciência cujo objetivo era disciplinar a inteligência das crianças (Chervel;1990:179). O ensino das humanidades clássicas, do latim, era realizado com o fim de formar os espíritos. Com o passar do tempo, o conceito se transformou, o sentido de ginástica intelectual ficando oculto e o sentido mais genérico de matéria de ensino tornando-se dominante. No entanto, o sentido de disciplinarização intelectual permaneceu implícito no conceito, influenciando aqueles que o utilizam e que ensinam.

[31] Chervel é um estudioso da língua francesa que tem pesquisado a história da gramática como uma criação *sui generis* da cultura escolar. Ele não está preocupado com a didática da gramática, mas com o processo de sua constituição em escolas francesas. Sua proposta não é adotada nesta pesquisa que se volta para a análise do saber histórico escolar em sua mobilização pelos professores, questão para a qual considero que a proposta de Chevallard e aquelas sobre o saber docente são mais pertinentes.

[32] As expressões "espaço de experiências", "horizonte de expectativas" e "singular coletivo" são utilizadas por Koselleck, 1985 e 1997, na perspectiva de estudo da história dos conceitos.

[33] Essa concepção contribui para o entendimento dos motivos para a dificuldade de percepção da diferença entre história vivida e história conhecimento.

[34] Citando Gusdorf (1974), Falcon reconhece, no século XIX, duas perspectivas de inteligibilidade das Ciências Humanas em geral: uma discursiva e explicativa e outra, compreensiva e historicista. A história romântica seria uma expressão da perspectiva compreensiva e historicista.

[35] Para esse trabalho de crítica documental foram aproveitados os subsídios oriundos do trabalho dos "antiquários" que estudavam o passado em busca de objetos autênticos e que desenvolveram parâmetros do chamado método crítico, base para a produção da chamada história metódica (Furet,1978:109-135; Benzaquém, 1998: 235-239).

[36] A crítica historiográfica atual reconhece que o conhecimento histórico em qualquer de suas versões, mesmo aquele elaborado com base na concepção moderna, tem um forte componente de subjetividade, expressão da visão e posicionamento teórico do historiador e que se revela nas questões que formula e que orientam a identificação e análise dos documentos. A identidade entre História vivida, prática social e História conhecimento é uma ilusão. Existem elaborações textuais que expressam diferentes compreensões dos fenômenos vividos e que estão sujeitas, após serem submetidas à crítica ou ao confronto com novas leituras de (novos) documentos, a serem refinadas ou questionadas.

[37] Essa parece ter sido, também, a compreensão de muitos autores vinculados aos Annales, e que tão duramente criticaram a chamada *Histoire 'evenementielle'*.

[38] Para um estudo mais aprofundado da Escola dos Annales, ver Burke, P. *A Escola dos Annales* (1929-1989). A Revolução Francesa da historiografia. SP. Unesp, 1997.

[39] Uma crítica à teoria da transposição didática conforme formulada por Chevallard é feita por Caillot (1996), que discute se esta teoria é ela mesma transponível para outros campos disciplinares que não a Matemática. Ele questiona fortemente o fato de Chevallard considerar o saber acadêmico, científico, como a única referência para o saber ensinado, apoiando-se na sociologia do currículo, que tem mostrado a complexa rede de influências, interesses e saberes que entram em jogo na sua formulação. Para ele, a teoria da transposição didática tem uma validade limitada ao campo da Matemática (Caillot,1996:22-23).

[40] Audigier (1988); Develay (1992); Tutiaux-Guillon (1993); Audigier, Crémieux, Tutiaux-Guillon (1994); Allieu (1995); Lautier (1997) são outros autores que, juntamente com Moniot (1993), têm procurado incorporar e reelaborar as contribuições da teoria da transposição didática ao campo da História.

[41] Esta observação de Moniot vem ao encontro da perspectiva de Develay no que diz respeito aos fluxos simultaneamente ascendentes e descendentes entre o saber escolar e o acadêmico.

[42] Uma excelente análise desse processo é aquela feita por Guimarães, em artigo intitulado "Nação e civilização nos trópicos: O Instituto Histórico e Geográfico Brasileiro e o Projeto de uma História Nacional". In: *Estudos Históricos Caminhos da Historiografia*. Rio de Janeiro, n.1, 1988:5-27.

[43] Na primeira metade da década de noventa, observamos a realização de um conjunto de pesquisas que buscavam identificar as concepções de História presentes no seu ensino. Discordo deste enfoque que supõe a identidade entre o saber acadêmico e o escolar e, por causa disso, identifica como problemas ou erros aspectos que são construções tipicamente escolares. Honrosa exceção é a Dissertação de Mestrado de Carmen Teresa Gabriel, intitulada "O saber histórico escolar nos livros didáticos: entre o universal e o particular", apresentada ao Departamento de Educação da PUC-Rio, em março de 1999, em que a autora discute a articulação entre razão histórica e razão pedagógica nos textos de livros didáticos e que se distingue de outros trabalhos que não reconhecem a especificidade do saber escolar.

[44] Prost destaca que a História na França ocupa um lugar eminente, estando presente nos discursos políticos e comentários dos jornalistas de forma frequente. Segundo este autor, em nenhum outro lugar ela se beneficia de um estatuto tão prestigioso. A História é a referência obrigatória, o horizonte necessário de qualquer reflexão. A identidade nacional na França está enraizada numa cultura histórica (Prost, 1996:14-15). Podemos dizer que o mesmo acontece no Brasil?

[45] Moniot **não afirma** que a história ensinada transmite, ensina o senso comum, mas que se utiliza de vocabulário e categorias, código semântico e referências para tornar

inteligível e ensinável aquilo que é abordado, inclusive para ser superado e/ou revisto. O conceito de cultura é utilizado aqui como sistema de símbolos e significados, grades de leitura do mundo, que, no caso do ensino de História, são utilizadas e também construídas e reconstruídas a partir do ensino realizado.

[46] Acredito que maior clareza sobre as características do conhecimento histórico e da História escolar permite que os professores possam superar visões excessivamente otimistas, e de certo modo ingênuas, sobre as potencialidades do ensino de História para a transformação social e que deixam transparecer resquícios do historicismo.

[47] É importante destacar que esse projeto experimental não foi um critério para a escolha dos docentes que participariam da pesquisa. Soube por informações de colegas que ele estava sendo realizado, mas somente fui conhecê-lo melhor durante as observações das aulas e nas entrevistas realizadas.

[48] Perguntadas sobre outros materiais estudados, as professoras confirmaram que foi basicamente os PCNs. O livro de Marcos Bagno intitulado *Pesquisa na escola*, da Editora Loyola, forneceu os subsídios para a elaboração do projeto de pesquisa que desenvolveram com os alunos.

[49] Uma tabela com as atitudes que a turma elege como aquelas que precisam ser melhoradas e colunas para os dias das aulas no bimestre. A cada aula o quadradinho de cada atitude é pintado de vermelho, amarelo ou azul conforme o grau de sua realização. Cada criança tem o seu e a turma tem um geral que fica afixado no caderno da professora.

[50] Aula do dia 03/05/2001, turma 607.

[51] Infelizmente, a greve dos professores das instituições federais, que se estendeu de agosto a novembro de 2001, interrompeu o trabalho. Na sua retomada, fui informada por Lucia que a parte de apresentação dos resultados finais foi prejudicada por falta de tempo decorrente do calendário de reposição. De acordo com suas informações, os alunos ficaram muito decepcionados ao saber que a apresentação ficaria restrita ao documento escrito.

[52] Livro *Como seria sua vida na Idade Média?* São Paulo: Editora Scipione, 1999.

[53] É interessante observar que as duas professoras demonstraram uma enorme preocupação com a realização deste trabalho que iria auxiliar os alunos a aprender a fazer pesquisa. Principalmente Lucia, que estava terminando o seu curso de Mestrado (e no qual, de acordo com seu depoimento, teve que aprender sozinha a fazer o projeto de pesquisa), revelava uma enorme satisfação com a realização dos alunos. Identifico aqui um aspecto que mereceria ser melhor investigado para se obterem subsídios sobre o papel da realização da pesquisa na formação e desenvolvimento profissional de professores, e que foi objeto de estudo da professora Menga Lüdke (Lüdke, 2001: 77-98).

[54] Martins. *História 6*. São Paulo, FTD, 1997. Edição reformulada. Livro distribuído pelo Programa Nacional do Livro Didático do Ministério da Educação, e que é uti-

lizado pelas professoras de forma incidental, conforme a necessidade por textos se apresenta. Os livros ficam guardados na sala de História e são distribuídos aos alunos durante as aulas e recolhidos ao final. O capítulo 16 corresponde às páginas 136 a 145.

[55] No capítulo anterior, número 15, intitulado "Brasil: o açúcar foi a solução", o autor conclui explicando que a mão-de-obra utilizada para produzir tanto o açúcar quanto os demais produtos coloniais foi a escrava. Segue-se, então, o capítulo 16 que aborda a escravidão.

[56] O capítulo inclui as imagens: "Marcha de prisioneiros na África"; "Um europeu comerciando com um soba na África-Biblioteca britânica"; "O mercado de escravos no Rio de Janeiro, 'Debret, século XIX"; "Mulheres negras escravas –'Roberto Harro-Harring,1840"; "Guerra justa-guerrilhas, 'de Rugendas, século XIX"; "Mapa com as rotas do comércio de escravos entre América e África"; "Escravos na casa-grande-Família de plantadores – 'Rugendas, século XIX"; "Trabalho escravo nos centros urbanos – Pavimentadores, 'de Debret, século XIX"; "Escravidão, sinônimo de violência – 'Charles Landseer,1825"; "Fuga, uma das formas de resistência à opressão – 'Angelo Agostini,1886".

[57] Essa abordagem foi percebida também com a outra professora. O estudo da História parecia estar subordinado à aprendizagem dos procedimentos de pesquisa escolar.

[58] Trechos extraídos de registros feitos por mim durante a observação da aula da professora Alice, turma 601, no dia 07/04/2001. Pode-se perceber nesses dois exemplos que a explicação construída ficou em um nível de generalização muito grande, gerando uma simplificação que pode levar à construção de ideias equivocadas sobre o tema em estudo.

[59] Marrou (1974) discute cinco categorias de conceitos utilizados pelos historiadores e classificados quanto à sua capacidade de adaptação ao real: universais, conceitos funcionais que afirmam de um sujeito particular um predicado universal; conceitos de épocas e sociedades determinadas; conceitos idealtipos, conforme Weber, e conceitos que designam realidades e fenômenos singulares (1974:131-150).

[60] Koselleck, explicando o que é a história dos conceitos, destaca que uma palavra apresenta potencialidades de significado, um conceito une em si mesmo uma plenitude de significados. Portanto, um conceito pode ter claridade mas será sempre ambíguo. Nenhum conceito pode ser definido de forma que sintetize semioticamente um processo inteiro; somente o que não tem história pode ser definido. Por outro lado, embora os conceitos tenham relação com os contextos com os quais se relacionam, sua função e performance semântica não são unicamente derivadas das circunstâncias sociais e políticas com as quais se relacionam. Um conceito não é apenas indicativo das funções que explica; ele é também um fator dentro delas (Koselleck, 1985:84).

[61] Por perspectiva descontinuísta de cultura nos referimos à concepção fundamentada no pluralismo da razão, do real e do método. Essa concepção concebe a existência de diferen-

tes saberes embasados em diferentes racionalidades e, por conseguinte, concebe a ruptura entre conhecimento científico e conhecimento cotidiano. Ver Lopes,1999: 13 e 35-59.

[62] Cabe destacar que, muitas vezes, a comparação com uma situação do presente não significa que vá tornar o aprendizado mais fácil porque mais familiar. Muitos fenômenos da atualidade são de extrema complexidade e exigem, para sua compreensão, um estudo mais aprofundado.

[63] Aula do dia 07/04/2001, turma 601.

[64] Faço aqui uma inferência a partir da situação observada. Não faz parte desta pesquisa investigar concepções e pressupostos de autores de livros didáticos.

[65] Um outro exemplo de explicação foi aquele em que foi necessário explicar a crise do Império Romano, aula de 15/05/01.

[66] Marcos dava um total de 56 aulas semanais em dois colégios, cumprindo, assim, uma carga horária de trabalho com turmas muito elevada.

[67] Aula sobre economia cafeeira, dia 29/05/2001, turma 1309. O trecho citado, longo, refere-se a uma parte da aula que durou exatos 20 minutos, num total de 85 minutos. A transcrição da gravação se tornou necessária, pois não havia condições para se anotar tudo que era falado.

[68] Destaca-se aqui também a citação do professor Ilmar Rohloff de Mattos, referência reconhecida por ele e por outros dois colegas da pesquisa como uma espécie de modelo de como bem ensinar através das aulas dadas.

[69] Podemos indagar, hoje, em 2007, se ao mesmo tempo que busca desenvolver uma perspectiva crítica a esse tipo de atitude, ele não está, também, reafirmando uma certa visão sobre o Brasil, contribuindo para a construção de identidades entre seus alunos: Brasil, país dos "espertos", daqueles que "passam os outros para trás". Que marcas identitárias estão sendo construídas nestas aulas?

[70] Aula do dia 12/06/2001, turma 1305.

[71] Aula do dia 22/05/01, turma 1305.

[72] Exceção ocorreu na aula sobre a guerra do Paraguai, em que o professor fez uma crítica às versões que atribuem toda a responsabilidade pelo conflito aos ingleses. Ele procurou mostrar a responsabilidade de Solano Lopes, mas, mesmo assim, não citou autores que pesquisam essa guerra. Não que ele tivesse que fazer uma revisão historiográfica, mas poderia ter aproveitado a oportunidade para fazer os alunos perceberem que existe a produção de um conhecimento histórico.

[73] Aula do dia 29/05/2001, na turma 3101.

[74] O livro didático adotado era *História: das cavernas ao terceiro milênio*. Dos autores: Myriam Becho Mota e Patrícia Ramos Braick, Editora Moderna. O livro era utilizado pelos alunos principalmente para estudo em casa. Apenas eventualmente foi utilizado em aula.

[75] O vídeo era interrompido de forma que ele pudesse explorar diversos aspectos de cada quadro. O vídeo foi utilizado mais como uma coletânea de imagens do que como uma narrativa. Essas imagens foram inseridas na narrativa por ele elaborada na aula.

[76] Shulman em seu artigo de 1986 discute a máxima "He who can, does. He who cannot, teaches'" escrita por Bernard Shaw no texto "Maxims for Revolutionists", apêndice à sua peça *Man and Superman*. De acordo com Shulman, a frase "He who can, does. He who cannot, teaches" é um insulto à nossa profissão, embora seja frequentemente repetida, mesmo por professores (veja-se o nosso então ilustre presidente professor). Shulman propõe, em seu artigo, que se substitua a frase por "Those who can, do. Those who understand, teach." Citando Aristóteles, ele afirma que o principal teste para a compreensão é a habilidade de transformar um saber ao ensinar (Shulman,1986a, 4, 14).

[77] Ver a esse respeito o artigo "Saberes dos docentes e formação de professores: um breve panorama da pesquisa brasileira". De Célia Maria Fernandes Nunes, 2001:27-42. Esta discussão, já realizada parcialmente neste trabalho, será retomada aqui na perspectiva de identificar o movimento para a focalização dos saberes como objeto de pesquisa.

[78] Entre os pesquisadores temos Mitzel, 1960; Dunkin e Bidlen, 1974; Gage, 1978; Soar e Soar, 1979; Brophy, 1983; Evertson et al., 1983; Brophy e Good, 1983. Ver Borges, 2001:63.

[79] A diversidade das orientações dos programas de pesquisa norte-americanos criou a necessidade de realização de sínteses críticas, entre elas as de Shulman (1986), Martin (1992) e Gauthier (1998). Neste Capítulo 4 estamos utilizando a classificação de Gauthier e de Shulman, conforme apresentada por Borges, 2001:62-66. No Capítulo 1, utilizamos basicamente as contribuições de Gauthier.

[80] Entre os pesquisadores encontramos pessoas oriundas de diferentes tradições: Ericson, 1973; Health, 1983; Wolcolt, 1973; Philips, 1983, da tradição etnográfica; Delamont e Atkinson, 1980; Lightfoot, 1983, da sociologia; Jackson, 1968; Smith e Geoffrey, 1968, da psicologia; Cazden, 1986; Mehan, 1979; Green, 1983, da sociolinguística; Doyle, 1977, especialista de ensino. Ver Borges, 2001:65.

[81] Shavelson, 1973; Shulman e Elstein, 1975; Elbaz, 1981; Shavelson, 1983; Leinhardt, 1983; Anderson e Smith, 1984.Ver Borges, 2001:65.

[82] Essa produção teve como núcleos importantes o Centro de Pesquisa Interuniversitário sobre a formação e profissão docentes – Crifpe e a Université Laval, em Quebec, Canadá.

[83] Entre eles: Therrien, 1995; Lelis, 1996; Lüdke, 1997, 1998; Fiorentini et alii, 1998; Pimenta, 2000, Educação & Sociedade, 74, 2001. Cabe destacar o impacto seminal que o artigo de Tardif, Lessard e Lahye (1991) teve no Brasil a partir da sua publicação na Revista *Teoria & Educação*, em Porto Alegre.

[84] O conceito de transposição didática é citado aqui, embora ele não seja utilizado por esses autores.

[85] Os trabalhos de Schön sobre a formação de professores como profissionais reflexivos (1995:77-92) fundamentam-se em parte na concepção dos saberes dos práticos como saberes tácitos. As etapas dos processos por ele indicados, reflexão na ação e reflexão sobre a ação, representam um avanço em relação à racionalidade técnica instrumental, mas apresentam limites, na medida em que uma tendência para enfatizar a prática em detrimento da teoria pode manter a formação presa ao domínio do senso comum.

[86] Em sua pesquisa, ele acompanha professores recém-formados para conhecer como se transformam os conhecimentos de uma pessoa que passa da condição de aluno para a de professor (1986a).

[87] Essa categorização é utilizada a partir de Schwab, J.J. (1964), apud Shulman, 1986a, 1987.

[88] Shulman não é citado na bibliografia do artigo editado no Brasil em 1991.

[89] A realização das entrevistas ao final da etapa de observação possibilitou a análise a partir de uma visão de um conjunto de aulas que configuravam a realização de um trabalho. Entrevistas após cada aula produziriam certamente uma visão fragmentada, além das dificuldades práticas referentes à pouca disponibilidade de horário dos professores.

[90] Ver a discussão sobre os conceitos em História no Capítulo 4 deste livro.

[91] Não trabalhei com o instrumental teórico da análise do discurso. O objetivo desta parte do trabalho volta-se para levantar questões que emergem a partir da abordagem por mim realizada e que focaliza saberes e práticas dos professores.

[92] Burke lembra que as primeiras críticas à história narrativa foram feitas na época do Iluminismo por aqueles (entre eles Voltaire) que lamentavam que a História ficasse restrita à superfície dos acontecimentos (Burke, 1992:327).

[93] A História não pode ser confundida ou reduzida ao discurso, "pois a história, isto é, os acontecimentos, as personagens, correspondem à realidade que deve ser prefigurada no texto narrativo, ao passo que o discurso seria o modo que um narrador utilizaria para tornar compreensível para os leitores uma determinada realidade. Portanto, a história seria o campo factual ou o lugar de eventos reais que produzem o significado ou, se quisermos, o conteúdo narrativo, e a narrativa seria o modo de expressão utilizado pelo narrador" e que também é denominada História (Todorov, apud De Decca, 1998:20).

[94] Estou trabalhando com a perspectiva oferecida pelos professores pesquisados. Não estou considerando nesta análise situações infelizmente ainda muito frequentes, de professores que ditam as aulas ou dependem exclusivamente dos livros didáticos para desenvolvê-las.

Referências bibliográficas

ALLIEU, N. De l'Histoire des chercheurs à l'Histoire scolaire. In: DEVELAY, M. *Savoirs scolaires et didactique des disciplines: une encyclopédie pour aujourd'hui.* Paris: ESF Editeur, 1995.

ALCÂNTARA, A. B. O ensino de história tradicional: um muro já transposto? Considerações sobre a relação necessária entre Educação, História, Epistemologia e Política na construção de um conhecimento significativo para as camadas populares. Dissertação de Mestrado. Niterói: Faculdade de Educação da Universidade Federal Fluminense, 1995.

APPLE, M. *Ideologia e currículo.* São Paulo: Brasiliense, 1982.

ARAÚJO, H.M.M. Tempo-Rei. A noção de tempo em adolescentes de 10-14 anos: implicações para o ensino de História. Dissertação de Mestrado. Rio de Janeiro: PUC/RIO, 1998.

ARAÚJO, R. BENZAQUEN de. As almas da História. In: RIEDEL, D.C. *Narrativa. Ficção e História.* Rio de Janeiro: Imago Editora, 1988.

_____. Ronda noturna. Narrativa, crítica e verdade em Capistrano de Abreu. In: *Estudos Históricos 1. Caminhos da historiografia.* Rio de Janeiro: FGV, 1988 (28-54).

_____. História e Narrativa. In: MATTOS, I.R. de (org.) *Ler&Escrever para contar. Documentação, historiografia e formação do historiador.* Rio de Janeiro: Access Editora, 1998.

AUDIGIER, F. Savoirs enseignés-Savoirs savants. Autour de la problematique du coloque. *Actes du Colloque Savoirs enseignés-Savoirs savants.* INRP. Troisième Rencontre Nationale sur la Didactique de l'Histoire, de la Geographie, des Sciences Économiques et Sociales. 2,3 et 4 Mars 1988, p.55-69.

AUDIGIER, F.; CREMIEUX, C.; TUTIAUX-GUILLON, N. La place des savoirs scientifiques dans les didactiques de l'histoire et de la geographie. In: *Revue Française de Pedagogie*, n° 106, janvier-février-mars 1994,11-23.

BACHELARD, G. *A formação do espírito científico. Contribuição para uma psicanálise do conhecimento.* Rio de Janeiro: Contraponto, 1998 (1ª.reimpressão).

BALL, S. A subject of privilege: English and the school curriculum,1906-1935. In: Hammersley, M. e Hargreaves, A. (orgs.) *Curriculum practice: some sociological case studies.* London: Falmer Press, 1983.

BENJAMIN, W. O narrador. Considerações sobre a obra de Nikolai Leskov. In: *Walter Benjamin. Obras escolhidas.* Magia e Técnica, Arte e Política. 3ª.ed. São Paulo: Brasiliense, 1987.

_____. Sobre o conceito da história. In: *Walter Benjamin. Obras escolhidas.* Magia e Técnica, Arte e Política. 3ª.ed. São Paulo: Brasiliense, 1987.

BERNSTEIN, B. On the classification and framing of educational knowledge. In: YOUNG, M. *Knowledge and Control. New Directions for the Sociology of Education.* Londres: Collier-Macmillan, 1971. (47-69)

BITTENCOURT, C.M.F. Pátria, Civilização e Trabalho. O ensino de História nas escolas paulistas (1917-1939). Dissertação de Mestrado. Faculdade de Filosofia, Letras e Ciências Humanas da Universidade de São Paulo. São Paulo: USP, 1988.

_____. Livro didático e conhecimento histórico.Uma história do saber escolar. Tese de Doutorado em História Social da Faculdade de Filosofia, Letras e Ciências Humanas da Universidade de São Paulo. São Paulo: USP, 1993.

_____. Práticas de leitura em livros didáticos. In: *Revista da Faculdade de Educação.*Vol.22, Nº 1 jan/jun, 1996. (89-109)

_____*O saber histórico na sala de aula.* São Paulo: Contexto, 1997.

_____. Capitalismo e cidadania nas atuais propostas curriculares de história. In: BITTENCOURT, C.M.F. *O saber histórico na sala de aula.* São Paulo: Contexto, 1997.

BLANCAFORT, H.C. Estructura y funciones de la narración. In: *Textos. 25 La Narración. Didáctica de la Lengua y de la Literatura.* Nº. 25, Ano VII, Julio 2000. Barcelona: Graó, 2000.

BORGES, C. Saberes docentes: diferentes tipologias e classificações de um campo de pesquisa. In: *Educação&Sociedade.74* Ano XXII, abril de 2001. Dossiê: Os saberes docentes e sua formação. Campinas: Cedes, 2001.(59-76)

BOURDIEU, P. Sur les rapports entre la sociologie et l'histoire en Allemagne et en France. Entretien avec Lutz Raphael. *Actes de la recherche en sciences sociales,* nº 106-107, mars 1995.(108-122)

BOURDONCLE, R. La professionnalisation des enseignants: analyses sociologiques anglaises et americaines. In: *Revue Française de Pedagogie,* nº. 94, janvier-fevrier-mars, 1991.(73-92)

_____. La professionnalisation des enseignants: les limits d' un mythe. In: *Revue Française de Pedagogie.* n° 105, octobre-novembre-decembre 1993.(83-119)

BOUTIER, J. e JULIA, D. (org.) *Passados recompostos. Campos e canteiros da História.* Rio de Janeiro: Editora da UFRJ/Editora da FGV, 1998.

BRASIL.Ministério da Educação. Secretaria de Ensino Fundamental. *Parâmetros Curriculares Nacionais. História.* Brasília, MEC/SEF/1998.

BRUNET, L. Clima de trabalho e eficácia da escola. In: Nóvoa, A.(org.) *As organizações escolares em análise.* 2ª.ed. Lisboa: Publicações Dom Quixote/ Instituto de Inovação Educacional, 1995.

BURKE, P.(org.) *A escrita da história. Novas perspectivas.* São Paulo: Fundação Editora da Unesp, 1992.

_____. A história dos acontecimentos e o renascimento da narrativa. In: BURKE, P. (org.) *A escrita da história. Novas perspectivas.* São Paulo: Fundação Editora da Unesp, 1992.

_____. *A escola dos Annales. 1929-1989.* A revolução francesa da historiografia. São Paulo: Fundação Editora da Unesp, 1997.

CAILLOT, M. La theorie de la transposition didactique est-elle transposable? In: *Au-delá des didactiques, le didactique. Debats autour des concepts federateurs.* Paris: Claude Raisky et Michel Caillot Éditeurs, 1996.

CANDAU,V. (org.) *Rumo a uma nova didática.* Petrópolis: Vozes, 1988.

_____. Da didática fundamental ao fundamental da Didática. In: *Cadernos da PUC,* n° 22, novembro de 1996.

_____. "Pluralismo cultural, cotidiano escolar e formação de professores." In: CANDAU,V.M.(org.) *Magistério: construção cotidiana.* Petrópolis: Vozes, 1997.

_____.(org.) *Reinventar a escola.* Petrópolis: Vozes, 2000.

_____. Multiculturalismo, interculturalidade e democracia.In: *Novamerica,* n° 91, setembro 2001 (4-15).

CARDOSO, C.F.S. História e paradigmas rivais. In: CARDOSO, C.F.S. e VAINFAS, R. (orgs.) *Domínios da história. Ensaios de teoria e metodologia.* Rio de Janeiro: Campus, 1997.(1-26)

CERRI, Luiz Fernando. Non ducor, duco. A ideologia da paulistanidade e a escola. Dissertação de Mestrado. Campinas: Universidade Estadual de Campinas, 1996.

CERRI, Luis Fernando. Ensino de História e Nação na propaganda do 'Milagre Econômico'(1969-1973). Tese de Doutorado. Campinas: Universidade Estadual de Campinas, 2000.

CERTEAU, M. de. *A escrita da História*. 2.ed. Rio de Janeiro: Forense Universitária, 2000.

CHARTIER. R. *A história cultural. Entre práticas e representações*. Lisboa: Difel, 1990.

CHERVEL, A. História das disciplinas escolares: reflexões sobre um campo de pesquisa. In: *Teoria&Educação,* nº 2. Porto Alegre: Pannonica Editora, 1990. (177-229)

CHEVALLARD, Y. *La transposición didáctica. Del saber sabio al saber enseñado*. Buenos Aires: Aique Grupo Editor,s.d.CHEVALLARD,Y. e JOSHUA, M-A. *La transposition didactique. Du savoir savant au savoir enseigné*. Suivie de Un exemple de la Transposition didactique. Postface.

COSTA, A.M.S. da. Prática Pedagógica e Tempo Escolar: o uso do livro didático no ensino de História. Dissertação de Mestrado.São Paulo: PUC/SP, 1997.

CRUZ, M.B.A. A renovação do currículo de História nas escolas municipais da cidade do Rio de Janeiro: uma tentativa frustrada. Dissertação de Mestrado. Rio de Janeiro: UFRJ, 1988.

DANTO, A. C. *Analytical philosophy of science*. Cambridge: Cambridge University Press, 1965.

DE DECCA, E. Narrativa e História. In: SAVIANI, D.; LOMBARDI, J. C.; SANFELICE, J.L. (orgs.) *História e História da Educação*. O debate teórico-metodológico atual. Campinas: Editora Autores Associados, 1998.

DEVELAY, M. *De l'Apprentissage à l'enseignement*. Pour une épistémologie scolaire. Paris: ESF Éditeur, 1992.

DEVELAY, M. *Savoirs scolaires et didactique des disciplines: une encyclopédie pour aujourd'hui*. Paris: ESF Editeur, 1995.

DILTHEY, W. *Introduction a l'étude des sciences humaines*. Paris: PUF, 1942.

DRAY, W.H. On the nature and role of narrative in historiography. In: *History and Theory*, X, 2.

DUIT, R. On the role of analogies and metaphors in learning science. *Science Education*. London, v.75,nº 6, p.649-672,1991.

EGGLESTON, J. *The Sociology of the School Curriculum*. London: Routledge and Kegan Paul, 1977.

ENGUITA, M. F. A ambiguidade da docência: entre o profissionalismo e a proletarização. In: *Teoria e Educação. Dossiê: Interpretando o trabalho docente*. Nº 4. Porto Alegre: Pannonica Editora, 1991. (41-61)

FALCON, F. História das Ideias. In: CARDOSO, C. F. e VAINFAS, R. (orgs.) *Domínios da História. Ensaios de teoria e metodologia.* Rio de Janeiro: Campus, 1997. (91-126)

FONSECA, S. G. *Caminhos da história ensinada.* São Paulo: Papirus,1993.

_____. *Ser professor no Brasil.* História oral de vida. São Paulo: Papirus, 1997.

FORQUIN, Jean-Claude. Saberes escolares, imperativos didáticos e dinâmicas sociais. In: *Teoria&Educação,* n° 5. Porto Alegre: Pannonica Editora, 1992. (28-49)

_____ *Escola e Cultura. As bases sociais e epistemológicas do conhecimento escolar.* Porto Alegre: Artes Médicas, 1993.

_____. As abordagens sociológicas do currículo: orientações teóricas e perspectivas de pesquisa. In: *Educação e Realidade. Currículo e política de identidade.*v. 21, n°1.Porto Alegre: Universidade Federal do Rio Grande do Sul/Faculdade de Educação, 1996. (187-198)

_____. Evoluções recentes do debate sobre a escola, a cultura e as desigualdades na França. In: FRANCO, C.(org.) *Avaliação, ciclos e promoção na educação.* Porto Alegre: Artmed, 2001.

FREIRE, P. *Pedagogia do Oprimido.* Rio de Janeiro: Paz e Terra, 1978.

FURET, F. O nascimento da História. In: FURET, F. *A oficina da História.* Lisboa: Gradiva, s.d.

GABRIEL, C.T. O saber histórico escolar: entre o universal e o particular. Dissertação de Mestrado. Rio de Janeiro: Departamento de Educação da PUC/RJ, 1999.

_____. Um objeto de ensino chamado História: a disciplina de História nas tramas da didatização. Tese de Doutorado. Programa de Pós-graduação em educação da PUC-Rio. Rio de Janeiro, 2003.

GARCIA, C.M. A formação de professores: novas perspectivas baseadas na investigação sobre o pensamento do professor. In: NÓVOA, A.(org.) *Os professores e sua formação.* Lisboa: Publicações Dom Quixote, 1995.

GASPARELLO, A. Construtores de identidades: os compêndios de História do Brasil do Colégio Pedro II. *1838-1920.* Tese de Doutorado. São Paulo: PUCSP, 2002.

GAUTHIER, C. *Por uma teoria da pedagogia. Pesquisas contemporâneas sobre o saber docente.* Ijuí, (RS): Editora Unijuí, 1998.

GERALDI, C. M. G.; FIORENTINI, D.; PEREIRA, E. M. de A.(orgs.) *Cartografias do trabalho docente.* Campinas (SP): Mercado de Letras-Associação de Leitura no Brasil-ALB, 1998. (Coleção Leituras no Brasil)

GUIMARÃES, M.L.S. Nação e civilização nos trópicos: O Instituto Histórico e Geográfico Brasileiro e o projeto de uma história nacional. In: *Estudos Históricos 1. Caminhos da historiografia*. Rio de Janeiro: FGV, 1988.(5-27)

GÓMEZ, A.P. O pensamento prático do professor. A formação do professor como profissional reflexivo. In: NÓVOA, A.(org.) *Os professores e sua formação*. Lisboa: Publicações Dom Quixote, 1995.

GOODSON, I. Tornando-se uma matéria acadêmica: padrões de explicação e evolução. In: *Teoria & Educação*, nº 2.Porto Alegre: Pannonica Editora, 1990. (230— 254).

_____. *Currículo: teoria e história*. 2.ed.Petrópolis (RJ):Vozes, 1998.

HARTOG, F. A arte da narrativa histórica. In: BOUTIER, J. e JULIA, D. (org.) *Passados recompostos. Campos e canteiros da História*. Rio de Janeiro: Editora da UFRJ/Editora da FGV, 1998. (193-204)

HOBSBAWN, E. *Nações e nacionalismo desde 1870. Programa, mito e realidade*. Rio de Janeiro: Paz e Terra, 1990.

_____. *Sobre história*. Ensaios. São Paulo: Companhia das Letras, 1998.

_____. A volta da narrativa. In: HOBSBAWN, E. *Sobre história. Ensaios*. São Paulo: Companhia das Letras, 1998.

HUBERMAN, M. O ciclo de vida profissional dos professores. In: NÓVOA, A. *Vidas de professores*. Porto: Porto Editora, 1995.

HUTMACHER,W. A escola em todos os seus estados: das políticas de sistemas 'as estratégias de estabelecimento. In: Nóvoa, A.(org.) *As organizações escolares em análise*. 2.ed. Lisboa: Publicações Dom Quixote/ Instituto de Inovação Educacional, 1995.

ISAMBERT-JAMATI,V. *Les savoirs scolaires: enjeux sociaux des contenus dénseignement et de leurs réformes*. Paris: Éditions Universitaires, 1990.

JAPIASSU, H. *Introdução às Ciências Humanas. Análise de epistemologia histórica*. São Paulo: Editora Letras & Letras, 1994.

KOSELLECK, R.(1). Historia Magistra Vitae: The Dissolution of the Topos in the Perspective of a Modernized Historical Process. In: KOSELLECK,R. *Futures Past. On the Semantics of Historical Time*. Cambridge (Mass.) and London: The MIT Press, 1985. (21-38)

_____. Uma história dos conceitos: problemas teóricos e práticos. *Estudos Históricos 10. Teoria e história*. Rio de Janeiro: FGV.1992.

KHUN, T.S. *A estrutura das revoluções científicas*. 5.ed. São Paulo: Perspectiva, 1997.

LAUTIER, N. *Enseigner l'Histoire au Lycée. Formation des enseignants. Professeurs des lycées.* Paris: Armand Colin, 1997.

LE GOFF, J. *História e memória.* Campinas: Editora da Unicamp, 1996.

LELIS, I.A. A polissemia do magistério: entre mitos e histórias. Tese de Doutorado. Rio de Janeiro: PUC-RIO, 1996.

_____Formação e trajetória de magistério: notas sobre um processo de pesquisa. In: FRANCO, C. e KRAMER, S. *Pesquisa e Educação. História, escola e formação de professores.* Rio de Janeiro: Ravil, 1997. (201-214)

LE PELLEC, J., MARCOS-ALVAREZ, V. *Enseigner l'Histoire:un métier qui s'apprend.* Paris: Hachette, 1991.

LEVI, G. Sobre a micro-história. In: BURKE, P.(org.) *A escrita da história. Novas perspectivas.* São Paulo: Editora da Unesp, 1992.

LIMA, L. C. Clio em questão: a narrativa na escrita da História. In: RIEDEL, D.C. *Narrativa. Ficção e História.* Rio de Janeiro: Imago Editora, 1988.

LOPES, A.R.C. Conhecimento escolar: processos de seleção cultural e mediação didática. *Educação&Realidade,* 22(1):95 –112.jan-jun.1997.

_____. *Conhecimento escolar: ciência e cotidiano.* Rio de Janeiro: Ed. UERJ, 1999.

_____. Questões para um debate sobre o conhecimento escolar. *Ensino de História. Revista do Laboratório de Ensino de História da UFF*, vol.3 ,n° 3,out.1999.

LÜDKE, M. *A socialização profissional de professores. 3° etapa: As instituições formadoras.* Projeto integrado de pesquisa. Rio de Janeiro: Departamento de Educação/PUCRJ, 1995.

_____. Os professores e sua socialização profissional. *Relatório de pesquisa.* Rio de Janeiro: Departamento de Educação da PUC/RJ, 1995.

_____.Sobre a socialização profissional dos professores. *Cadernos de Pesquisa*, n° 99.São Paulo: Fundação Carlos Chagas, 1996.

_____ Socialização profissional de professores: as instituições formadoras. *Relatório de pesquisa.* Rio de Janeiro: PUC-Rio, 1998.

_____. O professor, seu saber e sua pesquisa. *Educação & Sociedade. Dossiê: Os saberes docentes e sua formação.* n°74, ano XXII, Campinas: Cedes, 2001. (77-96)

MARTINAND, J. L. *Connaître et transfomer la matiére.* Berne: Peter Lang, 1986.

MARTINS, Maria do Carmo. *A construção da proposta curricular de História da CENP no período de 1986 a 1992: confrontos e conflitos*. Dissertação de Mestrado. Campinas: Universidade Estadual de Campinas, 1996.

_____. A história prescrita e disciplinada nos currículos escolares: que legitima esse saber? Tese de Doutorado. Campinas: Universidade Estadual de Campinas, 2000.

MARROU, H-I. *Do conhecimento histórico*. 3.ed. Lisboa: Editora Pedagógica Universitária, 1974.

MATTOS, I. R. de (org.) *Ler&Escrever para contar. Documentação, historiografia e formação do historiador*. Rio de Janeiro: Access Editora, 1998.

MATTOS, S. R. de. *O Brasil em Lições. A história como disciplina escolar em Joaquim Manuel de Macedo*.Rio de Janeiro: Access Editora, 2000 (Aprendizado do Brasil).

MEDLEY, D. M. The efectiveness of teachers. In: PETERSON, P. L.; WALBERG, H. J. *Research on teaching.* Concepts, Findingis and Implications. Berkeley, Ca: McCutchan, 1979.

MELLO, L. C. C. do A. A construção de uma nova proposta curricular para o ensino de História nas escolas públicas municipais do Rio de Janeiro: a década de 80. Dissertação de Mestrado. Rio de Janeiro: PUC, 1993.

MONIOT, H. *Didactique de L'Histoire*. Paris: Edition Nathan, 1993.

MONTEIRO, A. M. Narrativas e narradores no ensino de História. In: GASPARELLO, A. M.; MAGALHÃES, M. de S.; MONTEIRO, A. M. (orgs.). *Ensino de História: sujeitos, saberes e práticas.* Rio de Janeiro: Mauad Editora, 2007.

_____. Ensino de História e História cultural – diálogos possíveis. In: SOLHET, R.; BICALHO, M. F. B.; GOUVÊA, M. de F. S. (orgs.). *Culturas políticas. Ensaio de História cultural, História política e ensino de História.* Rio de Janeiro: Faperj / Mauad Editora, 2005.

_____. Entre o estranho e o familiar: o uso de analogias no ensino de História. In: Caderno Cedes. Ensino de História: novos horizontes. vol. 25, n. 67, set/dez 2005. Campinas: Cedes, São Paulo: Cortez, 2005 (333-347).

_____. A história ensinada: algumas configurações do saber escolar. In: *História e Ensino. Revista do Laboratório de Ensino de História da UEL.* vol. 9. Londrina: Editora da UEL, 2003 (9-36).

_____. A Prática de Ensino e a produção de saberes na escola. In: CANDAU, V. (org.) *Didática, currículo e saberes escolares*.Rio de Janeiro: DP&A Editora, 2000.

_____. Ensino de História: das dificuldades e possibilidades de um fazer. In: DAVIES, N. (org.) *Para além dos conteúdos no ensino de História*. Niterói: Eduff, 2000.

_____. Ensino de História: Leitura de mundo, pesquisa, construção do conhecimento. In: *História e Utopias*. Anais do XVII Simpósio Nacional de História. Rio de Janeiro: Anpuh. Associação Nacional de História, 1996. (514-519).

MOREIRA, A.F.B.; SILVA.T.T. da (orgs.). *Currículo, cultura e sociedade*. São Paulo: Cortez, 1994.

_____ e SANTOS, L.L. de C.P. Currículo: questões de seleção e organização do conhecimento. In: *Currículo, conhecimento e sociedade*. Série Ideias,26. São Paulo: Fundação para Desenvolvimento da Educação, 1995.

_____. O currículo como política cultural e a formação docente.In: SILVA,T.T. da e MOREIRA, A.F.B. *Territórios contestados. O currículo e os novos mapas políticos e culturais*. Petrópolis: Vozes, 1995.

_____. Currículo, utopia e pós-modernidade. In: MOREIRA, A.F.B.(org.) *Currículo: questões atuais*. Campinas: Papirus, 1997.

_____. *Currículo: questões atuais*. Campinas: Papirus, 1997.

_____. Socialização profissional de professores: as instituições formadoras. *Relatório de pesquisa*. Rio de Janeiro: UFRJ, 1998.

_____. *Currículo: políticas e práticas*. São Paulo: Papirus, 1999.

_____. O campo do currículo no Brasil: os anos noventa. In: CANDAU, V.M. (org.) *Didática, currículo e saberes escolares*. Rio de Janeiro: DP&A Editora, 2000.

MUNAKATA,K. Produzindo livros didáticos e paradidáticos. Tese de Doutorado. São Paulo: PUC, 1997.

_____. História que os livros didáticos contam depois que acabou a ditadura no Brasil. In: FREITAS, M.C. de. *Historiografia brasileira em perspectiva*. São Paulo: Contexto, 1998.

NASCIMENTO, M.G.A. Formação de professor em serviço; um caminho para a transformação da escola. In: FRANCO, C. e KRAMER,S. *Pesquisa e Educação. História,escola e formação de professores*. Rio de Janeiro: Ravil, 1997.

NIAS,J. Changing times, changing identities: grieving for a lost self..In: *Educational Research and Evaluation*. London: The Farmer Press, 1991.

NIKITIUK,S.(org.) *Repensando o ensino de História*. São Paulo: Cortez, 1996.

_____. Um processo coletivo de formação continuada pelos caminhos da história local. Tese de Doutorado. São Paulo: Feusp, 2001.

NÓVOA, A. *Profissão professor.* 2.ed. Porto: Porto Editora, 1995.

_____. *As organizações escolares em análise.*(org.) 2.ed. Lisboa: Publicações Dom Quixote/ Instituto de Inovação Educacional, 1995.

_____. (org.) *Os professores e sua formação.* Lisboa: Publicações Dom Quixote, 1995.

_____. (org.) *Vidas de professores.* 2.ed. Porto: Porto Editora, 1995.

NUNES, C.M F. Saberes docentes e formação de professores: um breve panorama da pesquisa brasileira. In: *Educação&Sociedade. Dossiê: Os saberes docentes e sua formação.* Nº74, ano XXII. Campinas: Cedes, 2001 (27-42).

ORLANDI, E. P. O discurso da História para a escola. In: ORLANDI, E. P. *A linguagem e seu funcionamento. As formas do discurso.* 2.ed. revista e aumentada. Campinas (SP): Pontes,1987.

PASSERON, J.-Cl. *Le raisonnement sociologique.* L'Espace non popperien du raisonnement naturel. Paris: Nathan, 1991.

PERRENOUD, P. *Práticas pedagógicas, profissão docente e formação*. Perspectivas sociológicas. Lisboa: Publicações Dom Quixote, 1993.

_____. *Enseigner: agir dans l'urgence, décider dans l'incertitude.* Savoirs et compétences dans un métier compléxe. Paris: ESF Editeur, 1996.

_____. (a) *Construir as competências desde a escola.* Porto Alegre: Artes Médicas, 1999.

_____.(b) *Dez novas competências para ensinar.* Porto Alegre: Artes Médicas, 1999.

PIMENTA, S.G. A pesquisa em didática: 1996-1999. In: CANDAU, V.M. (org.) *Didática, currículo e saberes escolares.* Rio de Janeiro: DP&A Editora, 2000.

POPKEWITZ, T.S. Profissionalização e formação de professores: algumas notas sobre a sua história, ideologia e potencial. In: NÓVOA, A. (org.) *Os professores e sua formação.* Lisboa: Publicações Dom Quixote, 1995.

PROST, A. *Douze leçons sur l'histoire.* Paris: Editions du Seuil, 1996.

REIS, J.C. Os Annales: a renovação teórico-metodológica e "utópica" da História pela reconstrução do tempo histórico. In: SAVIANI, D., LOMBARDI, J.C.; SANFELICE, J. L. (orgs.) *História e História da Educação.* O debate teórico-metodológico atual. Campinas: Editora Autores Associados, 1998.

RESNIK, L. Tecendo o amanhã. A história do Brasil no ensino secundário. Programas e livros didáticos. 1931-1945. Dissertação de Mestrado. Niterói: Departamento de História/ICHF/UFF, 1992.

RICCI, C. S. Da intenção ao gesto – quem é quem no ensino de história em São Paulo. Dissertação de Mestrado. São Paulo: Pontifícia Universidade Católica de São Paulo, 1992.

RICOUER, P. *Temps et recit.* Paris: Seuil, 1984.

RIEDEL, D.C. *Narrativa. Ficção & História.* Rio de Janeiro: Imago Editora, 1988.

SACRISTAN, J.G. Consciência e ação sobre a prática como libertação profissional dos professores. In: NÓVOA, A. *Profissão professor*. 2.ed. Porto: Porto Editora, 1995 (63-92).

SANTOS, L. dos. Desafios da mudança no ensino de História.Um estudo de caso no município de Belo Horizonte. Dissertação de Mestrado. Belo Horizonte: UFMG, 1997.

_____. A construção do currículo na escola e suas implicações para a formação docente. Comunicação apresentada na Anped, 1999.

SANTOS, Lucíola L. de C.P. História das disciplinas escolares: perspectivas de análise. *Teoria&Educação*, n° 2. Porto Alegre: Pannonica Editora, 1990. (21- 29)

SCHÖN, D.A Formar professores como profissionais reflexivos. In: NÓVOA, A. (org.) *Os professores e sua formação*. Lisboa: Publicações Dom Quixote, 1995.

SHULMAN, L. (a)Those who understand: knowledge growth in teaching. *Educational Researcher,* 15(2), Washington, feb. 1986, (4-14).

_____. (b) Paradigms and research programs in the study of teaching:a contemporary perspective. In: WITTROCK,C.K. (org.) *Handbook of research on teaching*. 3.ed. New York: Mac Millan, 1986, 3-36

_____. Knowledge and teaching: foundations of the new reform. *Havard Educational Review*. vol.57, n° 1, February 1987.1-22.

SILVA, T. T. da.Apresentação. In: GOODSON, I. *Currículo: teoria e história.* 2.ed. Petrópolis (RJ): Editora Vozes, 1995.

_____. *Documentos de identidade. Uma introdução às teorias do currículo.* Belo Horizonte: Autêntica, 1999.

SILY, Roberto Rogério Marques. Formação do professor de História: o caso da Universidade Federal Fluminense. Dissertação de Mestrado. Niterói: Universidade Federal Fluminense, 1994.

STONE, L. The revival of narrative: reflections on a new old History. *Past and Present*, 85, novembro de 1979. (3-24)

TARDIF, LESSARD e LAHAYE. Os professores face ao saber. Esboço de uma problemática do saber docente. *Teoria e Educação*. N.4. Porto Alegre: Pannonica Editora, 1991.

TARDIF, M. Saberes profissionais dos professores e conhecimentos universitários. Elementos para uma epistemologia da prática profissional dos professores e suas consequências em relação à formação para o magistério. Rio de Janeiro: PUC-Rio, 1999 (mimeo).

TARDIF, M.; LESSARD, C. Connaissances, travail et interactions In: TARDIF, M. e LESSARD, C. *Le travail enseignant au quotidien.* Contribuition à l'étude du travail dans le métiers et les professions d'interaction humaines. Laval: Presses de l'Université Laval, 1999.

_____. *Saberes docentes e formação profissional.* Petrópolis:Vozes, 2002.

THERRIEN, J. Uma abordagem para o estudo do saber da experiência das práticas educativas. *Anais da 18 ANPED.* Caxambu: 1995.

TUSON, C.L.A. La narración. *Textos. 25 La Narración.* Didáctica de la Lengua y de la Literatura. nº 25, ano VII. Barcelona: Graó, 2000.

VERRET, M. *Le temps des études.* Lille: Atelier de Reproduction de Théses, 1975.

VEYNE, P. *O inventário das diferenças.* Lição inaugural no Colégio de França. Lisboa: Gradiva, 1989.

VILLALTA, L.C. O livro didático de História no Brasil: perspectivas de abordagem.ANAIS do III Encontro Nacional de Pesquisadores do Ensino de História. Campinas: 1997.

WEBER, M. *Essais sur la théorie de la science.* Paris: Plon, 1965.

WILLIAMS, R. *The long revolution.* Londres: Chato and Windus, 1961.

WILSON, S. M.; SHULMAN, L. S.; RICHERT, A. E. Different ways of knowing; representations of knowledge in teaching. In: CALDERHEAD J. (org.) *Exploring teachers' thinking.* London: Cassell, 1987.

YOUNG, M. *Knowledge and Control. New Directions for the Sociology of Education.* Londres: Collier-Macmillan, 1971.

ZAMBONI, E. *Que história é essa? Uma proposta analítica dos livros didáticos e paradidáticos de História.* Tese de Doutorado. Unicamp, 1991.

Características deste livro:
Formato: 16 x 23 cm
Mancha: 12 x 19 cm
Tipologia: Times New Roman 10,5/14
Papel: Ofsete 75g/m² (miolo)
Cartão Supremo 250g/m² (capa)
1ª edição: 2007
2ª edição: 2010
Impressão digital: PS17

Para saber mais sobre nossos títulos e autores,
visite o nosso site:
www.mauad.com.br